C++ 함수형 프로그래밍

Korean edition copyright ⓒ 2022 by acorn Publishing Co. All rights reserved.

Copyright ⓒ Packt Publishing 2019.
First published in the English language under the title
'Hands-On Functional Programming with C++ - (9781789807332)'

이 책은 Packt Publishing과 에이콘출판㈜가 정식 계약하여 번역한 책이므로
이 책의 일부나 전체 내용을 무단으로 복사, 복제, 전재하는 것은 저작권법에 저촉됩니다.

C++ 함수형 프로그래밍

C++와 함수형 프로그래밍 패러다임의 만남

알렉산드루 볼보아카 지음   최동훈 옮김

 에이콘출판의 기틀을 마련하신 故 정완재 선생님 (1935-2004)

앞으로 나아갈 수 있도록 독려해준 분들께 이 책을 바칩니다. 룩 로그Luc Rogge, 코리 헤인스Corey Haines, 레인스버거Rainsberger, 새미르 탈와Samir Talwar, 토머스 순버그Thomas Sundberg, 요한 마틴손Johan Martinsson, 피터 '코드 캅' 코플러Peter 'Code Cop' Kofler.

어려운 주제였으나 기꺼이 대화 상대가 돼준 형제 아디Adi에게 바칩니다. 제 유년 시절 동안 헌신해주신 어머니 라루카Raluca에게 바칩니다. 심지어 요절 후에도 영감의 씨앗을 뿌려준 데이비드 허스만David Hussman에게 바칩니다. 편히 잠드시길. 당신이 그립습니다. 당신은 지금도 내게 영감을 줍니다.

마지막으로 지속적인 지원을 아끼지 않고 인내하면서 우리 이야기를 함께 만들어가는 절친이자 멘토이자 아내인 CEO 겸 기업가 마리아에게 바칩니다.

— 알렉산드루 볼보아카

지은이 소개

알렉산드루 볼보아카 Alexandru Bolboaca

20년 동안 소프트웨어 개발업계에서 주니어 프로그래머에서 테크니컬 리더와 소프트웨어 아키텍트를 거쳐 테크니컬 코치와 트레이너가 됐다. 작업 방식과 테스트 접근법과 코드 개선 경험이 풍부하다. 『Usable Software Design』과 『Coderetreat』를 썼다.

이 책을 쓰는 데 팩트 출판사의 엄청난 도움을 받으며 많은 것을 배웠다. 여러분의 인내와 지원에 감사드린다. 제가 함께 일하기 편한 사람이었길 바란다.

| 기술 감수자 소개 |

트레버 히키 Trevor Hickey

우버 소프트웨어 엔지니어로 펜실베니아 에딘버러대학교에서 컴퓨터 과학 학위를 받았다. 문헌 동료 리뷰literature peer review 경험이 있으며 컴퓨터 파시그래피computational pasigraphy 전문가다. 연구 관심사는 실용주의pragmatics와 관련성 이론relevance theory이다.

윌 브레넌 Will Brennan

런던에 거주 중인 C++ 및 파이썬 소프트웨어 엔지니어다. 고성능 이미지 처리와 머신러닝 애플리케이션 작업 경험이 있다.

라이언 라일리 Ryan Riley

약 20년 동안 선물 및 파생상품 업계에 몸담았다. 데폴대학교에서 응용통계 학사와 박사 학위를 취득했다. 학위 과정을 밟으면서 독학으로 프로그래밍하는 법을 터득해야 해 전공서적보다 프로그래밍 기술서적을 더 많이 읽었다. 다양한 언어로 작성된 여러 가지 AI 라이브러리에 관해 일했다. 현재는 PNT 파이낸셜에서 선물 및 파생상품 거래 전략을 개발해 구현하는 데 Caffe2 C++ 라이브러리를 사용하고 있다.

안드레아스 욀키 Andreas Oehlke

전문 풀스택 소프트웨어 엔지니어로 컴퓨터 과학 학사 학위가 있으며 소프트웨어와 하드웨어로 수행하는 실험을 사랑한다. 전자 기기와 컴퓨터에 대한 열정과 친밀감은 그의 트레이드 마크다. 게임 개발, 임베디드 시스템 작성, 스포츠, 작곡 등이 취미다. 현재 독일 금융사에서 시니어 소프트웨어 엔지니어로 근무 중이며 캘리포니아 샌프란시스코에서 컨설턴트 겸 게임 개발자로 활동 중이다. 『Learning LibGDX Game Development, Second Edition』(Packt, 2015)을 썼다.

| 옮긴이 소개 |

최동훈(sapsaldog@gmail.com)

캐나다 밴쿠버 마스터카드에서 시니어 소프트웨어 엔지니어로 근무 중이다. 회사에서 일하는 시간이 즐거운 12년차 데브옵스 개발자로 데브옵스 문화를 추구한다.

| **옮긴이의 말** |

먼저 이 책을 번역하도록 허락해주신 권성준 사장님께 진심어린 감사의 말씀을 전합니다. 또한 황영주 부사장님을 포함한 모든 에이콘출판사 식구분들에게도 감사드립니다. 이 분들의 분주한 노력 아니었다면 이 책은 세상에 나오지 못했을 것입니다.

C++는 과거에 가장 인기 있는 언어 중 하나였습니다. 하지만 하드웨어의 비약적인 성능 향상에 따라 상대적으로 퍼포먼스에 대한 중요도가 낮아지고 프로그래머의 생산성 중요도가 커지면서 시장의 관심을 상당히 잃은 상태입니다. 그러나 여전히 C++는 강력한 성능을 자랑하고 진화하고 있습니다. 컴퓨터 언어 패러다임들이 발전하면서 C++도 서서히 최근 언어들이 지향하는 가치들을 흡수하기 시작했습니다.

람다는 C++ 11에서 처음 등장했고 C++ 17에서는 map이 등장해 C++로도 제법 손쉽게 함수형 프로그래밍을 즐길 수 있게 됐습니다. 함수형 프로그래밍은 병렬 처리에 상당히 특화돼 있습니다. 멀티코어 CPU가 아닌 CPU를 찾아볼 수가 없고 앞에서 이야기했듯이 C++는 상당히 빠르게 동작하는 바이너리를 생성해내기 좋습니다. 설레지 않으신가요? C++와 함수형 프로그래밍이 만나면 무슨 일이 벌어질까요?

이 책은 함수형 프로그래밍을 설명하고 큼직한 관련 주제들을 모두 다룹니다. 이 책 한 권이면 C++로 함수형 프로그래밍을 전개하는 데 충분할 것이라 생각합니다. 역자로서 독자분들이 이 책을 읽고 함수형 프로그래밍의 강력함을 느끼고 실제 현업에서도 유용하게 적용하길 희망합니다.

차례

지은이 소개 006
기술 감수자 소개 007
옮긴이 소개 009
옮긴이의 말 010
들어가며 021

1부 — C++의 함수형 빌딩 블록

1장 함수형 프로그래밍 소개 031

기술적 요구사항 032
함수형 프로그래밍 소개 032
도처에 존재하는 함수형 프로그래밍의 구조 033
구조화된 루프와 함수형 루프 비교 036
불변성 041
OOP와 함수형 디자인 스타일 비교 042
모듈 확장성과 중복 제거 044
요약 046
질문 047

2장 순수 함수 이해하기 049

기술적 요구사항 050
순수 함수란? 050
C++에서의 순수 함수 052
    인자가 없는 순수 함수 053

하나 이상의 인자를 지닌 순수 함수	054
순수 함수와 불변성	**055**
불변성과 참조에 의한 전달	057
불변성과 포인터	058
불변성과 비클래스 함수	060
불변성과 출력 파라미터	061
정적 함수가 과연 정답일까?	062
정적 함수의 대안	064
순수 함수와 I/O	**065**
요약	**068**
질문	**070**

3장 람다 파헤치기　　071

기술적 요구사항	**072**
람다란 무엇인가?	**072**
C++에서의 람다	**073**
변수 캡처	074
값에 의한 변수 캡처와 참조에 의한 변수 캡처	075
다수 값 캡처	076
포인터 값 캡처	077
어떤 캡처를 사용해야 할까?	078
람다와 순수 함수	**079**
람다 불변성과 값에 의한 인자 전달	079
람다 불변성과 참조에 의한 인자 전달	080
람다 불변성과 포인터 인자	081
람다와 I/O	083
람다 불변성과 값 캡처	083
참조에 의해 캡처한 값의 불변성	083
값에 의해 캡처한 포인터의 불변성	085
참조에 의해 캡처한 포인터의 불변성	085
람다와 클래스	**086**
데이터 멤버를 람다로 활용하기	087
정적 변수를 람다로 활용하기	088
정적 함수를 람다로 변환하기	089

람다와 커플링 090
　요약 091
　질문 091

4장　함수형 합성 아이디어　093

　기술적 요구사항 094
　함수형 합성이란? 094
　　함수형 합성 094
　　C++에서의 함수형 합성 구현 097
　　교환법칙이 성립하지 않는 함수형 합성 098
　복합적 함수 합성 099
　　합성 함수 심층 구현 099
　　다수의 인자를 가진 함수 분해 100
　　　곱의 결과 값 증가시키기 102
　　　증가시킨 후 곱하기 103
　　　함수의 합성과 분해에 대한 회고 105
　함수형 합성을 활용한 중복 제거 105
　　incrementResultOfMultiplication 일반화 106
　　multiplyIncrementedValues 일반화 107
　요약 107
　질문 109

5장　파셜 애플리케이션과 커링　111

　기술적 요구사항 112
　파셜 애플리케이션과 커링 112
　　파셜 애플리케이션 113
　　　C++에서의 파셜 애플리케이션 113
　　　클래스 메서드에서의 파셜 애플리케이션 116
　　커링 118
　　　커링이란? 118
　　　커링과 파셜 애플리케이션 119
　　　다수의 인자를 가진 함수의 커링 121

파셜 애플리케이션과 커링을 활용한 중복 제거 124
요약 126
질문 127

2부 — 함수로 설계하기

6장　함수형으로 사고하기 – 데이터 입력부터 데이터 출력까지　131

기술적 요구사항 132
입력 데이터가 함수에 들어와 출력 데이터로 나가기까지 132
 명령형 스타일 vs 함수형 스타일 동작 예제 133
  틱택토 결과 134
 입력과 출력 135
  출력 데이터 135
  입력 데이터 136
 데이터 변환 138
  filledWithX를 위한 all_of 활용 140
  map/transform 사용하기 143
  transform 단순화하기 144
  좌표 146
  보드에서 줄 구하기 및 좌표 구하기 146
  보드에서 줄 구하기 146
  범위 147
  열 구하기 148
  대각선 구하기 149
  모든 줄, 열, 대각선 구하기 151
  any_of를 활용한 X 승리 확인하기 153
  reduce/accumulate를 활용한 보드 표시하기 154
  find_if를 활용한 승리 상세 내역 표시하기 158
 솔루션 완성하기 160
  O 승리 확인하기 160
  none_of를 활용한 무승부 확인하기 161
  게임 진행 중 확인하기 162
 옵셔널 타입을 활용한 에러 관리 163
요약 165

7장 함수형 연산자를 활용한 중복 제거 … 167

- 기술적 요구사항 … 168
- 함수형 연산자를 활용한 중복 제거 … 168
  - DRY 원칙 … 168
  - 중복과 유사성 … 170
  - 파셜 애플리케이션을 활용한 파라미터 유사성 정리하기 … 171
  - 다른 함수의 출력으로 함수를 호출하는 유사성을 함수형 합성으로 대체하기 … 172
  - 고차원 함수를 활용한 구조적 유사성 제거하기 … 174
  - 고차원 함수를 활용해 숨은 루프 제거하기 … 177
- 요약 … 183

8장 클래스를 활용해 응집도 향상시키기 … 185

- 기술적 요구사항 … 186
- 클래스를 활용해 응집도 향상시키기 … 186
  - 함수형 관점에서의 클래스 … 187
- OOP와 함수형 동치 … 188
  - 고응집성 원칙 … 191
  - 응집 함수를 클래스로 묶기 … 193
  - 클래스를 순수 함수로 쪼개기 … 196
- 요약 … 200

9장 함수형 프로그래밍의 테스트 주도 개발 … 201

- 기술적 요구사항 … 202
- 함수형 프로그래밍에서의 TDD … 202
  - 순수 함수를 위한 유닛 테스트 … 204
  - TDD 주기 … 206
- 예시 – TDD를 활용해 순수 함수 설계하기 … 207
  - 포커 패 문제 … 208
    - 요구사항 … 209
    - 1단계 – 생각하기 … 209
    - 예제 … 210

첫 번째 테스트 211
  첫 번째 테스트 통과하기 212
  리팩터링 213
  다시 한 번 생각하기 213
  더 많은 테스트 214
  두 번째 테스트 215
  테스트 통과하기 216
  리팩터링 216
  생각하기 217
  다음 테스트 – 단순 스트레이트 플러시 218
  테스트 통과하기 219
  더 진행하기 219
  isStraightFlush 구현하기 219
  스트레이트 플러시 확인을 comparePokerHands와 연결하기 223
  두 스트레이트 플러시 비교하기 224
  생각하기 226
  두 스트레이트 플러시 비교하기(계속) 226
요약 229

3부 — 함수형 프로그래밍의 장점 활용하기

10장   퍼포먼스 최적화   233

기술적 요구사항 234
퍼포먼스 최적화 234
  퍼포먼스 전달 과정 235
    측정치와 측정법을 포함한 퍼포먼스의 명확한 목표 정의하기 237
    퍼포먼스용 몇 가지 코딩 가이드라인 정의하기와 코드의 특정 부분에
    가이드라인을 명확히 유지하고 재단하기 238
    코드가 동작하도록 만들기 238
    필요한 곳을 측정해 퍼포먼스 향상시키기 239
    모니터링 및 개선 239
병렬론 – 불변성의 장점 활용하기 240
메모이제이션 243
  메모이제이션 구현하기 243

메모이제이션 활용하기	249
꼬리 재귀 최적화	**256**
완전 최적화한 호출	259
If와 삼항 연산자 비교	260
이중 재귀	261
비동기 코드를 통한 실행 시간 최적화하기	**263**
퓨처	263
함수형 비동기 코드	266
리액티브 프로그래밍 맛보기	269
메모리 사용 최적화하기	**272**
단순 루프 메모리 측정하기	274
인플레이스 transform의 메모리 측정하기	275
무브 반복자를 활용한 transform	276
솔루션 비교하기	277
불변형 데이터 구조	277
요약	**278**

11장 특성 기반 테스트 281

기술적 요구사항	**282**
특성 기반 테스트	**282**
예제 기반 테스트와 특성 기반 테스트 비교	283
생성기	**286**
테스트에 특성 넣기	**288**
0^0이 정의되지 않음이 되는 특성	288
$0^{[1\,..\,maxInt]}$이 0이 되는 특성	289
$[1\,..\,maxInt]^0$이 1이 되는 특성	292
$[0\,..\,maxInt]$의 어떤 값에 1제곱을 하면 그 값이 나오는 특성	293
특성: $x^y = x^{y-1} * x$	294
결론	296
예제로부터 데이터 주도 테스트와 특성까지	**297**
좋은 특성, 나쁜 특성	**299**
구현에 관한 몇 가지 조언	300
요약	**301**

12장 순수 함수로 리팩터링하기와 순수 함수를 통한 리팩터링하기 303

기술적 요구사항 304
**순수 함수로 리팩터링하기와 순수 함수를 통한
리팩터링하기** 304
    리팩터링이란? 304
    레거시 코드의 딜레마 306
    종속성과 변경 308
    순수 함수와 프로그램의 구조 313
    컴파일러와 순수 함수를 활용한 종속성 식별 314
    레거시 코드를 람다로 변환하기 319
    람다 리팩터링하기 321
    람다에서 클래스로 변환하기 324
    리팩터링 메서드 요점 326
디자인 패턴 327
    함수형 스타일 전략 패턴 328
    함수형 스타일 명령 패턴 331
    함수로 의존성 주입 332
순수 함수형 디자인 패턴 335
    상태 유지하기 335
    밝혀지는 진실 343
    Maybe 343
    그렇다면 모나드는 무엇인가? 346
요약 348

13장 불변성과 아키텍처 – 이벤트 소싱 349

기술적 요구사항 350
불변성과 아키텍처 – 이벤트 소싱 350
아키텍처에 불변성 적용하기 352
    이벤트 소싱의 장점 355
    이벤트 소싱의 단점과 함정 356
        이벤트 스키마 변경 356
        과거 데이터 삭제 356
구현 예제 358

    데이터를 어떻게 가져올 것인가? 362
    참조 무결성은 어떻게 해결하는가? 365
  요약 366

4부 — C++의 함수형 프로그래밍의 현재와 미래

14장 범위 라이브러리를 활용한 느긋한 계산법   369

  기술적 요구사항 370
  범위 라이브러리 개괄 370
  느긋한 계산법 372
  범위 라이브러리를 활용한 느긋한 계산법 374
  액션으로 변형 가능한 변경 375
  무한 수열과 데이터 생성 376
    문자열 생성하기 379
  요약 380

15장 STL의 현재와 미래   381

  기술적 요구사항 382
  〈functional〉 헤더 382
  〈algorithm〉 헤더 384
    컬렉션의 각 객체에서 특성 하나 꺼내오기 385
    조건 계산하기 386
    표시나 연속이 가능한 포맷으로 변환하기 387
  〈numeric〉 헤더 – accumulate 388
    쇼핑 카트에 세금이 포함된 총가격 계산하기 388
    리스트를 JSON으로 변환하기 390
  〈algorithm〉으로 돌아가기 – find_if와 copy_if 391
  〈optional〉과 〈variant〉 391
  C++ 20과 범위 라이브러리 394
  요약 395

16장 표준 언어의 현재와 미래 ... 397

기술적 요구사항 ... 398
표준 언어의 현재와 미래 ... 398
    순수 함수 ... 398
    람다 ... 399
    파셜 애플리케이션과 커링 ... 403
    함수형 합성 ... 406
요약 ... 408

평가 ... 409
찾아보기 ... 419

들어가며

이 책의 여정을 함께 하게 된 것을 환영한다. 이 책은 오래된 아이디어인 함수형 프로그래밍과 고전 프로그래밍 언어 C++ 둘을 결합한 것이다.

함수형 프로그래밍은 1950년 무렵부터 있었지만 수학적 기반 때문에 수년간 소프트웨어 개발 분야 주류의 관심을 끌기에는 한계가 있었다. 멀티코어 CPU와 빅데이터의 도래로 병렬화의 필요성과 프로그래밍 언어 설계자의 람다와 불변성에 대한 관심 덕분에 함수형 프로그래밍은 C#, 자바, PHP, 자바스크립트, 파이썬, 루비를 포함한 주요 프로그래밍 언어에 점점 더 많이 도입됐다. C++와 함수형 프로그래밍은 함수 포인터, 펑터, 특정 구조의 장점을 활용하게 해주는 STL 알고리듬 같은 기능과는 불가분의 관계다. C++ 11부터 all_of, any_of, none_of 같은 람다의 고차원 함수가 도입됐다. C++ 17에서는 (transform으로 구현된) map의 도입으로 더 진화했다. 나아가 C++ 20에 추가되는 기능은 매우 흥미롭다. 예를 들어 가벼우면서 조립이 용이하며 느긋한 계산법 변환$^{lazy\ evaluation\ transformation}$ 활용이 가능한 범위^{Range} 라이브러리는 표준에 추가되는 훌륭한 기능 중 하나다.

초보자든 전문가든 상관 없이 이 책에서 독자는 함수형 프로그래밍 개념과 이를 C++에서 활용하는 방법, 이것이 기존 코드 베이스를 관리하고 향상시키는 데 유용한 이유를 배울 것이다. 모든 아이디어를 간결한 코드 샘플과 유닛 테스트로 검증하는 것도 소개할 것이다. 이 샘플 코드로 직접 돌려보길 권한다.

여러분의 학습 경험을 최적화하기 위해 모든 아이디어가 간결한 방식으로 이해 흐름을 따라가면서 표현되도록 각별히 노력했다. 그 과정에서 특정 구조 사용을 과장하기도 했다. 예를 들어 샘플 코드에 람다를 많이 사용한 것은 람다를 어떻게 사용하는지 보여주려는 것이다. 함수형 프로그래밍을 배우는 가장 좋은 방법은 람다 세상과 람다의 연산자에 온전히 뛰어드는 거라고 믿는다. 이 접근법을 상용에서의 접근법과 분리해 생각하길 바란다. 사실 이 개념을 스스로 실험해본 후 상용코드에 맞는 개념을 적용해볼 것을 권한다. 이 목표를 달성하기 위해 함수에 연산자를 적용하는 다양한 방법을 소개한다. 이 방법을 통해 다양한 컨텍스트에서 사용할 수 있는 충분한 도구를 갖추게 될 것이다.

이 책의 대부분에서 C++ 17 표준을 의도적으로 활용하기로 한 것에 유념하길 바란다. 유닛 테스팅 라이브러리를 제외하면 외부 라이브러리를 활용하지 않는다. 언어의 표준 기능과 표준 템플릿 라이브러리^{STL}를 고수한다. 극소주의적^{minimalistic} 접근으로 함수형 프로그래밍 개념과 그 구현 방법에 초점을 맞춘다. C++와 STL의 미래를 살펴보는 마지막 절은 유일한 예외다. 최소한의 도구로 개념을 이해하고 적용할 수 있도록 준비하는 것이 다양한 구현 방식을 제공하는 것보다 중요하다고 믿기 때문이다. 따라서 책의 대부분에서 범위 라이브러리, 부스트 라이브러리의 함수형 프로그래밍 지원 부분, 코드를 확장하거나 단순화해줄 확률이 높은 유용한 라이브러리는 빠져 있다. 그것을 시도하는 것은 여러분 몫으로 남겨둘 것이다. 시도해보고 어떻게 동작하는지 알려주길 바란다.

대상 독자

이 책은 (언어 문법, STL 컨테이너, 템플릿 원소를 포함한) C++을 이미 할 줄 알면서 도구상자에 도구를 더 많이 추가하고 싶은 프로그래머를 위한 책이다. 모든 아이디어를 명확하고 실용적인 방식으로 섬세하게 설명하고 있어 함수형 프로그래밍을 전혀 모르는 사람이 읽어도 이해할 수 있다.

하지만 함수형 프로그래밍 세계의 도구 세트에 대한 호기심은 필수다. 이 책을 가장 잘 활용하는 방법은 수많은 실험뿐이다. 코드를 돌려보고 여러분이 알아낸 점을 알려주길 바란다.

이 책의 구성

1장, 함수형 프로그래밍 소개에서는 함수형 프로그래밍의 기본적인 아이디어를 소개한다.

2장, 순수 함수 이해하기에서는 함수형 프로그래밍의 기본적인 빌딩 블록과 불변성에 중점을 둔 함수와 C++에서 그것을 작성하는 방법을 가르쳐준다.

3장, 람다 파헤치기에서는 람다와 C++에서 람다를 작성하는 방법에 초점을 맞춘다.

4장, 함수형 합성 아이디어에서는 고차원 연산자로 함수를 합성하는 방법을 살펴본다.

5장, 파셜 애플리케이션과 커링에서는 두 가지 함수의 기본 연산자인 파셜 애플리케이션과 커링을 C++에서 활용하는 방법을 알려준다.

6장, 함수형으로 사고하기 - 데이터 입력부터 데이터 출력까지에서는 함수 중심 설계를 적용해 코드를 구성하는 다른 방식을 소개한다.

7장, 함수형 연산자를 활용한 중복 제거에서는 반복 금지[DRY] 원칙을 전체적으로 살펴본다. 중복 코드의 종류와 코드 유사성을 살펴보고 합성, 파셜 애플리케이션, 커링 같은 함수형 연산자를 활용해 코드를 더 DRY하게 작성하는 방법을 살펴본다.

8장, 클래스를 활용해 응집도 향상시키기에서는 함수를 클래스로 진화시키는 방법과 클래스를 함수로 변환하는 방법을 보여준다.

9장, 함수형 프로그래밍의 테스트 주도 개발에서는 함수형 프로그래밍으로 테스트 주도 개발[TDD]을 하는 방법과 불변성과 순수 함수로 테스트를 간결화하는 방법을 살펴본다.

10장, 퍼포먼스 최적화에서는 메모이제이션, 꼬리 재귀 최적화, 병렬 수행을 포함한 함수 중심 설계 퍼포먼스를 최적화하는 특정 방법을 심도 있게 살펴본다.

11장, 특성 기반 테스트에서는 함수형 프로그래밍이 신규 패러다임인 테스트 작성을 자동화하는 방법을 살펴본다. 이 테스트는 데이터 생성으로 예제 기반 테스트를 강화한다.

12장, 순수 함수로 리팩터링하기와 순수 함수를 통한 리팩터링하기에서는 최소한의 위험을 감수하면서 기존 코드를 순수 함수로 리팩터링한 후 클래스로 다시 되돌리는 방법을 설명한다. 몇 가지 함수형 디자인 패턴과 클래식 디자인 패턴도 살펴본다.

13장, 불변성과 아키텍처 - 이벤트 소싱에서는 불변성이 데이터 저장소 수준으로 옮길 수 있다는 것을 설명한다. 이벤트 소싱을 활용하는 방법을 살펴보고 장점과 단점을 논의한다.

14장, 범위 라이브러리를 활용한 느긋한 계산법에서는 경이로운 범위 라이브러리를 깊이 살펴보고 C++ 17과 C++ 20에서 이를 활용하는 방법을 살펴본다.

15장, STL의 현재와 미래에서는 C++ 17 표준에 있는 STL의 함수형 관련 기능을 살펴보고 C++ 20에 추가된 몇 가지 흥미로운 기능을 살펴본다.

16장, 표준 언어의 현재와 미래에서는 함수형 프로그래밍의 기초적인 빌딩 블록과 C++ 17 표준에서 이것을 활용하기 위한 다양한 옵션을 개략적으로 살펴보면서 이 책을 마무리한다.

이 책을 최대한 활용하는 방법

이 책은 독자가 C++ 문법과 STL 기본 컨테이너 지식은 충분하지만 함수형 프로그래밍, 함수형 구조, 카테고리 이론, 수학 지식은 전혀 없다고 가정한다. 실용적 프로그래머 중심 관점에서 각 개념을 명확히 설명하는 데 큰 공을 들였다.

각 장을 읽은 후에는 코드를 직접 돌려보거나 샘플 코드를 복사해볼 것을 강력히 권한다. 코딩 카타(http://codingdojo.org/kata/) 문제를 하나 골라 이 책에 나온 기술을 활용해 문제를 풀어본다면 금상첨화다. 단순히 이론을 읽기보다 읽기와 더불어 코드와 함께 놀이로 승화시킨다면 더 쉽게 배울 것이다.

이 책 대부분의 내용을 이해하려면 코드 구조를 다르게 생각해야 하고 생각했던 방식과 가끔 반대로 해야 할지도 모른다. 여러분의 도구상자 안에 든 또 다른 도구상자로 함수형 프로그래밍을 바라보지만 여러분이 이미 알고 있는 것과 모순적이지는 않다. 다만 여러분의 상용코드에 사용할 부가적인 도구를 제공하는 것이다. 이 도구를 언제 어떻게 사용할지는 여러분의 판단에 달렸다.

이 책의 예제 코드를 실행하려면 g++와 make 명령어가 필요하다. 다른 방법으로 C++ 17을 지원하는 다른 컴파일러를 사용해 샘플 코드를 실행할 수도 있지만 각 파일을 수동으로 실행해야 할 것이다. 모든 예제 코드는 make나 make [특정 예제]로 컴파일하고 자동으로 실행된다. 그리고 콘솔 출력에는 다음과 같은 몇 가지 주의할 점이 있다.

10장, 퍼포먼스 최적화의 메모리 최적화 예제에서는 make allMemoryLogs나 특정 타깃으로 실행해야 하고 각 타깃을 실행한 후에는 아무 키나 한 번 눌러줘야 한다. 그럼 out/ 폴더에 로그 파일이 생성되는데 이 로그 파일은 해당 프로세스에 따라 할당된 메모리의 진화를 보여준다. 이 예제는 리눅스 시스템에서만 동작한다.

10장, 퍼포먼스 최적화의 리액티브 프로그래밍 예제에서는 사용자의 입력이 필요하다. 숫자를 입력하면 프로그램은 해당 숫자가 소수인지 아닌지 상호작용하는 방식으로 계산할 것이다. 이 프로그램은 계산하는 동안에도 입력을 받을 수 있어야 한다. **16장, 표준 언어의 현재와 미래**의 예제 코드는 C++20을 지원하는 컴파일러가 필요하다. 현 시점에서는 g++-8을 사용했다. 여러분이 g++-8을 별도로 설치해야 한다.

예제 코드 파일 다운로드

이 책에서 사용된 예제 코드는 http://www.packtpub.com/support를 방문해 이메일을 등록하면 파일을 직접 받을 수 있으며 이 링크를 통해 원서의 정오표도 확인할 수 있다. 또한 깃허브 https://github.com/PacktPublishing/Hands-On-Functional-Programming-with-Cpp에서 다운로드할 수 있으며 에이콘출판사의 깃허브 페이지 (https://github.com/AcornPublishing/functional-c)에서도 동일한 예제 코드를 다운로드할 수 있다.

⁞⁝ 실제 코드 동작 영상

코드가 실제로 실행되는 것을 보려면 다음 링크에서 확인할 수 있다(영문 자료).

http://bit.ly/2ZPw0KH

⁞⁝ 사용된 규약

이 책에서 사용하는 몇 가지 규약이 있다.

글 안의 코드: 글 안의 코드 단어, 데이터베이스 테이블명, 폴더명, 파일명, 파일 확장자, 경로명, 더미 URL, 사용자 입력을 가리킨다. 예를 들어 "STL에서는 이것을 find_if 함수와 함께 구현한다." 실제로 살펴보자.

코드 블록은 다음과 같다.

```
class Number{
  public:
    static int zero() { return 0; }
    static int increment(const int value) { return value + 1; }
}
```

코드 블록 안의 특정 부분에 여러분의 시선 집중이 필요한 경우 관련 행이나 항목을 굵게 표시했다.

```
First call: 1,367 ns < 16,281 ns
Second call: 58,045 ns < 890,056 ns
Third call: 16,167 ns > 939 ns
Fourth call: 1,334 ns > 798 ns
```

NOTE

경고나 중요한 내용은 이렇게 보인다.

TIP

팁과 트릭은 이렇게 보인다.

문의

이 책과 관련해 질문이 있다면 questions@packtpub.com으로 문의하길 바란다. 최선을 다해 질문에 답하겠다. 한국어판에 관한 질문은 옮긴이나 에이콘출판사 편집 팀 (editor@acornpub.co.kr)에 문의해주길 바란다. 한국어판 정오표는 에이콘출판사의 도서 정보 페이지인 http://www.acornpub.co.kr/book/ functional-c에서 찾아볼 수 있다.

1부
C++의 함수형 빌딩 블록

1부에서는 함수형 프로그래밍의 기본적인 빌딩 블록을 살펴보고 그것을 C++에 어떻게 사용하는지 배운다. 우선 함수형 프로그래밍이 무엇인지 살펴보고 **객체지향 프로그래밍** OOP과 무엇이 비슷하고 무엇이 다른지 살펴볼 것이다. 그러고 나서 불변성의 기본적인 아이디어를 깊이 들여다보고 C++에서 순수 함수(상태를 변화시키지 않는 함수)를 어떻게 작성하는지 배울 것이다. 그러고 나서 람다를 어떻게 사용하는지 배우고 람다를 활용해 순수 함수를 작성하는 방법을 배울 것이다.

이 빌딩 블록의 개념을 숙지했다면 함수 연산자를 살펴볼 수 있다. 함수형 프로그래밍에서 함수는 데이터이므로 함수를 다른 데로 전달할 수 있고 함수와 함께 연산자를 만들 수 있다. 기본적이고 밀접한 관련이 있는 연산자인 파셜 애플리케이션partial application과 커링currying 두 가지를 배우고 함수를 조합하는 방법도 배울 것이다. 이 연산자로 단 몇 줄의 코드를 연결하면 단순한 함수를 매우 복잡한 함수로 만들 수 있다.

1부에서 다룰 장은 다음과 같다.

- 1장, 함수형 프로그래밍 소개
- 2장, 순수 함수 이해하기
- 3장, 람다 파헤치기
- 4장, 함수형 합성 아이디어
- 5장, 파셜 애플리케이션과 커링

01
함수형 프로그래밍 소개

함수형 프로그래밍은 왜 유용할까? 지난 10년 동안 모든 주요 프로그래밍 언어에서 함수형 프로그래밍 구조가 등장했다. 프로그래머는 단순화된 루프, 더 직관적인 코드, 단순한 병렬화 같은 함수형 프로그래밍의 장점을 즐겨왔다. 또한 시간에서 해방되고 중복을 없앨 기회를 주고 모듈 확장성composability에도 좋으며 디자인은 더 단순해진다. 함수형 프로그래밍의 인기가 높아질수록(금융 분야에 스칼라를 대규모로 적용한 것을 포함) 함수형 프로그래밍을 알고 이해하는 독자 여러분에게 더 많은 기회가 생긴다는 것을 의미한다. 이 책에서 함수형 프로그래밍을 심층적으로 살펴보겠지만 함수형 프로그래밍은 단지 여러분의 도구상자에 담길 또 다른 도구라는 것을 명심하길 바란다. 문제와 컨텍스트가 함수형 프로그래밍에 적절할 때 독자는 함수형 프로그래밍을 사용하면 된다.

1장에서 다룰 주제는 다음과 같다.

- 함수형 프로그래밍 소개 및 독자가 이미 사용 중인 함수형 구조의 예시
- 구조화된 루프와 함수형 루프의 비교

- 불변성Immutability
- 객체지향 프로그래밍과 함수형 디자인의 비교
- 모듈 확장성과 중복 제거

기술적 요구사항

코드는 g++ 7.3.0과 C++ 17에서 동작한다. 코드에는 독자의 편의를 위해 makefile을 포함하고 있다. GitHub 저장소(https://github.com/PacktPublishing/Hands-On-Functional-Programming-with-Cpp) 1장 디렉터리에서 코드를 찾을 수 있다.

함수형 프로그래밍 소개

공상과학, 독서, 프로그래밍에 관심이 많았던 20살에 함수형 프로그래밍을 처음 경험했다. 프로그래밍은 내 대학생활의 하이라이트였다. C++, Java, MATLAB과 여러 언어와 관련된 모든 것이 재미있었다. 안타깝게도 전자공학, 회로, 컴파일러 이론 같은 주제도 똑같이 재미있었다고 말하지는 못하겠다. 코드 작성만 하길 원했다.

관심사를 기반으로 봤을 때 함수형 프로그래밍은 매우 재밌어야 했으나 열정적인 교수님의 이야기는 와닿지 않았다. 리스트가 왜 흥미로운지, 문법은 왜 뒤로 가고 괄호는 왜 가득 차야 하는지, C++로 짜면 훨씬 간단할 텐데 왜 이 같은 것을 사용해야 하는지 반감이 들었다. 결국 내가 아는 BASIC과 C++의 모든 프로그래밍 구조를 Lisp와 OCaml로 번역을 시도했다. 함수형 프로그래밍의 포인트를 놓쳤으나 과목은 통과할 수 있었고 그 이후로는 함수형 프로그래밍을 잊고 지냈다.

이 이야기는 여러분과 관련 있을 수도 있다. 변명하자면 엄청난 열정에도 불구하고 교수님의 접근법에는 문제가 있었다고 생각한다. 이제는 수학과의 강한 연결성에서 기인하는 함수형 프로그래밍의 핵심에 있는 우아함을 이해한다. 이 우아함은 20살 때 갖지 못했던 직관적인 관찰 감각을 요구한다. 운 좋게도 이 감각은 이후 몇 년 동안의 다양한 경험 덕분에 생겼다. 하지만 필자는 함수형 프로그래밍을 배우는 것이 이 우아함을 보는 능력과 결부되면 안 된다고 생각한다.

그렇다면 어떤 접근법을 사용할 것인가? 단지 코드를 작성하고 싶은 괴짜였던 과거의 나를 생각하면 방법은 하나뿐이다. 함수형 프로그래밍을 사용하지 않는 코드들의 일반적인 문제점을 살펴보고 함수형 프로그래밍이 이 문제점을 어떻게 줄이고 완전하게 없애는지 살펴보는 것이다. 부가적으로 처음부터 여러분은 이미 함수형 프로그래밍을 봐왔고 이미 함수형 프로그래밍의 몇 가지 개념과 구조를 사용해왔으며 심지어 함수형 프로그래밍의 유용성을 알고 있을 것이다. 이제부터 그 이유를 설명하겠다.

도처에 존재하는 함수형 프로그래밍의 구조

함수형 프로그래밍 과목의 대학 수강을 마친 약 10년 후 친구 펠릭스와 평범한 컴퓨터 채팅을 했다. 둘 다 여느 괴짜처럼 서로 거의 보지 않지만 세상살이와 거리가 먼 모든 종류의 주제를 토론하면서 수년간 메신저로 끊임없이 대화했다. 물론 프로그래밍도 포함된다.

어찌된 영문인지 함수형 프로그래밍 이야기가 나왔다. 펠릭스는 필자가 가장 즐기고 좋아하는 프로그래밍 언어 LOGO가 사실 함수형 프로그래밍 언어라는 사실을 지적했다.

> **NOTE**
> LOGO는 교육용 프로그래밍 언어로 주요 특징은 소위 거북이 그래픽스(turtle graphics)를 활용한다는 것이다.

돌이켜보면 맞는 말이었다. 다음은 LOGO의 K거북이 버전에서 사각형을 그리는 함수를 작성하는 방법이다.

```
learn square {
  repeat 4 {forward 50 turnright 90}
}
```

다음 스크린샷에 그 결과가 있다.

우리가 반복 함수 쪽으로 코드 두 줄을 지나가는 것이 보이는가? 이것이 함수형 프로그래밍이다!

함수형 프로그래밍의 기초적인 규범으로 코드는 또 다른 타입의 데이터일 뿐이므로 함수 안에 코드를 넣을 수 있고 다른 함수에도 전달할 수 있다. 필자는 이 구조를 LOGO 안에서 연결하지 않은 채 수백 번이나 사용했다.

이 깨달음으로 인해 필자도 모른 채 사용해온 함수형 프로그래밍 구조가 또 없는지 생각해봤다. 물론 있었다. 사실 여러분이 C++ 프로그래머라면 함수형 프로그래밍 구조를 사용해왔을 확률이 높다. 몇 가지 예를 살펴보자.

```
int add(const int base, const int exponent) {
    return pow(base, exponent);
}
```

이 함수는 모범적인 C++ 코드의 전형적인 예다. 스콧 마이어스Scott Meyers의 『Effective C++』(프로텍미디어, 2015), 『More Effective C++』(정보문화사, 2007), 『Effective STL』(정보문화사, 2006)을 통해 모든 곳에 const를 추가해 얻는 이점을 배웠다. 이 구조가 제대로 동작하는 데는 다양한 이유가 있다. 첫째, 그것은 변하면 안 되는 데이터 멤버와 파라미터를 보호한다. 둘째, 부작용 가능성을 사전에 차단함으로써 함수에서 무슨 일이 벌어질지 더 쉽게 추론하게 해준다. 셋째, 컴파일러가 함수를 최적화하도록 도와준다.

이것도 실전에서 쓰이는 불변성의 예다. 이후 장에서 살펴보겠지만 함수형 프로그래밍의 프로그램 핵심에는 프로그램의 모든 부작용을 밖으로 걷어내는 불변성에 기반한다. 우리는 함수형 프로그래밍의 기본적인 구조를 이미 알고 있다. 말하자면 함수형 프로그래밍을 활용하는 것은 불변성을 훨씬 더 적극적으로 활용하는 것이다.

다음은 STL의 다른 예다.

```
std::vector aCollection{5, 4, 3, 2, 1};
sort (aCollection.begin(), aCollection.end ());
```

STL 알고리듬은 엄청나게 강력하다. 이 힘은 다형성으로부터 발현된다. OOP에서의 다형성이라는 용어보다 더 근본적인 측면에서 다형성이라는 용어를 사용했다. 이것은 단지 컬렉션에 무엇이 담겨 있느냐와 상관없다는 의미다. 이 알고리듬은 비교 로직이 구현돼 있다면 여전히 제대로 동작할 것이기 때문이다. 필자는 처음 이것을 이해했을 때 매우 효과적이고 영리한 솔루션이라는 것을 인정할 수밖에 없었다.

sort 함수에는 다양한 변형이 있다. 심지어 비교 로직이 구현돼 있지 않을 때나 우리가 원하는 대로 동작하지 않을 때도 원소 정렬이 가능케 하는 것도 있다. 예를 들어 다음과 같은 Name 구조체가 있다.

```
using namespace std;

// 명확성을 위해 일부 코드는 생략했다.
struct Name {
  string firstName;
  string lastName;
};
```

이름으로 vector<Name> 컨테이너를 정렬하고 싶다면 다음과 같은 compare 함수가 필요하다.

```
bool compareByFirstName(const Name& first, const Name& second) {
  return first.firstName < second.firstName;
}
```

덧붙여 다음 코드와 같이 sort 함수에 이 함수를 통과시켜야 한다.

```
int main() {
  vector<Name> names = { Name("John", "Smith"), Name("Alex", "Bolboaca") };

  sort(names.begin(), names.end(), compareByFirstName);
}
// 이제 이름 벡터에는 "Alex Bolboaca", "John Smith"의 순서로 담겨 있다.
```

이 방식으로 고차원 함수higher-order function를 만든다. 고차원 함수는 더 높은 수준의 다형성을 활용하기 위해 다른 함수를 파라미터로 사용하는 함수다. 축하한다. 여러분은 방금 함수형 프로그래밍의 두 번째 구조를 사용했다.

STL이 함수형 프로그래밍을 활용하는 좋은 예라는 것을 최대한 보여줄 것이다. 여러분이 함수형 프로그래밍 구조를 더 배우면 STL이 전체적으로 함수형 프로그래밍을 활용하고 있다고 느낄 것이다. 함수 포인터나 펑터functor 같은 일부는 오래 전부터 C++ 언어에 있었다. 사실 STL은 여러 시간 동안 증명된 것이다. 이와 비슷한 패러다임을 우리 코드에도 사용하지 않을 이유가 없다.

STL에서 존재하는 함수형 루프를 제외하고 STL이 함수형 프로그래밍을 활용하고 있다는 주장을 뒷받침하는 더 좋은 예시는 없다.

구조화된 루프와 함수형 루프 비교

프로그래머가 되는 과정에서 처음 배우는 것 중 하나는 보통 루프를 작성하는 방법이다. 다음은 필자가 C++을 처음 배울 때 작성한 1부터 10까지 숫자를 출력하는 루프다.

```
for(int i = 0; i < 10; ++i) {
  cout << i << endl;
}
```

호기심 많은 프로그래머였을 때 나는 이 문법을 당연시했고 특징과 복잡성은 뒤로 한 채 그냥 사용했다. 뒤돌아보니 이 구조에 몇 가지 비범한 점이 있다는 것을 깨달았다. 먼저 왜 0부터 시작할까? 필자는 역사적 관습이라고 들어왔고 for 루프는 세 문장(초기화, 조건, 증가)으로 돼 있다. 이것은 달성하려는 목표에 비춰보면 약간 과하게 복잡하게 들린다. 마지막으로 종료 조건 때문에 off-by-one 에러[1]가 발생할 확률이 높다.

이 시점에서 여러분은 STL을 사용하면 컬렉션에 루프를 돌릴 때 반복자iterator를 사용한다는 것이 생각날 것이다.

```
for (list<int>::iterator it = aList.begin(); it != aList.end(); ++it)
    cout << *it << endl;
```

이것은 커서를 활용한 for 루프보다 확실히 낫다. off-by-one 에러를 막아주고 0 관습으로 인한 불운도 더 이상 없다. 그 외에도 이 연산과 관련된 다양한 의식ceremony이 있지만 훨씬 심각한 것은 프로그램이 복잡해질수록 이 루프도 커진다는 점이다. 이 증상을 쉽게 확인하는 방법이 있다. 필자가 루프를 활용해 풀었던 첫 번째 문제로 돌아가보자.

정수 벡터의 합을 계산한다고 가정해보자. 순진하게 구현하면 다음과 같을 것이다.

```
int sumWithUsualLoop(const vector<int>& numbers) {
    int sum = 0;
    for(auto iterator = numbers.begin(); iterator < numbers.end(); ++iterator) {
        sum += *iterator;
    }
    return sum;
}
```

상용 코드가 이렇게 단순하다면 얼마나 좋을까! 이 코드를 구현한 순간 새로운 요구사항이 들어왔다. 이제 벡터 안 숫자 중에서 짝수만으로 합을 구해야 한다. 여전히 쉬운 것 같다. 다음 코드를 살펴보자.

---

1 바운더리 컨디션과 관련된 오류다. 위키 https://en.wikipedia.org/wiki/Off-by-one_error 참조 – 옮긴이

```cpp
int sumOfEvenNumbersWithUsualLoop(const vector<int>& numbers) {
    int sum = 0;
    for(auto iterator = numbers.begin(); iterator<numbers.end();
    ++iterator) {
        int number = *iterator;
        if (number % 2 == 0) sum+= number;
    }
    return sum;
}
```

이제 끝났다고 생각하는 사람이 있을 텐데 그렇지 않다. 같은 벡터에서 세 가지 합을 구해야 한다. 하나는 짝수, 하나는 홀수, 나머지 하나는 전체 합을 구해야 한다. 다음과 같이 코드를 더 추가해보자.

```cpp
struct Sums{
    Sums(): evenSum(0),  oddSum(0), total(0){}
    int evenSum;
    int oddSum;
    int total;
};

const Sums sums(const vector<int>& numbers){
    Sums theTotals;
    for(auto iterator = numbers.begin(); iterator<numbers.end();
    ++iterator){
        int number = *iterator;
        if(number % 2 == 0) theTotals.evenSum += number;
        if(number %2 != 0) theTotals.oddSum += number;
        theTotals.total += number;
    }
    return theTotals;
}
```

우리가 작성한 루프는 처음에는 상대적으로 간단히 시작했지만 점점 복잡해지고 있다. 필자가 프로그래머로 처음 일했을 때는 요구사항을 제대로 전달하지 못하고 고정시키지 못하는 사용자와 고객을 비난했지만 필자가 바란 것은 현실에서 실현 가능성이 거의 없었다. 우리 고객은 우리가 작성한 프로그램과 사용자의 상호작용에서 매일 새로운 것을 배운다. 이 코드를 깔끔히 유지하는 것은 우리에게 달려 있다. 이것은 함수형 루프를 통해 가능하다.

몇 년 후 필자는 그루비를 배웠다. 자바는 가상 머신 기반 프로그래밍 언어다. 그루비는 가능하면 코드를 더 간결하게 작성하게 하며 일반적인 오류를 피해가도록 도움으로써 프로그래머의 작업을 더 쉽게 만드는 데 초점을 맞춘 언어다. 그루비로 이전 코드를 작성한다면 다음과 같을 것이다.

```
def isEven(value) {return value %2 == 0}
def isOdd(value) {return value %2 == 1}
def sums(numbers) {
  return [
    evenSum: numbers.filter(isEven).sum(),
    oddSum: numbers.filter(isOdd).sum(),
    total: numbers.sum()
  ]
}
```

잠시 두 코드를 비교해보자. 루프는 없고 코드는 지극히 깔끔하다. 여기서 off-by-one 에러가 발생할 확률은 없어 보인다. 카운터가 없어 0부터 시작하는 어색함도 없다. 게다가 거추장스러운 것도 없다. 필자는 하고 싶은 것을 적었을 뿐이며 함수형 프로그래밍을 이해하는 사람은 그 의도를 쉽게 알 수 있다.

C++ 버전이 조금 더 길지만 여전히 같은 목적을 달성할 수 있다.

```
const Sums sumsWithFunctionalLoops(const vector<int>& numbers){
  Sums theTotals;
  vector<int> evenNumbers;
  copy_if(numbers.begin(), numbers.end(),
  back_inserter(evenNumbers), isEven);
  theTotals.evenSum = accumulate(evenNumbers.begin(),
  evenNumbers.end(), 0);

  vector<int> oddNumbers;
  copy_if(numbers.begin(), numbers.end(), back_inserter(oddNumbers),
  isOdd);
```

```
    theTotals.oddSum= accumulate(oddNumbers.begin(), oddNumbers.end(),
    0);

    theTotals.total = accumulate(numbers.begin(), numbers.end(), 0);

    return theTotals;
}
```

여전히 불필요한 내용과 중복된 코드가 너무 많다. 다음과 같이 해결해보자.

```
template<class UnaryPredicate>
const vector<int> filter(const vector<int>& input, UnaryPredicate
filterFunction){
    vector<int> filtered;
    copy_if(input.begin(), input.end(), back_inserter(filtered),
    filterFunction);
    return filtered;
}

const int sum(const vector<int>& input){
    return accumulate(input.begin(), input.end(), 0);
}

const Sums sumsWithFunctionalLoopsSimplified(const vector<int>& numbers){
    Sums theTotals(
        sum(filter(numbers, isEven)),
        sum(filter(numbers, isOdd)),
        sum(numbers)
    );
    return theTotals;
}
```

복잡한 for 루프를 읽기 쉽고 재활용 가능한 함수와 더 단순한 숫자로 치환했다. 자, 그럼 코드는 나아졌을까? 그것은 낫다는 것을 여러분이 어떻게 정의하는가에 달려 있다. 필자는 특정한 구현의 장점과 단점을 생각하는 것을 좋아한다. 함수형 루프의 장점은 단순성, 가독성, 중복 코드 제거, 부품성이다. 여기에 아무 단점도 없을까? 초기 for 루프에는 벡터가 한 가지 과정만 거치면 됐지만 현재 우리가 구현한 함수는 세 가지 과정을 거쳐야 해 컬렉션이 크거나 응답시간과 메모리 사용이 매우 중요한 경우 부담으로 작용할 수 있다. 이 점은 분명히 토론할 가치가 있다. 그 내용은 **10장, 퍼포먼스 최적화**에서 자세하게 살펴볼 것인데 온전히 함수형 프로그래밍의 퍼포먼스 최적화에만 중점을 둘 것이다. 지금은 함수형 프로그래밍이라는 신규 도구를 이해하는 데만 중점을 두길 권한다. 이 목적을 달성하기 위해 불변성을 한 번 더 살펴봐야 한다.

불변성

앞에서 C++에서의 어떤 불변성을 배웠다. 가장 대표적인 예는 다음과 같다.

```
class ...{
  int add(const int& first, const int& second) const{
    return first + second;
  }
}
```

const 키워드는 다음과 같은 코드상의 몇 가지 중요한 제약을 분명하게 대변한다.

- 이 함수는 반환하기 전까지 함수 인자를 변화시키지 않는다.
- 이 함수는 이 클래스에 속한 멤버 변수 데이터를 변화시키지 않는다.

이제 다음과 같이 add의 다른 버전을 상상해보자.

```
int uglyAdd(int& first, int& second){
  first = first + second;
  aMember = 40;
  return first;
}
```

한 가지 이유로 이 함수를 uglyAdd라고 불렀다. 필자는 프로그래밍할 때 이 같은 함수들을 보면 지나치지 못한다. 이 함수는 최소 기준^{minimal surprise} 원칙을 너무 많이 위반한다. 함수 코드를 읽는 것은 의도를 밝혀내는 것이다. 이 함수를 호출하는 사람이 겪을 놀라움을 상상해보자. 조심성 없이 add 함수를 호출하면 두 가지가 바뀐다. 전달한 파라미터와 이 함수가 위치한 클래스다.

극단적인 예지만 불변성을 논의하는 데 좋다. 불변 함수는 지루하다. 불변 함수는 데이터를 받은 후 받은 데이터를 변화시키지 않고 함수가 속한 클래스도 변화시키지 않으며 값을 반환한다. 하지만 코드를 장시간 유지·보수한다면 지루한 것이 좋다.

불변성은 함수형 프로그래밍의 핵심적 특성이다. 물론 프로그램에서 최소한 한 부분, 즉 입력/출력(I/O)은 불변성을 유지할 수 없다. 이 I/O 성질은 받아들일 것이고 코드의 불변성을 최대한 증가시키는 데 초점을 맞출 것이다.

지금까지 독자가 코드를 작성해온 방식을 완전히 다시 생각해야 하는지 궁금할 수도 있다. OOP를 배운 것을 다 잊어야 할까? 아니다. 그 이유를 살펴보자.

OOP와 함수형 디자인 스타일 비교

우리 업무의 중요한 부분은 프로그래머 간 협업과 동료 프로그래머가 코드를 쉽게 작성하도록 도와주는 것이다. 그러기 위해 복잡한 아이디어를 간단하게 설명하려고 노력한다. 필자는 이 소프트웨어 디자인을 '비즈니스 목적에 맞게 최적화해 코드를 구성하는 것'이라고 설명한다.

필자는 간결한 이 정의를 좋아한다. 함수형 구조체로 실험하면서 필자를 괴롭힌 것이 있다. 바로 함수형 프로그래밍이 코드를 다음과 같이 되도록 유도하는 것이다.

```
const Sums sumsWithFunctionalLoopsSimplified(const vector<int>& numbers){
  Sums theTotals(
    sum(filter(numbers, isEven)),
    sum(filter(numbers, isOdd)),
    sum(numbers)
  );
  return theTotals;
}
```

OOP 스타일로 이 같은 비슷한 코드를 작성하면 클래스를 생성하고 상속을 활용할 것이다. 그렇다면 어느 것이 더 나은 스타일인가? 추가적으로 소프트웨어 디자인이 코드 구조에 관한 것이라면 이 두 스타일 사이에 공통점이 있을까?

우선 두 디자인 스타일이 진정으로 추구하는 것을 살펴보자. OOP란 무엇인가? 수년간 필자는 모든 책에서 나열하고 있는, 다음과 같은 객체지향 언어의 세 가지 특성을 믿었다.

- 캡슐화
- 상속성
- 다형성

OOP 사상가 앨런 케이는 이 리스트에 별로 동의하지 않는다. 그에게 OOP란 수많은 작은 오브젝트 간 소통이다. 생물학 전공자인 그는 신체를 구성하는 세포처럼 오브젝트가 소통하는 방식으로 프로그램을 구성하는 것의 가능성을 봤다. 그는 클래스보다 오브젝트, 일반적인 OOP 특성보다 소통에 중점을 뒀다. 그의 입장을 다음과 같이 최대한 정리해보겠다. 시스템 내부에서의 동적 관계가 그 정적 특성보다 중요하다.

이것은 OOP 패러다임의 많은 것을 변화시킨다. 그렇다면 클래스는 실생활에 과연 적합한가? 실제로 그렇지 않다. 클래스에는 실생활을 반영하는 최적화를 해야 한다. 우리는 명확히 정립된 클래스 계층관계에 초점을 맞춰야 할까? 아니다. 오브젝트 간 소통이 더 중요하기 때문이다. 우리가 상상할 수 있는 가장 작은 오브젝트는 무엇일까? 데이터나 함수의 조합일 것이다.

Quora에 대한 최근 질의 응답(https://www.quora.com/Isnt-getting-rid-of-the-evil-state-like-Haskells-approach-something-every-programmer-should-follow/answer/Alan-Kay-11)에서 앨런 케이는 함수형 프로그래밍 질문에 대답하며 흥미로운 생각을 이야기했다. 함수형 프로그래밍은 수학에서 나왔고 인공지능을 실생활에 적용하는 모델링을 위한 것이다. 이 노력은 다음과 같은 문제에 부딪혔다. '알렉스는 부카레스트에 있다'와 '알렉스는 런던에 있다'는 둘 다 참이 될 수 있지만 다른 시간상에서만 참이 될 수 있다. 이 모델링 문제의 해답은 불변성이다. 시간은 함수의 파라미터가 될 수 있거나 데이터 구조체에서 데이터 멤버가 될 수 있다. 모든 프로그램에서 데이터 변화를 데이터의 시간 기준 버전으로 모델링할 수 있다. 그 무엇도 작은 오브젝트로 데이터를 모델링하거나 변화를 함수로 모델링하는 것을 방해할 수 없다. 부가적으로 추후 살펴보겠지만 우리는 함수를 오브젝트로 변환하고 오브젝트를 함수로 쉽게 변환할 수 있다.

요약하면 앨런 케이가 생각하는 OOP와 함수형 프로그래밍의 실제 긴장tension은 없다. 코드의 불변성을 증가시키는 것과 작은 오브젝트 간 상호소통에 초점을 맞춘다면 이 둘을 상호적으로 함께 사용할 수 있다. 함수를 클래스로 대체하고 클래스를 함수로 대체하는 것이 얼마나 쉬운지 2장에서 살펴볼 것이다.

하지만 앨런 케이의 비전과 달리 OOP를 사용하는 방법은 다양하다. 필자의 클라이언트와 함께 다양한 C++ 코드를 봐왔다. 큰 함수, 거대 클래스, 깊은 상속 계층 관계로 된 것이었다. 나를 부른 대부분의 이유는 고치기 너무 어렵게 디자인됐거나 새로운 기능을 추가했더니 기어가듯 느려졌기 때문이었다. 상속은 매우 강한 관계다. 상속을 남용하면 강력한 결합이 발생해 변경이 어려워지는 것이다. 긴 메서드와 긴 클래스는 이해하기 어렵게 만들고 변경하기 어렵게 만든다. 물론 상속과 긴 클래스가 필요할 때도 있지만 일반적으로 느슨한 결합의 작은 객체로 작성하는 것이 변경하기도 쉽다.

하지만 클래스는 재사용할 수 있지 않을까? 함수도 재사용할 수 있지 않을까? 다음 주제를 살펴보자.

모듈 확장성과 중복 제거

이전에 본 매우 중복된 예제다.

```
const Sums sumsWithFunctionalLoops(const vector<int>& numbers)
  {Sums theTotals;
  vector<int> evenNumbers;
  copy_if(numbers.begin(), numbers.end(), back_inserter(evenNumbers)
  isEven);
  theTotals.evenSum = accumulate(evenNumbers.begin(),
```

```
    evenNumbers.end(), 0);

  vector<int> oddNumbers;
  copy_if(numbers.begin(), numbers.end(), back_inserter(oddNumbers),
    isOdd);
  theTotals.oddSum= accumulate(oddNumbers.begin(), oddNumbers.end(),
    0);

  theTotals.total = accumulate(numbers.begin(), numbers.end(), 0);

  return theTotals;
}
```

다음 코드와 같이 함수를 활용해 줄이려고 했다.

```
template<class UnaryPredicate>
const vector<int> filter(const vector<int>& input, UnaryPredicate
  filterFunction){
  vector<int> filtered;
  copy_if(input.begin(), input.end(), back_inserter(filtered),
    filterFunction);
  return filtered;
}

const int sum(const vector<int>& input){
  return accumulate(input.begin(), input.end(), 0);
}

const Sums sumsWithFunctionalLoopsSimplified(const vector<int>& numbers){
  Sums theTotals(
    sum(filter(numbers, isEven)),
    sum(filter(numbers, isOdd)),
    sum(numbers)
  );

  return theTotals;
}
```

다양한 방식으로 함수를 조합하는 것은 매우 재미있다. sum(filter())를 두 번 호출했고 sum()을 한 번 호출했다. 무엇보다 필터 함수는 다양한 서술자[predicates]와 함께 사용할 수 있다. 좀 더 노력하면 filter와 sum을 다형성 함수[polymorphic functions]로 만들 수 있다.

```
template<class CollectionType, class UnaryPredicate>
const CollectionType filter(const CollectionType& input, UnaryPredicate
filterFunction){
  CollectionType filtered;
  copy_if(input.begin(), input.end(), back_inserter(filtered),
  filterFunction);
  return filtered;
}
template<typename T, template<class> class CollectionType>
const T sum(const CollectionType<T>& input, const T& init = 0){
  return accumulate(input.begin(), input.end(), init);
}
```

인자에 vector<int>가 아닌 다른 형태를 넣어 filter와 sum을 쉽게 호출할 수 있다. 이 구현은 완벽하지 않지만 필자가 말하려는 요지를 잘 나타내고 있다. 즉 작은 불변 함수는 다형성과 모듈 확장성을 쉽게 달성할 수 있는데 특히 다른 함수에 함수를 전달할 때 잘 동작한다.

요약

지금까지 다양한 흥미로운 주제를 다뤘다. 여러분은 함수형 프로그래밍의 기초 지식을 깨달았을 것이다. const 키워드의 도움으로 C++로 불변 함수를 작성할 수 있다. 여러분은 STL에서 고차원 함수를 이미 사용한 적이 있다. 추가적으로 OOP의 모든 것을 버릴 필요는 없다. 다만 다른 관점에서 OOP를 바라보면 된다. 마지막으로 작은 불변 함수가 복잡한 기능을 어떻게 제공하도록 조합되는지 살펴봤고 C++ 템플릿을 활용해 다형성을 어떻게 가질 수 있는지도 살펴봤다.

이제 함수형 프로그래밍의 빌딩 블록을 심도 있게 살펴보고 C++에서 어떻게 사용하는지 배워볼 시간이다. 여기에는 함수형 조합, 커링, 부분 함수형 활용과 같은 함수와 함께 순수 함수, 람다, 연산자를 포함한다.

⁂ 질문

1. 불변 함수란 무엇인가?

2. 불변 함수를 어떻게 작성하는가?

3. 불변성은 코드 간결화에 어떤 도움을 주는가?

4. 불변성은 디자인 단순화에 어떤 도움을 주는가?

5. 고차원 함수란 무엇인가?

6. STL의 고차원 함수의 예는 무엇인가?

7. 구조형 루프에 비해 함수형 루프의 장점은 무엇인가? 잠재적 단점은 무엇인가?

8. 앨런 케이의 OOP 관점은 무엇인가? 함수형 프로그래밍과 어떤 관계가 있는가?

02
순수 함수 이해하기

순수 함수는 함수형 프로그래밍의 빌딩 블록이다. 순수 함수는 불변 함수다. 불변 함수의 특징은 순수 함수를 더 단순하고 예측 가능하게 한다. C++에서 순수 함수를 작성하는 것은 쉽지만 여기에는 몇 가지 숙지해야 할 것들이 존재한다. C++에서의 함수는 기본적으로 변형mutable이기 때문에 여러분은 변이를 막는 법을 컴파일러에게 알려주는 문법을 배워야 한다. 또한 불변형 코드에서 변형 코드를 분리하는 방법도 살펴볼 것이다.

2장에서는 다음과 같은 주제를 다룬다.

- 순수 함수 이해하기
- C++에서 순수 함수 작성 및 튜플을 활용한 다중 인자 반환
- I/O가 변형인 이유와 순수 함수에서 I/O의 분리 필요성 이해하기

기술적 요구사항

C++ 17을 지원하는 C++ 컴파일러가 필요할 것이다. 여기서는 GCC 7.3.0 버전을 사용한다. 코드 샘플은 2장 폴더의 **GitHub** 저장소(https://github.com/PacktPublishing/Hands-On-Functional-Programming-with-Cpp)에 있고 편의를 위해 `makefile` 파일도 제공한다.

순수 함수란?

잠시 단순한 일상생활을 생각해보자. 전등 스위치를 만졌을 때 둘 중 한 사건이 발생한다.

- 전등이 켜져 있다면 꺼질 것이다.
- 전등이 꺼져 있다면 켜질 것이다.

전등 스위치의 동작은 매우 예측 가능하다. 예측 가능하기 때문에 전등이 켜지지 않을 때 여러분은 곧바로 전구나 퓨즈 또는 스위치가 잘못됐을 거라고 생각할 것이다.

다음은 이 전등 스위치를 켜거나 끌 때 여러분이 예상하지 못한 몇 가지 상황이다.

- 냉장고가 꺼지지 않는다.
- 옆 전등이 켜지지 않는다.
- 화장실 수전이 동작하지 않는다.
- 휴대폰이 리셋되지 않는다.

전등 스위치를 켰는데 왜 이 같은 상황이 벌어질까? 이 같은 상황이 벌어진다면 무척 혼란스러울 것이다. 우리는 생활에서 이 같은 혼란이 벌어지는 것을 원치 않을 것이다.

하지만 프로그래머는 코드에서 이 같은 동작을 자주 경험한다. 함수 호출은 프로그램 상태의 변경을 자주 초래한다. 이 같은 경우를 함수 부작용^{side effect}이라고 한다.

함수형 프로그래밍은 순수 함수를 적극적으로 활용해 상태 변화에 의한 혼동을 줄이려고 노력한다. 순수 함수는 다음과 같은 두 가지 제약 조건을 가진 함수다.

- 동일한 인자 값을 넣으면 항상 동일한 결과 값을 반환한다.
- 부작용이 없다.

전등 스위치 코드를 어떻게 작성해야 할지 살펴보자. 전구를 호출 가능한 외부 엔티티로 가정할 것이다. 전구를 프로그램 입출력(I/O)으로 인한 출력으로 본다. 구조적/객체지향 프로그래머에게 자연스러운 코드는 다음과 비슷할 것이다.

```
void switchLight(LightBulb bulb){
  if(switchIsOn) bulb.turnOff();
  else bulb.turnOn();
}
```

이 함수에는 두 가지 사건이 벌어진다. 첫째, 파라미터에 존재하지 않는 입력인 switchIsOn을 사용한다. 둘째, 전구에 부작용을 직접 발생시킨다.

그렇다면 순수 함수는 어떠할까? 첫째, 모든 파라미터는 명시적이다.

```
void switchLight(boolean switchIsOn, LightBulb bulb){    if(switchIsOn)
  bulb.turnOff();
  else bulb.turnOn();
}
```

두 번째로 부작용을 제거해야 한다. 부작용을 어떻게 제거할까? 전구를 켜고 끄는 행동과 다음 상태 계산을 분리하자.

```
LightBulbSignal signalForBulb(boolean switchIsOn){
  if(switchIsOn) return LightBulbSignal.TurnOff;
  else return LightBulbSignal.TurnOn;
}
// 출력을 다음과 같이 사용한다.
sendSignalToLightBulb(signalForBulb(switchIsOn))
```

이제 순수 함수가 됐다. 이후 이를 더 자세하게 논의할 것이다. 지금은 다음과 같이 단순화시켜 보자.

```
LightBulbSignal signalForBulb(boolean switchIsOn){
  return switchIsOn ? LightBulbSignal.TurnOff :
  LightBulbSignal.TurnOn;
}
// 출력을 다음과 같이 사용한다.
sendSignalToLightBulb(signalForBulb(switchIsOn))
```

몇 가지를 더 정리하자(필자는 이 함수를 클래스의 일부라고 가정했다).

```
static LightBulbSignal signalForBulb(const boolean switchIsOn){
  return switchIsOn ? LightBulbSignal.TurnOff :
  LightBulbSignal.TurnOn;
}
// 출력을 다음과 같이 사용한다.
sendSignalToLightBulb(signalForBulb(switchIsOn))
```

이 함수는 뻔하고 읽기 쉬우며 부작용도 없어 재미가 없다. 마치 잘 설계된 전등 스위치 같다. 무엇보다 수십 년 동안 어마어마한 라인의 코드를 유지·보수해야 할 때 사용할 수 있을 것 같다.

이제 순수 함수가 무엇이고 왜 유용한지 이해했다. 또한 순수 함수에서 부작용(주로 I/O)을 분리하는 예를 살펴봤다. 이것은 흥미로운 컨셉이다. 그렇다면 이것을 어디로 가져갈 수 있을까? 이 같은 단순 구조를 활용해 복잡한 프로그램을 정말 만들 수 있을까? 3장에서 순수 함수를 조합하는 방법을 논의할 것이다. 지금은 C++에서 순수 함수를 작성하는 방법을 배우는 데 초점을 맞출 것이다.

C++에서의 순수 함수

앞의 예제에서 C++에서의 순수 함수에는 기본 문법을 사용해야 한다는 것을 이미 배웠다. 다음 네 가지를 기억하면 된다.

- 순수 함수는 부작용이 없다. 순수 함수가 클래스의 일부라면 static이나 const가 될 수 있다.
- 순수 함수는 파라미터를 변화시키지 않는다. 따라서 모든 파라미터는 const, const& 또는 const* const 타입이 돼야 한다.
- 순수 함수는 항상 값을 반환한다. 기술적으로 출력 파라미터를 통해서도 값을 반환할 수 있다. 하지만 일반적인 간단한 방법은 값을 반환하는 것이다. 즉 순수 함수는 주로 void 반환 타입이 아니라는 뜻이다.
- 앞의 포인트 중 아무 것도 부작용이나 불변성을 보장해주지 않는다. 다만 거기에 가까워지는 것이다. 예를 들어 데이터 멤버들은 변형될 수 있으며 const 메서드는 데이터 멤버들을 변경할 수도 있다.

2부에서 순수 함수를 자유 함수 형식과 클래스 메서드 형식으로 작성하는 방법을 살펴볼 것이다. 이 예제들을 살펴볼 때 지금은 문법을 보고 있다는 사실을 기억하길 바란다. 순수 함수에 최대한 다가가는 데 컴파일러를 어떻게 활용하는지에 초점을 맞춘다.

인자가 없는 순수 함수

간단한 것부터 시작하자. 인자 없이 순수 함수를 사용할 수 있을까? 물론이다. 기본 값이 필요할 때 사용하는 예제다. 다음 예제를 살펴보자.

```
int zero() { return 0; }
```

이것은 단일형 함수다. 이제 클래스 내부에 순수 함수를 작성하는 방법을 살펴보자.

```
class Number {
  public:
    static int zero() { return 0; }
}
```

Static은 이 함수는 비정적 데이터 멤버를 변경하지 않는다는 의미다. 하지만 이것은 정적 데이터 멤버 값의 변경을 막지 못한다.

```cpp
class Number {
  private:
    static int accessCount;
  public:
    static int zero() { ++accessCount; return 0; }
    static int getCount() { return accessCount; }
};
int Number::accessCount = 0;
int main() {
Number::zero();
count << Number::getCount() << endl; // 1을 출력할 것이다.
}
```

운 좋게도 대부분의 변형 상태 문제는 const 키워드로 해결할 수 있다는 것을 알게 될 것이다. 다음 경우도 예외는 아니다.

```cpp
static const int accessCount;
```

인자가 없는 순수 함수를 작성하는 방법을 어느 정도 이해했을 것이다. 이제 몇 가지 인자를 추가해볼 차례다.

하나 이상의 인자를 지닌 순수 함수

다음 코드와 같은 하나의 인자를 지닌 순수 클래스 메서드로 시작해보자.

```cpp
class Number {
  public:
    static int zero() { return 0; }
    static int increment(const int value) { return value + 1; }
}
```

파라미터가 두 개인 경우는 어떠할까? 다음 코드를 살펴보자.

```
class Number {
  public:
    static int zero() { return 0; }
    static int increment(const int value){ return value + 1; }
    static int add(const int first, const int second){ return first +
    second; }
};
```

참조 타입도 다음과 같이 동일하게 적용할 수 있다.

```
class Number {
  public:
    static int zero() { return 0; }
    static int increment(const int& value){ return value + 1; }
    static int add(const int& first, const int& second){ return first +
    second; }
};
```

포인터 타입에도 문법적 기교를 조금 첨가해 동일하게 적용할 수 있다.

```
class Number {
  public:
    static int incrementValueFromPointer(const int* const value) { return
    *value + 1; }
};
```

축하한다. 이제 여러분은 C++에서 순수 함수를 작성하는 방법을 배웠다.

안타깝게도 C++에서 불변성 구현은 지금까지 해온 것들보다 좀 더 복잡하다. 다양한 상황을 깊이 있게 고려해야 한다.

순수 함수와 불변성

1995년도 영화 〈아폴로 13호〉는 필자가 가장 좋아하는 스릴러 중 하나다. 이 영화는 실화를 바탕으로 한 여러 가지 엔지니어링 문제와 우주에 대한 것이다. 기억에 남는 여러 장면 중 프로그래밍 관련 교훈을 주는 장면이 있었다. 우주비행사 팀이 복잡한 절차를 준비하는 동안 사령관(톰 행크스 분)은 명령 스위치 중 하나에 '조작하지 마시오'라고 적힌 스티커를 붙였다는 사실을 알게 된다. 사령관이 그 동료에게 그 같은 스티커를 왜 붙였는지 묻자 그는 "머리속이 복잡했습니다. 이 스위치를 조작해 제가 사령관 님을 우주로 보내버릴까 봐 겁이 났습니다. 그런 실수를 하지 않도록 상기시키려고 그랬습니다."라고 대답했다.

이 같은 방법이 우주비행사에게 통한다면 프로그래머에게도 통해야 할 것이다. 다행히 우리가 뭔가 잘못했을 때 그것을 알려줄 컴파일러가 존재한다. 하지만 무엇을 확인하길 원하는지 컴파일러에게 알려줘야 한다.

Const나 static 없이도 순수 함수를 작성할 수 있다. 함수의 순수성은 문법 문제라기보다 개념의 문제다. 제자리에 올바른 스티커를 붙임으로써 실수를 막을 수 있지만 컴파일러에도 한계가 있음을 알게 될 것이다. 이전에 논의한 방식과 다른 방법으로 구현한 증가 함수를 살펴보자.

```cpp
class Number {
  public:
    int increment(int value) { return ++value; }
};
int main() {
  Number number;
  int output = number.increment(Number::zero());
  cout << output << endl;
}
```

이것은 순수 함수가 아니다. 왜? 답은 다음 줄에 있다.

```cpp
int increment(int value){ return ++value; }
```

++value는 value를 증가시킬 뿐만 아니라 입력 파라미터도 변경하고 있다. 이 경우에는 문제가 되지 않음에도(value 파라미터는 값에 의한 전달(passed by value)이기 때문에 value 파라미터를 복사한 값이 변한 것이다) 여전히 부작용이 존재한다. 이것은 C++에서 부작용 코드를 작성하기 쉽다는 것을 보여준다. 또한 C++이 아니더라도 기본적으로 불변성을 강

제하지 않는 모든 언어는 부작용 코드를 작성하기 쉽다. 다행히 원하는 것을 컴파일러에게 정확히 전달하는 한 이것을 해결할 수 있다. 이전에 작성했던 다음 코드를 상기해보자.

```
static int increment(const int value) { return value + 1; }
```

이 함수의 몸체에 ++value나 value++를 넣으면 컴파일러는 즉시 const 입력 파라미터 변경을 시도하고 있다고 알려줄 것이다. 매우 친절한 컴파일러 아닌가? 참조에 의한 전달 passed by reference 파라미터는 어떠할까?

불변성과 참조에 의한 전달

문제가 더 심각해졌다. 다음 함수를 상상해보자.

```
static int increment(int& value){ return ++value; }
```

메모리를 몇 바이트 더 차지하는 값에 의한 전달 대신 참조에 의한 전달을 사용했다. 하지만 값에는 무슨 일이 벌어질까? 다음 코드를 살펴보자.

```
int value = Number::zero(); // 값은 0
  cout << Number::increment(value) << endl;
  cout << value << endl; // 이제 값은 1이다.
```

value 파라미터는 0으로 시작했지만 함수를 호출한 다음에 증가했다. 따라서 value는 1이다. 이는 불을 켤 때마다 냉장고 문이 열리는 것과 비슷한 것이다. 다행히 const라는 키워드를 추가만 하면 된다. 다음을 살펴보자.

```
static int increment(const int& value) { return value + 1; }
```

함수의 몸체에 ++value, value++를 사용하면 컴파일러는 다시 경고할 것이다.

멋진 기능이다. 그렇다면 포인터 인자는 어떠할까?

불변성과 포인터

포인터를 입력 파라미터로 사용하면 원치 않는 변경을 방지하는 것이 좀 더 복잡해진다. 이 함수의 호출을 시도할 때 무슨 일이 벌어지는지 살펴보자.

```
static int increment(int* pValue)
```

다음은 변경될 수 있는 것들이다.

- pValue가 가리키는 값이 변경될 수 있다.
- 포인터의 주소가 변경될 수 있다.

pValue가 가리키는 값은 이전에 살펴본 방법과 유사하게 변경할 수 있다. 예를 들면 다음 코드와 같다.

```
static int increment(int* pValue){ return ++*pValue; }
```

이것은 가리킨 값을 변경하고 반환할 것이다. 변경을 막기 위해서는 적합한 위치에 const 키워드를 사용해야 한다.

```
static int increment(int* const pValue) { return *pValue + 1; }
```

포인터 주소 값의 변경은 예상보다 더 골치 아프다. 예상하지 못한 방법으로 동작하는 예를 살펴보자.

```
class Number {
  static int* increment(int* pValue) { return ++pValue; }
}

int main() {
```

```
    int* pValue = new int(10);
    cout << "Address: " << pValue << endl;
    cout << "Increment pointer address: " <<
    Number::incrementPointerAddressImpuse(pValue) << endl;
    cout << "Address after increment: " << pValue << endl;
    delete pValue;
}
```

필자의 노트북에서 이 코드를 실행한 결과는 다음과 같다.

```
Address: 0x55cd35098e80
Increment pointer address: 0x55cd35098e80
Address after increment: 0x55cd35098e80
Increment pointer value: 10
```

함수 내에서 ++pValue를 사용해 증가시켰음에도 불구하고 주소 값은 변하지 않았다. pValue++를 사용해도 똑같은 결과가 나온다. 왜 그럴까?

포인터 주소는 하나의 값이고 값에 의한 전달이다. 따라서 함수 몸체 내부의 모든 변화는 오직 함수 범위 내에만 적용된다. 이 주소 값을 변경하려면 다음과 같이 참조를 통해 주소를 전달해야 한다.

```
static int* increment(int*& pValue) { return ++pValue; }
```

다행히 이것은 함수 주소를 변경하는 함수를 작성하는 것이 쉽지 않음을 뜻한다. 필자는 지금도 이 같은 규칙을 강제하도록 컴파일러에게 지시하는 것이 더 안전하다고 느낀다.

```
static int* increment(int* const& pValue) { return ++pValue; }
```

물론 이 코드는 가리키는 값의 변경을 막아주지는 않는다.

```
static int* incrementPointerAddressAndValue(int* const& pValue){
    (*pValue)++;
    return pValue + 1;
}
```

값과 주소 모두 불변성을 강제하기 위해서는 다음 코드와 같이 더 많은 const 키워드를 사용해야 한다.

```
static const int* incrementPointerAddressAndValuePure(const int*
  const& pValue){
    (*pValue)++; // 컴파일 오류
    return pValue + 1;
}
```

이것은 모든 종류의 클래스 함수를 커버하지만 C++에는 클래스 밖에서도 함수를 작성할 수 있다. static은 이 같은 상황에서도 여전히 유효할까(스포일러 주의: 여러분이 기대하는 바와 다를 것이다)?

불변성과 비클래스 함수

지금까지의 모든 예제에서는 함수들이 클래스의 일부라고 가정했다. C++에는 아무 클래스에도 속하지 않은 함수를 작성할 수 있다. 예를 들면 다음과 같은 코드를 작성할 수 있다.

```
int zero() { return 0; }
int increment(int& value) { return ++value; }
const int* incrementPointerAddressAndValuePure(const int* const& pValue) {
    return pValue + 1;
}
```

static을 더 이상 사용하지 않았음에 주목하자. 여기에 static을 사용할 수도 있지만 클래스 내부의 함수에 적용되는 것과 완전히 다른 의미를 갖는다는 사실을 인지해야 한다. 독립 함수에 적용한 static은 다른 변환 유닛translation unit에서 사용할 수 없음을 의미한다. 어떤 CPP 파일에 이 함수를 작성했다면 오직 그 파일에서만 함수를 사용할 수 있다. 그리고 링커는 그것을 무시할 것이다.

모든 종류의 클래스 및 비클래스 함수를 다뤘다. 출력 파라미터를 가진 함수는 어떠할까? 여기에는 몇 가지 작업이 필요하다.

불변성과 출력 파라미터

입력한 데이터를 변경하는 함수가 종종 필요하다. **표준 템플릿 라이브러리**^{STL}에 많은 종류의 예가 존재한다. 가장 쉬운 예는 sort다.

```
vector<int> values = {324, 454, 12, 45, 54564, 32};
sort(values.begin(), values.end());
```

하지만 이 함수는 순수 함수의 아이디어와 맞지 않다. sort 함수의 순수 함수 버전은 다음과 같을 것이다.

```
vector<int> sortedValues = pureSort(values);
```

NOTE

> STL 구현은 최적화에 맞도록 돼 있는데 그렇다면 순수 함수는 최적화가 덜된 것 아닌가라고 여러분이 말하는 것이 들리는 것만 같다. 밝혀진 바에 의하면 Haskell이나 Lisp 같이 순수 함수형 프로그래밍 언어도 이 같은 연산들을 최적화한다. pureSort 구현은 포인터를 주변으로 옮긴 후 포인터 값이 바뀔 때만 바뀌는 만큼 메모리를 할당한다. 하지만 두 가지 컨텍스트가 존재한다. Haskell이나 Lisp는 불변성과 함수형 스타일의 최적화를 지원하는 반면 C++는 다중 프로그래밍(multiple programming) 패러다임을 지원한다. 최적화에 대한 더 자세한 논의는 10장, 퍼포먼스 최적화에서 할 것이다. 지금은 이 같은 종류의 함수들을 어떻게 순수 함수로 만드는지 살펴보자.

지금까지는 하나의 출력 파라미터를 다루는 방법을 살펴봤다. 하지만 다수의 출력 파라미터를 가진 순수 함수를 어떻게 작성할까? 다음 예제를 살펴보자.

```
void incrementAll(int& first, int& second){
  ++first;
  ++second;
}
```

이 문제의 간단한 해결책은 두 개 인자를 vector<int>로 대체하는 것이다. 파라미터가 서로 다른 타입이라면 무슨 일이 벌어질까? 그렇다면 구조체를 활용할 수 있을 것이다. 하지만 이 구조체를 한 번만 사용하는 경우라면 어떠할까? 다행히 STL에 그 해답이 존재한다. 바로 튜플이다.

```cpp
const tuple<int, int> incrementAllPure(const int& first, const int&
  second){
    return make_tuple(first + 1, second + 1);
}
int main(){
    auto results = incrementAllPure(1, 2);
    // 단순화된 버전을 사용할 수도 있다.
    // auto [first, second] = incrementAllPure(1, 2);
    cout << "Incremented pure: " << get<0>(results) << endl;
    cout << "Incremented pure: " << get<1>(results) << endl;
}
```

튜플은 다음과 같은 다양한 장점이 있다.

- 다양한 값과 함께 사용할 수 있다.

- 튜플 값은 다양한 데이터 타입을 가질 수 있다.

- 만들기 쉽다. 단순히 함수 하나를 호출하면 된다.

- 부가적인 데이터 타입이 불필요하다.

경험상 튜플은 다수의 출력 파라미터를 가진 함수를 작성할 때 매우 훌륭한 솔루션이다. 하지만 필자는 설계를 마친 후 이것을 다시 구조체나 데이터 클래스로 웬만하면 리팩터링하려고 한다. 그럼에도 불구하고 튜플 활용은 매우 유용한 테크닉이다. 필자는 드문드문 튜플을 사용한다.

지금까지 수많은 static 함수를 사용해왔다. static 남발은 좋은 습관일까? 그것은 몇 가지 기준에 따라 다르다. 그 내용은 다음에 더 자세하게 다룬다.

정적 함수가 과연 정답일까?

지금 이 순간 여러분은 순수 함수가 좋은 것인지 의문을 품을 수도 있다. 클린 코드나 객체지향 프로그래밍[OOP] 법칙과 모순되는 순수 함수의 static 활용 때문이다. 지금까지는 정적[static] 함수만 작성했다. 과연 옳은 방법일까?

static 함수 활용에서 두 가지 논쟁이 있다.

첫 번째 논쟁은 전역 상태를 숨긴다는 것이다. 정적 함수는 오직 정적 값에만 접근할 수 있기 때문에 이 같은 값들은 전역 상태가 된다. 전역 상태 활용은 좋지 않다. 누가 그것을 변경했는지 알기 어렵기 때문에 그 값에 의도치 않은 값이 들어가 있는 경우 디버깅하기 까다롭기 때문이다.

하지만 순수 함수의 법칙을 기억하길 바란다. 순수 함수는 동일한 입력에 동일한 출력 값이 나와야 한다. 따라서 함수가 순수 함수라면 그리고 오직 순수 함수일 때만 전역 상태를 활용하는 것이 아니다. 프로그램이 어떤 상태에 있더라도 순수 함수에는 입력 파라미터로서 모든 필요한 값이 보내진다. 불행히도 컴파일러를 통해 이 같은 것을 강제하기는 쉽지 않다. 전역 변수 활용을 피해 대신 파라미터로 변경하는 것은 프로그래머의 몫일 수밖에 없다.

전역 상수를 활용했을 때가 이 같은 상황의 경계 조건$^{edge\ case}$이다. 상수는 불변 상태이지만 상수가 진화할 가능성도 있다. 예를 들어 다음과 같은 코드를 고려해보자.

```
static const string CURRENCY="EUR";
```

상수가 변수로 바뀔 가능성도 있음을 알아야 한다. 이 같은 경우 새로운 요구사항에 맞추기 위해 코드다발을 변경해야 한다. 대부분의 경우 상수나 파라미터로 건네는 것이 낫다.

정적 함수의 두 번째 논쟁은 정적 함수가 클래스의 일부가 될 필요성이다. 이 논쟁의 더 자세한 내용은 3장 이후 심도 있게 논의할 것이다. 간단하게 말해 클래스는 관련 있는 함수들의 그룹이 되는 것이 좋다. 어떤 순수 함수들은 가끔 한 클래스에 깔끔히 모아두는 것이 좋다. 관련 있는 순수 함수들을 묶는 또 다른 대안이 있다. 바로 네임스페이스다.

다행히 클래스에 정적 함수를 반드시 사용해야 하는 것은 아니다.

정적 함수의 대안

static 함수를 활용해 Number 클래스에 순수 함수를 작성하는 방법을 1부에서 살펴봤다.

```
class Number{
  public:
    static int zero(){ return 0; }
    static int increment(const int& value){ return value + 1; }
    static int add(const int& first, const int& second){ return
    first + second; }
};
```

이와 다르게 구성하는 방법도 있다. C++에는 함수의 불변성을 유지하면서 static을 사용하지 않는 방법이 있다.

```
class Number{
  public:
    int zero() const { return 0; }
    int increment(const int& value) const { return value + 1; }
    int add(const int& first, const int& second) const { return
    first + second; }
};
```

각 함수 시그니처 뒤에 있는 const 키워드의 의미는 다음과 같다. 이 함수는 Number 클래스의 멤버 데이터에 접근할 수는 있지만 변경은 허용하지 않는다.

이 코드를 살짝 바꾸면 클래스 컨텍스트의 불변성에 대한 흥미로운 질문을 할 수 있다. 숫자를 하나의 값으로 초기화해 항상 그 초기 값을 더하면 코드는 다음과 같을 것이다.

```
class Number{
  private:
    int initialValue;

  public:
    Number(int initialValue) : initialValue(initialValue){ }
    int initial() const { return initialValue; }
    int addToInitial(const int& first) const { return first +
    initialValue; }
```

```
  };

  int main() {
    Number number(10);
    cout << number.addToInitial(20) << endl;
  }
```

여기서 흥미로운 질문이 나온다. addToInitial은 순수 함수일까? 다음과 같은 기준을 확인해보자.

- 부작용이 있는가? 아니다.

- 동일한 입력에 동일한 출력이 나오는가? 약간 어려운 질문이다. 이 함수는 숨은 파라미터가 있기 때문이다. 바로 Number 클래스나 초기 값이다. 하지만 Number 클래스 밖에서 initialValue를 변경할 방법이 없다. 다른 말로 하면 Number 클래스는 불변이다. 즉 함수는 동일한 파라미터와 동일한 Number 인스턴스에 동일한 출력 값을 반환할 것이다.

- 파라미터의 값을 변경하는가? 이 함수는 하나의 파라미터만 받는다. 변경하지 않는다.

사실 이 함수는 순수 함수다. 3장에서 논의하겠지만 이 함수는 또한 부분 적용 함수partially applied function다.

프로그램 내부에서 I/O를 제외한 모든 것은 순수성을 가질 수 있다. 그렇다면 I/O의 성질을 가지고 우리는 무엇을 할까?

순수 함수와 I/O

다음 코드를 살펴보고 이 함수가 순수 함수인지 생각해보자.

```
void printResult(){
  int* pValue = new int(10);
```

```
    cout << "Address: " << pValue << endl;
    cout << "Increment pointer address and value pure: " <<
    incrementPointerAddressAndValuePure(pValue) << endl;
    cout << "Address after increment: " << pValue << endl;
    cout << "Value after increment: " << *pValue << endl;
    delete pValue;
}
```

논란의 여지가 없다. 아무 값도 변하지 않았지만 이전 예제와 비교하면 뭔가 빠진 것 같다. 이 함수는 반환 값이 없다. 이 함수는 몇 가지 함수를 호출한다. 그중 적어도 하나는 순수 함수다.

그렇다면 이 함수는 부작용이 있을까? 있다. 매 줄마다 있는 함수는 그렇다.

```
    cout << ....
```

이 코드 라인은 콘솔에 문자열을 출력한다. 이것이 바로 부작용이다. cout은 변형 상태 기반이기 때문에 이 함수는 순수 함수가 아니다. 더구나 외부 의존성에 의해 cout은 실패할 수 있고 이것은 예외가 발생하기도 한다.

그럼에도 불구하고 우리 프로그램에는 I/O가 필요하다. 그럼 우리는 무엇을 할 수 있을까? 그것은 매우 쉽다. 변성 부분과 불변성 부분을 간단하게 분리하면 된다. 부작용을 분리해 비순수 함수를 최대한 많이 줄이는 것이다.

실제로 그렇게 하려면 어떡해야 할까? 이 같은 비순수 함수로부터 벗어나길 기다리는 순수 함수가 있다. 핵심은 문제에서 출발한다. 다음과 같이 cout을 분리한다.

```
string formatResults(){
    stringstream output;
    int* pValue = new int(500);
    output << "Address: " << pValue << endl;
    output << "Increment pointer address and value pure:"<<
    incrementPointerAddressAndValuePure(pValue) << endl;
    output << "Address after increment: " << pValue << endl;
    output << "Value after increment: " << *pValue << endl;
    delete pValue;
    return output.str();
```

```
}

void printSomething(const string& text){
cout << text;
}

printSomething(formatResults());
```

cout의 부작용이 있을 만한 부분을 다른 함수로 옮기고 초기 함수의 의도를 더 명확히 했다. 그 의도는 출력보다 포맷팅에 더 가깝다. 이것은 순수 함수와 비순수 함수를 깔끔하게 분리한 것처럼 보인다.

하지만 정말 그럴까? formatResults를 다시 확인해보자. 이전에도 그랬듯 여기에는 부작용이 없다. 순수 상태가 아닐 수도 있는 stringstream을 사용하고 메모리를 할당하고 있지만 모든 것은 함수를 기준으로 지역적이다.

NOTE

> 메모리 할당에 부작용이 있을까? 메모리를 할당하는 함수는 순수 함수일까? 결론적으로 메모리 할당은 실패할 수도 있다. 개념적으로 함수 내부에서 메모리 할당은 피할 수 없다. 결국 순수 함수에서의 메모리 할당이 실패할 수 있다는 사실을 받아들여야 한다.

그렇다면 출력은 어떤가? 출력은 변하는가? 여기에 입력 파라미터는 없지만 new 연산자를 활용한 메모리 할당에 따라 출력이 변할 수 있다. 따라서 여기에 순수 함수는 없다. 이 함수를 어떻게 순수 함수로 만들까? 방법은 매우 쉽다. pValue를 파라미터로 건네자.

```
string formatResultsPure(const int* pValue){
  stringstream output;
  output << "Address: " << pValue << endl;
  output << "Increment pointer address and value pure:" <<
  incrementPointerAddressAndValuePure(pValue) << endl;
  output << "Address after increment: " << pValue << endl;
  output << "Value after increment: " << *pValue << endl;
  return output.str();
}

int main(){
  int* pValue = new int(500);
```

02 순수 함수 이해하기 | 067

```
    printSomething(formatResultsPure(pValue));
    delete pValue;
}
```

우리는 부작용과 변형 상태로부터 격리됐다. 이 코드는 I/O나 new 연산자에 더 이상 의존하지 않는다. 이 함수가 순수 함수가 되면서 부가적인 장점이 생겼다. 이 함수는 한 가지 일만 한다. 무엇을 하는지 이해하기 더 쉬워졌다. 예측 가능하고 테스트하기도 쉬워졌다.

이제 부작용이 존재하는 함수를 살펴보기 위해 다음 코드를 참조하라.

```
void printSomething(const string& text) {
    cout << text;
}
```

이것이 무엇을 하는지 이해하기 쉽고 모든 함수가 순수 함수인 이상 이 함수의 부작용을 안전하게 무시할 수 있다는 데 여러분 모두 동의할 수 있을 거라고 생각한다.

결론적으로 더 예측 가능한 코드를 얻으려면 순수 함수와 비순수 함수를 분리하고 비순수 함수를 시스템의 경계로 최대한 많이 밀어 넣어야 한다. 이 같은 변화를 만드는 데 드는 비용이 비싼 경우가 있을 수도 있다. 그리고 코드에 비순수 함수가 존재하는 것은 완전히 괜찮다. 다만 여러분은 자신이 무엇을 하는지 제대로 알고 있으면 된다.

요약

2장에서는 C++에서 순수 함수를 작성하는 방법을 살펴봤다. 여기에는 기억해두면 좋을 몇 가지 기법이 있기 때문에 추천하는 문법 리스트를 작성해봤다.

- 값에 의한 전달 클래스 함수
    - static int increment(const int value)
    - int increment (const int value) const

- 참조에 의한 전달 클래스 함수
    - static int increment(const int& value)
    - int increment(const int& value) const
- 값에 의한 포인터 전달 클래스 함수
    - static const int* increment(const int* const value)
    - const int* increment(const int* const value) const
- 참조에 의한 포인터 전달 클래스 함수
    - static const int* increment(const int* const& value)
    - const int* increment(const int* const& value) const
- 값에 의한 전달 단일 함수: int increment(const int value)
- 참조에 의한 전달 단일 함수: int increment(const int& value)
- 값에 의한 포인터 전달 단일 함수: const intincrement(const int* value)
- 참조에 의한 포인터 전달 단일 함수: const intincrement(const int* const& value)

컴파일러가 부작용을 줄이는 데 일조하지만 그 함수가 순수 함수인지 아닌지 보장하지 않는다는 사실을 알았다. 여러분은 순수 함수를 작성할 때 다음과 같은 기준을 항상 기억해야 한다.

- 동일한 입력에 항상 동일한 결과 값이 반환된다.
- 부작용이 없다.
- 입력 파라미터 값을 변경하지 않는다.

마지막으로 순수 함수에서 부작용 분리법을 봤다. 부작용은 주로 I/O와 관련 있다. 이것은 매우 쉽다. 주로 값 전달과 함수 추출을 필요로 한다.

이제 다음 단계로 갈 때다. 함수들을 설계하는 데 1급 시민으로 대하면 훨씬 많은 것을 할 수 있다. 그러려면 람다가 무엇이고 어떻게 유용한지 배워야 한다. 이는 3장에서 살펴본다.

질문

1. 순수 함수란 무엇인가?
2. 순수 함수와 관련된 불변성은 어떤 방식인가?
3. 값에 의한 전달에서 변수 변경 시도를 막으려면 컴파일러에게 어떻게 해야 하는가?
4. 참조에 의한 전달에서 변수 변경 시도를 막으려면 컴파일러에게 어떻게 해야 하는가?
5. 참조에 의한 전달에서 포인터 주소 값 변경 시도를 막으려면 컴파일러에게 어떻게 해야 하는가?
6. 포인터가 가리키는 값의 변경 시도를 막으려면 컴파일러에게 어떻게 해야 하는가?

03

람다 파헤치기

축하한다. 여러분은 이제 순수 함수의 강력함을 마스터했다. 이제 다음 단계인 전설적인 람다 또는 극한의 순수 함수로 넘어갈 시간이다. 람다는 객체보다 오랫동안 우리 주변에 있어왔다. 여러분이 좋아할지 모르겠지만 람다에는 수학적 이론이 존재한다. 3장과 4장에서 살펴보겠지만 람다는 매우 강력하다.

3장에서는 다음과 같은 주제를 다룬다.

- 람다의 역사와 개념 이해하기
- C++에서 람다 작성하는 방법
- 람다와 순수 함수의 비교
- 클래스와 함께 람다 사용하는 방법

기술적 요구사항

C++17을 지원하는 C++ 컴파일러가 필요하다. GitHub 저장소(https://github.com/PacktPublishing/Hands-On-Functional-Programming-with-Cpp)의 3장 폴더에서 찾을 수 있다. 코드의 컴파일과 실행을 위해 `makefile` 파일을 제공한다.

람다란 무엇인가?

1936년, 수학자 알론조 처치$^{Alonzo\ Church}$는 수학 기초 연구를 발표했다. 여기서 람다 계산법$^{lambda\ calculus}$을 만들었고 이 모델에 기반해 최근의 계산 분야$^{field\ of\ computation}$가 만들어졌다. 그는 앨런 튜링과 협업해 람다 계산법이 튜링 머신과 동일하다는 것을 증명했다. 이 발견과 관련된 것은 프로그래밍의 근간이 된다. 현대 컴퓨터가 람다와 람다 계산법을 활용해 프로그램을 작성할 수 있다는 의미다. 이것은 람다라는 이름이 붙은 이유를 말해준다. 수학자들은 오랫동안 모든 표식으로 그리스 문자를 사용하는 것을 즐겨왔다.

수학적 표기법을 무시하면 람다는 단지 변수와 값에 적용할 수 있는 순수 함수일 뿐이다. 예제를 살펴보자. 이제 곧 C++에서 람다를 작성하는 방법을 배우겠지만 우선 그루비 문법을 사용할 것이다. 필자가 아는 가장 단순한 람다 문법이기 때문이다.

```
def add = {first, second -> first + second}
add(1,2) // 3을 반환
```

add는 람다다. 보는 바와 같이 이 함수는 두 개의 파라미터와 그 합을 반환한다. 그루비에는 옵셔널 타입이 존재하므로 두 인자의 타입을 명시할 필요가 없다. 덧붙여 합을 반환하는 데 return 명령문을 사용할 필요가 없다. 그루비가 마지막 명령문 값을 자동으로 반환해준다. 2부에서 살펴보겠지만, C++에서는 타입 지정과 return 명령문을 명시해줘야 한다. 이제 람다의 또 다른 특성을 살펴보자. 바로 컨텍스트에서 값을 캡처하는 능력이다.

```
def first = 5
def addToFirst = {second -> first + second}
addToFirst(10) // return 5 + 10 = 15
```

이 예제에서 first는 함수의 파라미터가 아닌 컨텍스트에서 정의된 변수다. 람다는 변수 값을 캡처해 람다 본체 내부에서 활용한다. 람다의 이 같은 특성을 코드를 단순화하거나 불변성으로 향하는 점진적인 리팩터링에 활용할 수 있다.

앞으로 람다 활용법을 살펴볼 것이다. 이제 C++에서 람다를 어떻게 작성하는지, 람다가 불변성을 어떤 방식으로 보장하는지, 컨텍스트로부터 값을 어떻게 캡처하는지 살펴보자.

C++에서의 람다

그루비에서 람다를 작성하는 방법을 살펴봤다. 그럼 C++에서도 람다의 힘을 사용할 수 있을까? C++ 11부터 이를 위한 문법이 추가됐다. C++에서 add 람다는 어떻게 생겼는지 살펴보자.

```
int main() {
  auto add = [](int first, int second){ return first + second; };
  cout << add(1, 2) << endl; // 3을 출력한다.
}
```

다음과 같이 문법을 분석해보자.

- 람다는 []으로 시작한다. 이 블록은 컨텍스트에서 가져올 변수들을 특정한다. 이를 어떻게 활용하는지는 다음에 잠시 살펴볼 것이다. 현재는 캡처할 변수가 없으므로 해당 블록은 비어 있다.
- 다음은 파라미터 리스트(int first, int second)이며 다른 여느 C++ 함수에서 보는 것과 동일하다.
- 마지막으로 return 명령문을 활용해 람다 본체를 작성한다. { return first + second; }

이 문법은 그루비보다 약간 번거롭지만 C++스럽고 장점이다. 통일성은 기억하는 데 도움을 준다. 부가적으로 다음 코드에서 보듯이 화살표 문법을 활용할 수도 있다.

```
auto add = [](int first, int second) -> int { return first +
  second; };
```

화살표 문법은 람다와 떼려야 뗄 수 없다. 알론조 처치가 람다 계산법에서 이 표기법을 사용했기 때문이다. 이에 덧붙여 C++에서는 람다 본체 앞에 반환 타입을 명시해야 한다. 이것은 타입 캐스트가 필요한 상황에서 명확성을 제공한다.

이 같은 역사적 사실로 인해 어떤 식으로든 모든 함수형 언어에는 화살표 문법이 존재한다. C++에서는 거의 유용하지 않지만 일반적인 함수형 프로그래밍에 적응하는 데는 유용할 것이다.

이제 컨텍스트에서 값을 캡처하는 방법을 살펴볼 차례다. 이전에 언급했듯이 모두 [] 블록 안에서 이뤄진다.

변수 캡처

변수를 캡처하고 싶다면 어떡해야 할까? 그루비에서는 단순히 람다 범위 내부에서 변수를 사용하면 됐지만 C++에서는 이 같은 방식으로 동작하지 않을 것이다. 어떤 변수를 어떻게 캡처할지 명시해야 하기 때문이다. add 람다 내부에서 first 변수를 그냥 사용하면 다음과 같이 컴파일 에러가 발생할 것이다.

```
int main() {
  int first = 5;
  auto addToFirst = [](int second){ return first + second; };
  // 오류: 'first' 변수는 암묵적으로 캡처할 수 없다.
  cout << add(10) << endl;
}
```

C++에서 변수를 캡처하려면 [] 블록 내부에 캡처 한정자를 사용해야 한다. 여러분이 원하는 것에 따라 캡처 한정자를 사용하는 방법은 다양하다. 가장 직관적인 방법은 캡처

할 변수의 이름을 직접 작성하는 것이다. 이 경우 first 변수를 캡처하려는 것이므로 람다 파라미터 앞에 [first]를 추가해주면 된다.

```
int main(){
  int first = 5;
  auto addToFirst = [first](int second){ return first + second; };
  cout << addToFirst(10) << ENDL; // 15를 출력한다.
}
```

앞으로 살펴보겠지만 이것은 first 변수 값에 의한 캡처를 의미한다. C++는 프로그래머에게 상당한 제어 권한을 부여하므로 참조에 의한 변수 캡처를 위한 특정 문법을 제공할 거라고 추측할 수 있다. 이제 캡처 문법을 자세하게 살펴보자.

값에 의한 변수 캡처와 참조에 의한 변수 캡처

값에 의한 변수 캡처 한정자는 [first]처럼 단순한 변수 이름 쓰기라는 것을 배웠다. 이것은 변수의 복사를 의미하므로 몇 바이트의 메모리를 낭비하는 것이다. 그 해결책은 참조에 의한 변수를 캡처하는 것이다. 이 캡처 한정자를 위한 문법은 매우 직관적이다. [&first]처럼 변수 이름 앞에 참조를 사용하면 된다.

```
int main() {
  int first = 5;
  auto addToFirstByReference = [&first](int second){ return first +
    second; };
  cout << addToFirstByReference(10) << endl; // 15를 출력한다.
}
```

참조에 의한 전달이기 때문에 람다가 first 변수 값을 수정할 수 있지 않을까? 이와 같은 생각을 할 수도 있겠다. (정답은? 그렇다) 2부에서 불변성, 순수 함수, 람다를 다시 다룬다. 지금은 문법에 집중하자. 예를 들면 다수의 변수를 캡처하고 싶은 경우 캡처 한정자에 변수를 모두 적어야 할까? 굳이 그럴 필요 없이 쉬운 방법이 있다.

다수 값 캡처

다수 값을 캡처하려면 무엇을 해야 할까? 다섯 개 변수를 캡처하는 데 람다 함수가 어떻게 합성될지 살펴보자.

```
int second = 6;
int third = 7;
int fourth = 8;
int fifth = 9;

auto addTheFive = [&first, &second, &third, &fourth, &fifth]()
{ return first + second + third + fourth + fifth; };
cout << addTheFive() << endl; // 35를 출력한다.
```

현재 문법은 다소 중복되는 감이 있다. 그렇지 않은가? 이 대신 기본 캡처 한정자를 활용할 수 있다. 다행히 언어를 설계한 사람도 같은 생각을 했다. 람다 파라미터 앞의 [&] 문법에 주목해보자.

```
auto addTheFiveWithDefaultReferenceCapture = [&](){ return first + second
+ third + fourth + fifth; };
cout << addTheFiveWithDefaultReferenceCapture() << endl; // 35를 출력한다.
```

[&] 문법을 통해 컴파일러에게 컨텍스트로부터 명시한 모든 변수를 캡처할 거라고 알려주는 것이다. 이것을 참조에 의한 기본 캡처 한정자라고 한다.

변수의 값들을 복사하고 싶다면 값에 의한 기본 캡처 한정자를 사용해야 한다. 여기서만 이 같은 방식을 사용할 것이니 주의 깊게 살펴보길 바란다. 람다 파라미터 앞의 [=] 문법에 주목하라.

```
auto addTheFiveWithDefaultValueCapture = [=](){ return first + second +
   third + fourth + fifth; };
cout << addTheFiveWithDefaultValueCapture() << endl; // 35를 출력한다.
```

[=] 문법은 모든 변수는 복사해 캡처할 것임을 컴파일러에게 알려준다. 이 한정자는 기본 한정자다. 어떤 이유에서 first를 제외한 모든 변수를 값에 의한 전달로 활용하고자

한다면 기본 한정자와 변수 한정자를 결합하면 된다.

```
auto addTheFiveWithDefaultValueCaptureForAllButFirst = [=, &first] () { return
first + second + third + fourth + fifth; };
cout << addTheFiveWithDefaultValueCaptureForAllButFirst() << endl; // 35를
출력한다.
```

이제 값에 의한 변수 캡처와 참조에 의한 변수 캡처, 기본 한정자 활용법을 배웠다. 중요한 변수 종류 하나를 빠뜨렸다. 바로 포인터다.

포인터 값 캡처

포인터는 단순한 값이다. 값에 의한 포인터 변수를 캡처하고 싶다면 다음 코드에서 보듯이 포인터의 이름을 적으면 된다.

```
int* pFirst = new int(5);
auto addToThePointerValue = [pFirst](int second){ return *pFirst +
  second; };
cout << addToThePointerValue(10) << endl; // 15를 출력한다.
delete pFirst;
```

참조에 의한 포인터 변수를 캡처하고 싶다면 다른 변수 타입의 캡처에서와 동일한 문법을 사용하면 된다.

```
auto addToThePointerValue = [&pFirst](int second){ return *pFirst + second; };
```

기본 한정자는 기대하는 바와 동일하게 동작한다. 즉, [=]는 값에 의한 포인터 변수를 캡처한다.

```
auto addToThePointerValue = [=](int second){ return *pFirst + second; };
```

다음 코드에서 보듯이 [&]는 참조에 의한 포인터 변수를 캡처한다.

```
auto addToThePointerValue = [&](int second){ return *pFirst +
   second; };
```

참조에 의한 변수 캡처가 불변성에 미치는 영향을 살펴볼 것이다. 그에 앞서 다양한 람다의 변수 캡처 방법이 있으므로 어느 방법이 더 좋고 각각 언제 사용하는지 확인해야 한다.

어떤 캡처를 사용해야 할까?

지금까지 다음과 같은 몇 가지 옵션을 살펴봤다.

- 값에 의한 캡처에는 변수 이름을 적었다. 예) [aVariable]
- 참조에 의한 캡처에는 앞에 참조 한정자를 달고 변수 이름을 적었다.
  예) [&aVariable]
- 사용하는 모든 변수 값에 의한 캡처에는 기본 값 한정자를 활용한다. 문법은 [=]다.
- 사용하는 모든 변수의 참조에 의한 캡처에는 기본 참조 한정자를 활용한다. 문법은 [&]다.

실질적으로 대부분의 경우 기본 값 한정자를 활용하는 것이 가장 좋다. 아마도 캡처한 값을 변형하지 않는 매우 작은 람다에 대한 내 선호도가 반영됐을 것이다. 필자는 다양한 옵션이 있을 때 단순성이 가장 중요하다고 믿는다. 사람들은 다양한 옵션이 있을 때 필요 이상으로 복잡한 문법을 사용하는 경향이 있다. 각 컨텍스트를 통찰한 후 동작하는 가장 단순한 문법을 활용하는 것이 좋다. 내 조언은 [=]로 시작해 필요할 때만 변경하는 것이다.

C++에서 람다를 작성하는 방법을 살펴봤다. 람다가 어떻게 구현됐는지는 아직 언급하지 않았다. 현재 C++의 표준 람다 구현은 불명(unknown) 타입의 C++ 객체로 스택 위에 생성된다.

여느 C++ 객체처럼 뒤에 클래스를 갖고 있다. 클래스에는 생성자, 소멸자와 함께 존재하고 캡처한 변수는 데이터 멤버로 저장한다. 람다는 function<> 객체로 전달할 수 있다. 이 경우 function<> 객체는 람다 복사본을 보관한다. 게다가 람다는 function<> 객체와 달리 게으른 계산법 lazy evaluation 을 활용한다.

람다는 순수 함수를 작성하는 데 더 적합해 보인다. 그렇다면 람다와 순수 함수의 관계는 어떠할까?

람다와 순수 함수

2장, 순수 함수 이해하기에서 순수 함수는 세 가지 특징이 있다고 배웠다.

- 순수 함수는 동일한 인자 값에는 항상 동일한 값을 반환한다.
- 순수 함수에는 부작용이 없다.
- 순수 함수는 파라미터 값을 변경하지 않는다.

순수 함수를 작성할 때는 불변성에 주의해야 한다는 것도 배웠다. const 키워드를 적합한 곳에 위치시켜 불변성을 쉽게 유지할 수 있다.

그렇다면 람다에서 불변성은 어떻게 다뤄야 할까? 특별한 뭔가를 해야 할까? 아니면 그대로 둬도 될까?

람다 불변성과 값에 의한 인자 전달

다음과 같은 매우 간단한 람다 함수부터 시작하자.

```
auto increment = [](int value) {
  return ++value;
};
```

03 람다 파헤치기 | 079

이것은 값에 의한 인자 전달이므로 람다를 호출한 후에는 어떤 값 변화도 기대할 수 없다.

```
int valueToIncrement = 41;
cout << increment(valueIncrement) << endl; // 42를 출력한다.
cout << valueToIncrement << endl; // 41을 출력한다.
```

값을 복사했기 때문에 추가적인 할당과 몇 바이트의 메모리를 사용했을 것이다. 더 명시적으로 하기 위해 const 키워드를 추가할 수 있다.

```
auto incrementImmutable = [](const int value) {
  return value + 1;
};
```

const 한정자 때문에 람다가 값을 변경하려고 하면 컴파일러는 에러를 전달할 것이다. 하지만 여전히 값에 의한 인자 전달을 하고 있다. 참조에 의한 전달은 어떻게 할까?

람다 불변성과 참조에 의한 인자 전달

이 람다 함수를 호출했을 때 입력 파라미터에 미치는 영향을 살펴보자.

```
auto increment = [](int& value) {
  return ++value;
};
```

결과는 상대적으로 예상한 대로다.

```
int valueToIncrement = 41;
cout << increment(valueToIncrement) << endl; // 42를 출력한다.
cout << valueToIncrement << endl; // 42를 출력한다.
```

여기서 람다는 인자 값을 변경한다. 이것은 좋지 않은 결과이므로 다음 코드에서 보듯이 불변성을 갖도록 만들자.

```
auto incrementImmutable = [](const int& value){
  return value + 1;
};
```

람다가 값을 변경하려고 시도하면 컴파일러는 에러를 뿜어내며 다시 한 번 우리를 도와줄 것이다.

이제 좀 낫다. 그렇다면 포인터는 어떠할까?

람다 불변성과 포인터 인자

2장, 순수 함수 이해하기에서 본 것과 마찬가지로 다음과 같이 포인터 인자에 두 가지 의문을 제기할 수 있다.

- 람다는 포인터 주소를 변경할 수 있는가?
- 람다는 포인터가 가리키는 값을 변경할 수 있는가?

값에 의해 포인터로 전달한다면 주소가 바뀌는 일은 없을 것이다.

```
auto incrementAddress = [](int* value) {
  return ++value;
};

int main(){
  int* pValue = new int(41);
  cout << "Address before:" << pValue << endl;
  cout << "Address returned by increment address:" <<
  incrementAddress(pValue) << endl;
  cout << "Address after increment address: " << pValue << endl;
}
```

출력
```
Address before: 0x55835628ae70
Address returned by increment address: 0x55835628ae74
Address after increment address: 0x55835628ae70
```

참조에 의한 포인터 전달은 포인터가 관통하는 값이 변경된다.

```
auto incrementAddressByReference = [](int*& value) {
  return ++value;
};

void printResultsForIncrementAddressByReference(){
  int* pValue = new int(41);
  int* initialPointer = pValue;
  cout << "Address before:" << pValue << endl;
  cout << "Address returned by increment address:" <<
  incrementAddressByReference(pValue) << endl;
  cout << "Address after increment address: " << pValue << endl;
  delete initialPointer;
}

출력
Address before: 0x55d0930a2e70
Address returned by increment address: 0x55d0930a2e74
Address after increment address: 0x55d0930a2e74
```

이 값이 불변성을 갖도록 만들어보자. 여러분의 예상과 마찬가지로 또 다른 const 키워드가 필요하다.

```
auto incrementPointedValueImmutable = [](const int* const& value) {
  return *value + 1;
};
```

이 같은 방식은 동작하지만 필자는 [](const int& value) 값을 넘기는 더 간단한 방법을 선호한다. 이것은 포인터의 참조를 해제하고 실제 값을 람다에 전달하는 방법이다. 이것은 파라미터 문법을 이해하기 더 쉽게 만들고 재사용성을 높인다. 놀랄 일이 아니다. 순수 함수에 불변성을 적용하는 데 동일한 문법을 사용할 수 있다. 람다는 I/O와 같은 변형 함수를 호출할 수 있을까?

람다와 I/O

다음은 람다와 I/O를 테스트하는 방법, 'Hello, world' 프로그램이다.

```
auto hello = [](){ cout << "Hello, world!" << endl; };

int main(){
    hello();
}
```

분명히 람다는 변형 함수를 호출할 수 있다. 순수 함수에서 배웠던 것에 비춰보면 별로 놀라운 결과도 아니다. 순수 함수와 마찬가지로 불변성을 달성할 수 있는 코드에서 프로그래머는 본질적으로 변형인 I/O를 분리하는 데 각별히 유의해야 한다. 불변성을 강제하는 데 컴파일러가 관여할 수 있도록 노력했다. 이것을 캡처한 값에 적용할 수 있을까?

람다 불변성과 값 캡처

람다가 컨텍스트에서 값이나 참조에 의해 변수를 캡처할 수 있다는 것을 배웠다. 그렇다면 이 값을 변형할 수 있다는 의미일까? 다음을 확인해보자.

```
int value = 1;
auto increment = [=](){ return ++value; };
```

이 코드는 즉시 컴파일 에러가 난다. 복사에 의해 캡처한 변수에는 값을 할당할 수 없다. 이것은 값에 의한 파라미터 전달에 비해 개선된 것이다. 즉, const 키워드를 사용할 필요 없이 기대한 대로 동작한다.

참조에 의해 캡처한 값의 불변성

그렇다면 참조에 의해 캡처한 값은 어떠할까? 기본 참조 한정자 [&]를 사용할 수 있다. 그리고 increment 람다를 호출하기 전과 호출한 후의 변수 값을 확인해보자.

```cpp
void captureByReference(){
  int value = 1;
  auto increment = [&](){ return ++value; };

  cout << "Value before: " << value << endl;
  cout << "Result of increment:" << increment() << endl;
  cout << "Value after: " << value << endl;
}
```

출력
```
Value before: 1
Result of increment: 2
Value after: 2
```

예상대로 이 값은 변한다. 그렇다면 이 같은 변형을 막을 방법은 없을까? 불행하게도 이것을 막기는 쉽지 않다. C++는 참조를 통해 변수를 캡처하면 그 변수를 수정하겠다는 의도가 있는 것으로 간주한다. 이것을 막을 방법이 없는 것은 아니지만 구문적 설탕 syntactic sugar이 조금 들어가야 한다. 구체적으로 말해 해당 변수 대신 캡처한 값을 const 타입으로 캐스팅해 캡처해야 한다.

```cpp
#include <utility>
using namespace std;
...

  int value = 1;
  auto increment = [&immutableValue = as_const(value)](){ return
    immutableValue + 1; };
```

출력
```
Value before: 1
Result of increment: 2
Value after: 1
```

필자는 단순한 문법을 선호하는 편이다. 따라서 퍼포먼스 최적화가 정말 중요한 경우가 아니라면 값에 의한 캡처 문법을 사용할 것이다. 여기까지 변수 타입을 캡처할 때 람다에 불변성을 적용하는 방법을 살펴봤다. 포인터 타입을 캡처할 때도 불변성을 보장할 수 있을까?

값에 의해 캡처한 포인터의 불변성

포인터를 사용하면 더 흥미롭다. 값에 의한 캡처를 사용하는 경우 포인터 주소 값을 변경할 수 없다.

```
int* pValue = new int(1);
auto incrementAddress = [=](){ return ++pValue; }; // 컴파일 오류
```

하지만 다음 코드에서 보듯이 포인터가 가리키는 값은 여전히 수정 가능하다.

```
int *pValue = new int(1);
auto increment = [=](){ return ++(*pValue); };
```

출력:
Value before: 1
Result of increment: 2
Value after: 2

여기서 불변성을 강제하려면 const int* 타입의 변수가 필요하다.

```
const int* pValue = new int(1);
auto increment = [=](){ return ++(*pValue); }; // 컴파일 오류
```

하지만 훨씬 쉬운 방법이 있다. 바로 포인터 값을 단순히 캡처하는 것이다.

```
int* pValue = new int(1);
int value = *pValue;
auto increment = [=](){ return ++value; }; // 컴파일 오류
```

참조에 의해 캡처한 포인터의 불변성

참조에 의해 캡처한 포인터는 메모리 주소도 변경할 수 있다.

```
auto increment = [&]() { return ++pValue; };
```

이전과 동일하게 메모리 주소의 상수적 성질을 활용한 동일한 트릭을 사용할 수도 있다.

```
auto increment = [&pImmutable = as_const(pValue)](){ return pImmutable
    + 1; };
```

하지만 이 방법은 복잡하다. 이 방법을 사용할 만한 사유는 다음과 같은 조건뿐이다.

- 기껏해야 64비트 정도의 메모리 복사를 피하고 싶다.
- 컴파일러가 그것을 최적화하지 않는다.

람다에서 포인터 연산을 하고 싶지 않다면 값에 의해 전달된 값을 고수하는 것이 훨씬 간단하다.

람다에서 불변성 작업하는 방법을 이제 알게 됐다. 하지만 보통 C++ 코드에서는 클래스를 활용하는 데 익숙하다. 그렇다면 람다와 클래스의 관계는 어떤가? 둘 다 사용할 수 있을까?

람다와 클래스

지금까지 C++에서 람다를 작성하는 방법을 배웠다. 람다 표현식을 활용하는 예제는 변수나 main 함수의 일부로 모두 클래스 밖에 있었지만 C++ 코드의 대부분은 클래스 안에 있다. 여기서 궁금증이 생긴다. 클래스 안에서는 람다를 어떻게 사용할까?

이 질문에 대답하려면 간단한 클래스 예제가 필요하다. 기본적인 허수를 표현하는 클래스를 사용해보자.

```
class ImaginaryNumber{
    private:
        int real;
        int imaginary;
```

```
public:
    ImaginaryNumber() : real(0), imaginary(0){ };
    ImaginaryNumber(int real, int imaginary) : real(real),
    imaginary(imaginary){ };
};
```

다음 코드와 같이 간단한 toString 함수를 작성하는 데 새로 알게 된 람다의 수퍼 파워를 활용하고자 한다.

```
string toString(){
    return to_string(real) + " + " + to_string(imaginary) + "i";
}
```

그렇다면 여기서 취할 수 있는 옵션은 무엇인가? 람다는 단순 변수이므로 데이터 멤버가 될 수 있다. 아니면 정적 변수가 될 수 있다. 심지어 클래스 함수를 람다로 바꿀 수 있지 않을까? 이 같은 아이디어를 다음에서 살펴보자.

데이터 멤버를 람다로 활용하기

다음과 같이 람다를 데이터 멤버로 작성해보자.

```
class ImaginaryNumber{
...
  public:
    auto toStringLambda = [](){
      return to_string(real) + " + " + to_string(imaginary) +
      "I";
    };
...
}
```

안타깝게도 컴파일 에러가 발생한다. 정적 데이터 멤버가 아니라면 여기서는 람다 변수의 타입을 명시해야 한다. 람다를 다음과 같이 function 타입으로 감싸보자.

```
include <functional>
...
  public:
    function<string()> toStringLambda = [](){
      return to_string(real) + " + " + to_string(imaginary) +
      "I";
    };
```

이 함수 타입은 람다 타입을 정의하게 해주는 특별한 문법이다. function<string()> 표기는 이 함수는 어떤 파라미터도 받지 않으면서 string 값을 반환하는 함수임을 뜻한다.

하지만 여전히 동작하지 않는다. 또 다른 에러를 내뿜는다. 우리가 사용하는 변수를 캡처하지 않았기 때문이다. 지금까지 배운 모든 종류의 캡처를 사용할 수 있다. 덧붙여 말하면 this도 캡처 가능하다.

```
function<string()> toStringLambda = [this](){
  return to_string(real) + " + " + to_string(imaginary) +
  "I";
};
```

이 같은 방식으로 클래스의 일부인 동시에 클래스의 멤버 데이터를 캡처하는 람다를 작성할 수 있다. 기존 코드를 리팩터링할 때 this를 캡처하는 것은 유용한 단축 키와 같지만 일시적인 상황이 아니라면 피하는 것이 좋다. 포인터 전체를 캡처하는 것보다 필요한 변수를 직접 캡처하는 것이 최선이다.

정적 변수를 람다로 활용하기

정적 변수를 활용해 람다를 정의할 수도 있다. 값들을 더 이상 캡처할 수 없기 때문에 파라미터로 전달해야 한다.

```
    static function<string(const ImaginaryNumber&)>
      toStringLambdaStatic;
...
// 클래스 선언 이후
function<string(const ImaginaryNumber&)>
ImaginaryNumber::toStringLambdaStatic = [](const ImaginaryNumber& number){
  return to_string(number.real) + " + " + to_string(number.imaginary) +
    "i";
};

// 호출한다.
cout << ImaginaryNumber::toStringLambdaStatic(Imaginary(1,1)) << endl;
// 1+1i를 출력한다.
```

정적 함수를 람다로 변환하기

정적 함수를 람다 변수로 변환해야 할 때가 가끔 있다. 다음 코드에서 보듯이 C++에서는 매우 쉽게 이것을 처리할 수 있다.

```
static string toStringStatic(const ImaginaryNumber& number){
  return to_string(number.real) + " + " + to_string(number.imaginary)
    + "i";
}
string toStringUsingLambda(){
  auto toStringLambdaLocal = ImaginaryNumber::toStringStatic;
  return toStringLambdaLocal(*this);
}
```

앞 코드의 다음 라인과 같이 함수를 클래스에서 변수로 간단히 할당할 수 있다.

```
auto toStringLambdaLocal = ImaginaryNumber::toStringStatic;
```

그리고 나서 함수에서 변수를 사용했던 동일한 방식으로 사용할 수 있다. 나중에 살펴보겠지만 이것은 클래스 내부에 함수가 정의돼 있을 때 그 함수의 조합을 가능하게 해주는 매우 강력한 개념이다.

람다와 커플링

람다와 클래스 간 상호작용 방법에는 여러 옵션이 있다. 이 같은 다양한 옵션에 압도돼 설계를 결정하는 데 어려움을 겪을 수도 있다.

리팩터링의 어려움을 극복하는 데 도움을 주는 이 같은 옵션을 아는 것은 좋지만 실전을 통해 필자가 알게 된 사실은 람다에서는 간단한 원칙을 따르는 것이 가장 좋다는 것이다. 이것은 람다와 코드 나머지 부분과의 커플링 영역을 줄이는 옵션이다.

예를 들면 클래스의 정적 변수를 활용해 람다를 작성할 수 있다는 것을 배웠다.

```
function<string(const ImaginaryNumber&)>
ImaginaryNumber::toStringLambdaStatic = [](const ImaginaryNumber& number){
  return to_string(number.real) + " + " + to_string(number.imaginary)
    + "i";
};
```

이 람다에는 ImaginaryNumber 클래스와의 커플링 영역이 있지만 실수부와 정수부 두 가지 값만 필요하다. 이것을 다음과 같이 순수 함수로 다시 쉽게 작성할 수 있다.

```
auto toImaginaryString = [](auto real, auto imaginary){
  return to_string(real) + " + " + to_string(imaginary) + "i";
};
```

어떤 이유로 허수를 표현하는 클래스에 멤버 변수와 메서드를 추가하고 제거하고 다수의 클래스로 나누거나 데이터 멤버 변수 타입의 변경과 같은 변화를 줘야 하더라도 이 람다는 변경할 필요가 없을 것이다. 물론 이 람다는 한 개가 아닌 두 개의 파라미터를 취하지만 파라미터 타입은 to_string이 제대로 동작하는 한 더 이상 문제가 안 된다. 다른 말로 하면 이 람다는 여러분에게 데이터 구조를 표현할 때 열린 옵션을 남겨둔 다형성 함수다.

람다 설계 방법의 더 자세한 내용은 4장 이후에서 다룬다.

요약

여러분은 방금 람다의 수퍼 파워를 획득했다. 이제 C++에서 간단한 람다를 작성할 수 있을 뿐만 아니라 다음 내용도 알게 됐다.

- 컨텍스트에서 변수를 캡처하는 방법
- 참조나 값에 의한 기본 캡처 타입을 명시하는 방법
- 변수를 캡처할 때 불변성 람다를 작성하는 방법
- 클래스에서 람다를 활용하는 방법

또한 저수준의 커플링 디자인 원칙도 간단히 다뤘고 람다가 이 같은 디자인 원칙에 어떤 도움이 되는지도 살펴봤다. 이후에도 필자는 계속 이 원칙을 언급할 것이다.

람다는 지금까지 본 것보다 훨씬 강력하다고 말한다면 믿겠는가? 이제 함수형 합성 functional composition 을 통해 간단한 람다에서 복잡한 람다를 만드는 방법을 배워보자.

질문

1. 여러분이 작성할 수 있는 가장 간단한 람다는 무엇인가?
2. 파라미터로 전달한 두 개의 문자열을 합치는 람다를 어떻게 작성할 수 있는가?
3. 변수 중 하나가 값에 의해 캡처한 변수라면 무슨 일이 벌어지는가?
4. 변수 중 하나가 참조에 의해 캡처한 변수라면 무슨 일이 벌어지는가?
5. 변수 중 하나가 값에 의해 캡처한 포인터라면 무슨 일이 벌어지는가?
6. 변수 중 하나가 참조에 의해 캡처한 포인터라면 무슨 일이 벌어지는가?
7. 값에 의한 캡처와 기본 캡처 한정자를 동시에 사용하면 무슨 일이 벌어지는가?
8. 참조에 의한 캡처와 기본 캡처 한정자를 동시에 사용하면 무슨 일이 벌어지는가?

9. 두 개의 문자열 값을 멤버 변수로 가진 클래스의 데이터 멤버를 활용한 람다를 어떻게 작성할 수 있는가?

10. 동일한 클래스의 정적 변수로서의 동일한 람다를 어떻게 작성할 수 있는가?

04
함수형 합성 아이디어

3장에서 순수 함수와 람다를 작성하는 방법을 배웠다. 순수 함수와 람다는 함수형 프로그래밍의 기본 빌딩 블록이다. 이제 다음 단계로 넘어갈 시간이다. 4장에서는 기존 함수로 더 많은 함수를 얻는 방법을 배운다. 지금까지 봤던 간단한 예제로 복잡한 동작을 이 같은 방식으로 구현할 것이다.

4장에서는 다음과 같은 주제를 다룬다.

- C++에서 함수 합성하기
- 다수의 인자를 가진 함수의 기본적인 분해 전략 decomposition strategy
- 함수형 합성을 통한 중복 제거(또는 코드 유사성 제거)

기술적 요구사항

C++ 17을 지원하는 C++ 컴파일러가 필요하다. GitHub 저장소(https://github.com/PacktPublishing/Hands-On-Functional-Programming-with-Cpp)의 4장 폴더에서 찾을 수 있다. 여기에는 단일 헤더 오픈 소스 유닛 테스트 라이브러리인 doctest를 활용하며 포함돼 있다. GitHub 저장소에서 이 라이브러리를 찾을 수 있다(https://github.com/onqtam/doctest).

함수형 합성이란?

순수 함수와 람다는 함수형 프로그래밍의 기본 블록이다. 하지만 지금까지 살펴본 예제는 매우 단순한 함수들을 사용했다. 실무에서는 분명하게 더 복잡한 문제를 다루지만 여전히 기본 블록은 이전과 같이 단순함을 유지하고 싶을 것이다. 그것들을 쉽게 이해하고 유지·보수하고 싶기 때문이다. 지금까지 봤던 간단한 람다와 순수 함수로 복잡한 프로그램을 어떻게 만들 수 있을까? 여기 함수형 프로그래밍에 간단한 답이 있다. 가지고 있는 단순 함수를 조합해 더 복잡한 함수를 만들어보자. 함수형 프로그래밍에서 복잡한 함수를 만드는 기본적인 방법은 함수형 합성이다.

함수형 합성

함수형 합성의 핵심은 매우 간단하다. 이것을 보여주기 위해 기본적인 예제를 활용할 것이다. increment 함수로 시작해보자. 또한 지금부터 코드 동작을 보여주기 위해 테스트 케이스를 활용할 것이다. 필자는 단일 헤더 오픈 소스 유닛 테스트 라이브러리인 doctest를 사용한다(https://github.com/onqtam/doctest).

테스트 케이스 및 increment 함수를 살펴보자.

```
auto increment = [](const int value) { return value + 1; };

TEST_CASE("Increments Value"){
```

```
    CHECK_EQ(2, increment(1));
}
```

어떤 이유로 값을 두 번 증가시켜야 한다고 가정해보자. 현재 함수형 사고를 해 이 함수를 재사용하고자 하므로 여기서는 함수를 두 번 호출할 수 있다.

```
TEST_CASE("Increments twice"){
  CHECK_EQ(3, increment(increment(1)));
}
```

이 코드는 한 군데서만 사용한다면 별 문제가 없겠지만 여러 군데서 사용한다면 다른 함수가 필요할 것이다. 숫자를 2만큼 증가시키는 함수를 손쉽게 추출할 수 있다.

```
auto incrementTwiceLambda = [](int value){ return
increment(increment(value)); };

TEST_CASE("Increments result of addition with lambda"){
  CHECK_EQ(3, incrementTwiceLambda(1));
}
```

incrementTwiceLambda를 살펴보면 increment 결과 값에 increment를 호출해 만들었다는 것을 알 수 있다.

나머지는 제쳐두고 다른 경우를 살펴보자. 함수를 사용해 제곱을 계산하고 싶다고 가정해보자. 이것도 작성하기 쉽다.

```
auto square = [](int value){ return value * value; };

TEST_CASE("Squares the number"){
  CHECK_EQ(4, square(2));
}
```

다음 요구사항은 제곱한 값을 증가시키는 계산을 하는 것이다. 같은 방식으로 increment와 square를 조합해 람다 함수를 추출할 수 있을 것이다.

```
auto incrementSquareLambda = [](int value) { return
increment(square(value)); };

TEST_CASE("Increments the squared number"){
  CHECK_EQ(5, incrementSquareLambda(2));
}
```

매우 멋지다. 여기에는 코드 유사성이 존재한다. incrementTwiceLambda와 incrementSquareLambda 함수를 살펴보자.

```
auto incrementTwiceLambda = [](int value){ return
increment(increment(value)); };
auto incrementSquareLambda = [](int value){ return
increment(square(value)); };
```

여기에는 동일한 패턴이 존재한다. C라는 함수를 만들었는데 이 함수 C에 전달하는 값을 g라는 함수에 적용하고 그 결과 값을 다른 함수 f로 호출한다. 이것은 작은 크기의 순수 함수를 사용하다 보면 흔히 볼 수 있는 코드 유사성이다. 이 같은 방식에 이름이 있다면 멋질 것이다. 그리고 많은 양의 보일러 플레이트 코드를 작성하지 않고도 구현하는 방법이 있으면 좋을 것 같다.

이 같은 방식을 함수형 합성이라고 한다. 일반적인 용어로 설명하면 다음과 같이 어떤 단일 인자 함수 f나 g로 함수 C를 얻을 수 있는 것이다.

$$C = f \circ g \text{은 모든 } x \text{에서 } C(x) = f(g(x))\text{를 의미한다.}$$

이 ∘ 심볼은 함수형 합성의 수학 연산자다.

지금까지 봤듯이 우리는 실제로 각 연산을 가진 다른 함수로 함수를 만들려고 한다. 이것은 숫자 대신 람다를 활용한 일종의 연산이고 연산을 람다에 정의한 것이다. 람다 연산이라고 부르는 것이 맞을 것 같다. 그렇지 않을까? 이것이 함수형 합성의 개념이다. 다음 질문은 보일러 플레이트 코드를 제거할 수 있는가다.

C++에서의 함수형 합성 구현

함수형 합성을 수행하는 연산자가 있으면 좋을 것 같다. 실제로 다른 프로그래밍 언어는 이것을 제공하고 있다. 예를 들어 그루비에서는 다음과 같이 << 연산자를 활용할 수 있다.

```
def incrementTwiceLambda = increment << increment
def incrementSquareLambda = increment << square
```

안타깝게도 C++에는 함수형 합성의 표준 연산자가 아직 없지만 C++는 강력한 언어이 므로 최소한 일부 제약이 있더라도 함수형 합성을 수행하는 자체적인 함수 작성은 가능 할 것 같다.

먼저 문제의 정의를 명확하게 해보자. 두 개의 람다 f, g를 받고 신규 람다를 반환하는 compose 함수를 만들려고 한다. 이 신규 람다는 value -> f(g(value))를 호출한다. 이것을 C++에서 가장 간단하게 구현해보면 다음과 같을 것이다.

```cpp
auto compose(auto f, auto g){
  return [f, g](auto x){ return f(g(x)); };
}

TEST_CASE("Increment twice with composed lambda"){
  auto incrementTwice = compose(increment, increment);
  CHECK_EQ(3, incrementTwice(1));
}
```

안타깝게도 이 코드는 컴파일되지 않는데 이것은 C++가 auto 타입 파라미터를 허용하지 않기 때문이다. 이것을 해결하는 방법은 함수 타입을 명시하는 것이다.

```cpp
function<int(int)> compose(function<int(int)> f, function<int(int)> g){
  return [f, g](auto x){ return f(g(x)); };
}

TEST_CASE("Increment twice with composed lambda"){
  auto incrementTwice = compose(increment, increment);
  CHECK_EQ(3, incrementTwice(1));
}
```

이 코드는 제대로 동작하고 테스트를 통과하지만 이 compose 함수는 함수 타입에 의존하게 된다. 이것은 별로 유용하지 않다. 필요한 함수 타입에 따라 compose를 매번 다시 구현해야 하기 때문이다. 보일러 플레이트 코드는 이전보다 덜하겠지만 이상적이지는 않다.

```
template <class F, class G>
auto compose(F f, G g){
  return [=](auto value){ return f(g(value)); };
}

TEST_CASE("Increments twice with composed lambda"){
  auto incrementTwice = compose(increment, increment);
  CHECK_EQ(3, incrementTwice(1));
}

TEST_CASE("Increments square with composed lambda"){
  auto incrementSquare = compose(increment, square);
  CHECK_EQ(5, incrementSquare(2));
}
```

다행히 이 코드는 제대로 동작한다. 결과론적으로 C++에서 함수형 합성 연산자는 존재하지 않지만 우아한 함수로 합성 연산자를 구현할 수 있다는 것을 알게 됐다.

compose가 람다를 어떻게 반환하는지 유심히 살펴보자. 여기에는 느긋한 계산법을 활용하므로 함수형 합성 함수도 느긋한 계산법을 활용한다. 이 람다 합성은 사용할 때가 돼야 초기화되는 장점이 있다.

교환법칙이 성립하지 않는 함수형 합성

함수형 합성에서 교환법칙이 성립하지 않는다는 것은 매우 중요한 사실이다. 값을 제곱한 후 증가시키는 것과 값을 증가시킨 후 제곱하는 것의 차이를 생각해보면 지극히 자명하다. 따라서 코드를 작성할 때 합성 함수의 파라미터 순서에 주의해야 한다.

```
auto incrementSquare = compose(increment, square);
auto squareIncrement = compose(square, increment);
```

지금까지 함수형 합성이 무엇인지, C++에서 어떻게 구현하는지 간단한 사용 예를 살펴봤다. 이제 여러분은 더 복잡한 프로그램을 슬슬 짜고 싶을 것이다. 곧 그렇겠지만 그전에 좀 더 복잡한 상황을 살펴보자. 다수의 파라미터를 가진 함수에는 어떻게 적용할까?

복합적 함수 합성

위의 합성 함수는 인자를 하나만 받는 람다에만 적용할 수 있다는 문제점이 있다. 그렇다면 다수의 인자를 가진 함수를 조합하려면 어떡해야 할까?

다음의 multiply와 increment 두 개의 람다 예제를 살펴보자.

```
auto increment = [](const int value) { return value + 1; };
auto multiply = [](const int first, const int second){ return first * second; };
```

곱의 결과에 값을 증가시키는 람다를 추출할 수 있을까?

불행하게도 이전의 compose 함수를 쓸 수 없다. 그 compose 함수에서 사용하는 함수 둘 다 하나의 파라미터를 갖는다고 가정하기 때문이다.

```
template <class F, class G>
auto compose(F f, G g){
  return [=](auto value){ return f(g(value)); };
}
```

그렇다면 다른 옵션은 없을까?

합성 함수 심층 구현

인자 한 개를 받는 함수 f와 인자 두 개를 받는 다른 함수 g를 취하는 compose 함수의 변형을 생각해볼 수 있다.

```
template <class F1, class G2>
auto compose12(F1 f, G2 g){
  return [=](auto first, auto second){ return f(g(first,second)); };
}

TEST_CASE("Increment result of multiplication"){
  CHECK_EQ(5, compose12(increment, multiply)(2, 2));
}
```

이 해결책은 간단하지만 함수의 인자 값을 증가시킨 후 값을 곱하는 함수를 얻으려면 또 다른 compose의 변형이 필요할 것이다.

```
template <class F2, class G1>
auto compose21(F2 f, G1 g){
  return [=](auto first, auto second){ return f(g(first), g(second)); };
}

TEST_CASE("Multiplies two incremented values"){
  CHECK_EQ(4, compose21(multiply, increment)(1, 1));
}
```

인자 중 하나만 증가시키고 싶다면 어떡해야 할까? 수많은 조합이 가능하고 이 조합을 다양한 compose 조합으로 처리할 수 있지만 또 다른 옵션을 살펴볼 수도 있다.

다수의 인자를 가진 함수 분해

compose 함수의 변형을 더 구현하는 대신 multiply 함수 자체를 살펴볼 수도 있다.

```
auto multiply = [](const int first, const int second){ return first *
  second; };
```

이 함수를 각각 하나의 인자를 가진 두 개의 람다로 분해(decompose)하는 방법이 있다. 여기서 핵심 아이디어는 람다도 값이라는 점이므로 람다도 함수에 의해 반환될 수 있다. 이미 compose 함수에서 실제로 이것을 봤다. 이 함수는 신규 람다를 만들고 반환한다.

```cpp
template <class F, class G>
auto compose(F f, G g){
  return [=](auto value){ return f(g(value)); };
}
```

따라서 두 개의 인자를 갖는 함수를 단일 인자를 갖는 신규 람다로 반환해 분해할 수 있다. 여기서 신규 람다는 컨텍스트로부터 first 인자를 캡처한다.

```cpp
auto multiplyDecomposed = [](const int first) {
  return [=](const int second){ return first * second; };
};

TEST_CASE("Adds using single parameter functions"){
  CHECK_EQ(4, multiplyDecomposed(2)(2));
}
```

이 코드는 꽤 복잡하니 한 번 파헤쳐보자.

- multiplyDecomposed는 하나의 파라미터 first만 취하고 람다를 반환한다.
- 반환한 람다는 컨텍스트로부터 first를 캡처한다.
- 반환한 람다는 하나의 파라미터 second를 받는다.
- 반환한 람다는 first와 second의 합을 결과로 반환한다.

두 개의 인자를 가진 함수는 모두 이 같은 식으로 분해할 수 있으므로 템플릿을 활용한 일반적인 구현을 작성할 수 있다. 여기에는 동일한 방식을 활용한다. 템플릿 타입으로 함수 타입을 명시하고 분해 과정을 수행한다.

```cpp
template<class F>
auto decomposeToOneParameter(F f){
  return [=](auto first){
    return [=](auto second){
      return f(first, second);
    };
  };
}
```

```
}
TEST_CASE("Multiplies using single parameter functions"){
    CHECK_EQ(4, decomposeToOneParameter(multiply)(2)(2));
}
```

이 메서드는 매우 유용할 것 같다. 이것을 통해 함수형 합성 구현의 단순화가 가능할 것 같다.

곱의 결과 값 증가시키기

이제 목표를 향해 더 나아가보자. compose를 사용해 곱의 결과를 증가시키는 함수를 만들 수 있을까? 이제 훨씬 쉬워졌다. add는 하나의 인자를 받는 람다로 분해할 수 있기 때문이다. 이제 단순히 multiplyDecomposed와 increment를 합성하면 될 것이다.

```
TEST_CASE("Increment result of multiplication"){
    int first = 2;
    int second = 2;
    auto incrementResultOfMultiplication = compose(increment,
        multiplyDecomposed);
    CHECK_EQ(5, incrementResultOfMultiplication(first)(second));
}
```

그런데 이 코드는 컴파일되지 않는다. 이 compose 함수는 multiplyDecomposed(first)의 결과를 increment로 전달할 수 있다고 가정하지만 multiplyDecomposed(first)는 람다를 반환한다. 그리고 increment는 정수를 인자로 받는다. 따라서 increment와 multiplyDecomposed(first)를 합성해야 한다.

```
TEST_CASE("Increment result of multiplication"){
    int first = 2;
    int second = 2;
    auto incrementResultOfMultiplication = compose(increment,
        multiplyDecomposed(first));
    CHECK_EQ(5, incrementResultOfMultiplication(second));
}
```

이 코드는 동작하지만 아직 목표에 도달하지는 못했다. 두 개의 인자를 받는 함수를 얻지 못했다. 다만 첫 번째 값은 multiplyDecomposed로 전달했고 multiplyDecomposed의 결과와 increment 함수를 합성했다. 다행히 다음 코드에서 보듯이 이 같은 경우는 람다를 활용하는 최적의 장소다.

```
TEST_CASE("Increment result of multiplication final"){
  auto incrementResultOfMultiplication = [](int first, int second) {
    return compose(increment, multiplyDecompose(first))(second);
  };

  CHECK_EQ(5, incrementResultOfMultiplication(2, 2));
}
```

이 코드는 확실히 동작하며 목표에 부합한다. incrementResultOfMultiplication 람다는 두 개의 파라미터를 취하고 곱한 값을 증가시켜 반환한다. 그럼에도 불구하고 multiply를 다시 작성하지 않았다면 개선의 여지가 있었을 것이다. 다행히 이것을 해결하는 decomposeToOneParameter 함수가 존재한다.

```
TEST_CASE("Increment result of multiplication"){
    auto incrementResultOfMultiplication = [](int first, int second){
      return compose(increment, decomposeToOneParameter(multiply)
        (first))(second);
  };
    int result = incrementResultOfMultiplication(2, 2);
    CHECK_EQ(5, result);
}
```

이제 이 합성과 반대로 합성하는 것을 살펴볼 시간이다. 두 인자를 증가시킨 후 곱하고 싶다면 어떡해야 할까?

증가시킨 후 곱하기

인자로 받은 값을 더한 후 곱하는 함수를 compose 함수를 활용해 만들고자 한다. compose를 활용하지 않는 가장 간단한 코드는 다음과 같다.

```
TEST_CASE("Multiply incremented values no compose"){
  auto multiplyIncrementedValues = [](int first, int second){
    return multiply(increment(first), increment(second));
  };
  int result = multiplyIncrementedValues(2, 2);
  CHECK_EQ(9, result);
}
```

위에서 봤듯이 compose 버전을 사용하려면 multiply 람다를 분해해야 한다.

```
TEST_CASE("Multiply incremented values decompose"){
  auto multiplyIncrementedValues = [](int first, int second){
    return multiplyDecomposed(increment(first))(increment(second));
  };
  int result = multiplyIncrementedValues(2, 2);
  CHECK_EQ(9, result);
}
```

여기서 multiplyDecomposed(increment(first)) 호출을 볼 수 있는데 이것은 multiplyDecomposed와 increment의 합성이다. 다음 코드와 같이 compose 함수로 치환할 수 있다.

```
TEST_CASE("Multiply incremented values compose simple"){
  auto multiplyIncrementedValues = [](int first, int second){
    return compose(multiplyDecomposed, increment)(first)
      (increment(second));
  };

  int result = multiplyIncrementedValues(2, 2);
  CHECK_EQ(9, result);
}
```

multiply 함수를 다시 작성할 일이 없다면 더 깔끔할 것 같다. 두 개의 파라미터를 갖는 어떤 함수라도 하나의 파라미터를 갖는 두 개의 함수로 분해하는 유용한 함수를 구현했으므로 multiply를 다시 작성할 필요는 없다. 분해 유틸리티에 multiply 함수를 넣고 호출하면 된다.

```
TEST_CASE("Multiply incremented values decompose first"){
  auto multiplyIncrementedValues = [](int first, int second){
    return compose(
        decomposeToOneParameter(multiply),
        increment
      )(first)(increment(second));
  };
  int result = multiplyIncrementedValues(2, 2);
  CHECK_EQ(9, result);
}
```

최종 목표를 달성했다!

함수의 합성과 분해에 대한 회고

지금까지 해온 것을 잠시 되돌아보는 시간을 가져보자. 희소식은 함수형 사고방식을 배우는 데 진척이 있었다는 점이다. 이전 예제들을 통해 함수를 코드의 1급시민으로 다뤘다. 이것은 함수형 패러다임을 활용해 애플리케이션을 설계할 때 갖춰야 할 마음가짐이다. 함수의 분해와 재합성은 엄청나게 강력하다. 제대로 숙지한다면 적은 코드로 매우 복잡한 작업을 수행하는 함수를 구현할 수 있을 것이다.

결과물 코드와 관련해 흥미로운 특징이 있다. 재사용을 위해 다양한 함수 조합을 일반화할 수 있다는 점이다. 하지만 아직 끝난 것이 아니다. 코드에서 특정 타입의 중복을 제거하는 데 이 함수를 활용할 수 있다. 그 방법을 살펴보자.

함수형 합성을 활용한 중복 제거

지금까지 다양한 방식으로 람다를 합성하는 함수를 작성하는 방법을 살펴봤다. 코드는 코드 자체적으로 반복되는 경향이 있으므로 이 메서드를 더 일반화하려고 한다. 실제로 더 일반화할 수 있다. 몇 가지 예제를 살펴보자.

incrementResultOfMultiplication 일반화

incrementResultOfMultiplication 람다를 한 번 더 살펴보자.

```
auto incrementResultOfMultiplication = [](int first, int second) {
  return compose(increment, decomposeToOneParameter(multiply)
    (first))(second);
};
```

여기에는 흥미로운 점이 있다. 이것은 increment와 multiply에 대한 것은 아니다. 람다는 단순한 값이므로 람다를 파라미터로 전달해 일반화된 composeWithTwoParameter 함수를 만들 수 있다.

```
template <class F, class G>
auto composeWithTwoParameters(F f, G g){
  return [=](auto first, auto second) {
    return compose(f,
      decomposeToOneParameter(g)(first))
      (second);
  };
};

TEST_CASE("Increment result of multiplication"){
  auto incrementResultOfMultiplication =
  composeWithTwoParameters(increment, multiply);
  int result = incrementResultOfMultiplication(2, 2);
  CHECK_EQ(5, result);
}
```

이 함수를 통해 두 개의 함수 f와 g를 합성할 수 있다. 여기서 g는 두 개의 파라미터를 가진 함수이고 f는 하나의 파라미터를 가진 함수다. 여기서 더 나아가 multiplyIncrementedValues를 일반화해보자.

multiplyIncrementedValues 일반화

비슷한 방식으로 아래의 multiplyIncrementedValues 람다를 쉽게 일반화할 수 있다.

```
auto multiplyIncrementedValues = [](int first, int second){
  return compose(decomposeToOneParameter(multiply), increment)(first)
    (increment(second));
};
```

동일한 방식으로 multiply와 increment 람다를 파라미터로 전달해야 한다.

```
template<class F, class G>
auto composeWithFunctionCallAllParameters(F f, G g){
  return [=](auto first, auto second){
    return compose(decomposeToOneParameter(f), g)(first)(g(second));
  };
};

TEST_CASE("Multiply incremented values generalized"){
  auto multiplyIncrementedValues =
  composeWithFunctionCallAllParameters(multiply, increment);
  int result = multiplyIncrementedValues(2, 2);
  CHECK_EQ(9, result);
}
```

이 코드를 일반 함수 C를 생성하는 데 활용할 수 있다. 일반 함수 C는 f와 g가 무엇이든 g(f(first), f(second))를 구현한 것이다.

이제 이 정도로 마무리하겠다.

요약

순수 함수와 람다가 강력하다고 생각했다면 순수 함수와 람다의 합성을 통해 얼마나 많은 일을 할 수 있는지 깨달았을 것이다. 4장에서 여러분은 함수형 합성이 무엇인지, C++에서 함수를 어떻게 합성하는지 배웠다.

훨씬 중요한 것도 배웠다. 4장부터 함수형 사고를 하기 시작했다. 다음은 이제까지 배운 내용이다.

- 람다는 하나의 값이다. 함수도 람다를 반환할 수 있고 람다도 람다를 반환할 수 있다.

- 한 개 이상의 람다를 받아 새로운 람다를 반환하는 함수도 만들 수 있다.

- 여러 인자를 가진 어떤 함수라도 하나의 인자와 캡처된 값들을 가진 다수의 람다로 분해할 수 있다.

- 함수를 조작하는 작업은 매우 복잡하다. 머리에 쥐가 날 것 같아도 괜찮다. 지금까지 매우 강력하고 추상적인 개념을 다뤘다.

- 다양한 합성 함수에서 해결책을 금방 생각해내기는 쉽지 않다. 가장 좋은 방법은 단계를 차근차근 밟는 것이다. 분명한 목표를 세우고 마음을 비운 후 실력 향상을 위해 4장에서 배운 기술을 활용할 것을 권한다.

- 함수형 합성은 몇 가지 중복을 제거하는 데 효과적이다. 예를 들면 비슷한 시그니처를 가진 다양한 함수를 다수 합성으로 변환하는 것이다.

- 하지만 4장에서 작업했던 고차원 추상화 합성군^{compose family}을 구현하는 작업이 필요하다. 람다 작업에서 이 작업을 수행하는 함수를 이해하는 것은 매우 까다롭다. 실제로 필자도 이 결과를 이해하는 데 애를 먹었다. 합성 관련 목표를 한 번 이해하면 쉽게 활용할 수 있을 것이다.

이 모든 노력을 기울인 후 결과를 생각해보는 시간을 갖자. 변수로 표현됐으면서 어떤 함수와 합성할 수 있는 여러분의 코드베이스나 라이브러리에 있는 두 함수를 상상해보자. 게다가 호출을 중첩할 수 있다고 가정해보자. 여러분이 만든 함수는 합성도 가능할 것이다. 함수형 합성은 엄청나게 강력하다. 매우 간단한 람다 함수와 몇 가지 함수 연산만으로도 복잡한 행동을 매우 빨리 구현할 수 있다.

두 함수를 합성하는 방법을 살펴봤다. 배워야 할 함수 연산이 아직 더 있다. 바로 인자를 조작해 신규 함수를 생성하는 것이다.

질문

1. 함수형 합성이란?

2. 함수형 합성에서 주로 수학 연산과 관련 있는 특성은?

3. 두 개의 파라미터를 가진 add 함수를 하나의 파라미터를 가진 두 함수로 어떻게 바꿀 수 있는가?

4. 단일 인자 함수 두 개로 구성한 함수를 C++에서 어떻게 작성할 수 있는가?

5. 함수형 합성의 장점은?

6. 함수형 연산을 구현할 때 잠재적 단점은?

05
파셜 애플리케이션과 커링

함수형 프로그래밍을 이해하는 퀘스트를 충실히 수행해왔다. 순수 함수와 람다를 배웠고 함수형 합성의 도움으로 람다 계산법도 깊이 들여다봤다. 이제 다른 함수로 신규 함수를 생성하는 방법을 알고 있다.

람다 계산법의 기초 하나를 더 배워야 할 것이 있다. 함수형 합성과 더불어 다른 함수로 함수를 생성하는 두 가지 연산이 더 있다. 바로 커링currying과 파셜 애플리케이션partial application이다. 이 둘을 끝으로 함수형 빌딩 블록 논의를 마치고 이 둘을 통해 함수형 설계에 한 발 더 나아갈 것이다.

5장에서는 다음 주제를 다룬다.

- 파셜 애플리케이션이란 무엇인가?
- C++에서의 파셜 애플리케이션 활용법
- 커링이란 무엇인가?
- C++에서의 커링 활용법
- 커링과 파셜 애플리케이션의 관계
- 함수형 합성과 커링의 합성 방법

기술적 요구사항

C++ 17을 지원하는 C++ 컴파일러가 필요하다. 필자는 GCC 7.3.0을 사용했다.

GitHub 저장소(https://github.com/PacktPublishing/Hands-On-Functional-Programming-with-Cpp) 5장 디렉터리에서 코드를 찾을 수 있다. 그리고 여기에는 단일 헤더 오픈 소스 유닛 테스팅 라이브러리인 doctest를 포함하고 있고 이것을 활용한다. 다음 GitHub 저장소에서 doctest를 찾을 수 있다(https://github.com/onqtam/doctest).

파셜 애플리케이션과 커링

여러분이 람다를 염두에 두고 있고 신규 람다를 만들 때 기존 람다에 어떤 연산을 적용할지 고민이라면 다음 두 가지를 기억하면 된다.

- 함수형 합성에서 살펴본 두 람다의 조합에 대한 것
- 앞으로 살펴볼 람다의 파라미터에 대한 것

람다의 파라미터로 무엇을 할 수 있을까? 두 가지가 있다.

- 다수 인자의 람다 하나를 단일 인자의 람다 여러 개로 분해한다. 이 연산을 커링이라고 한다.
- N개의 인자를 가진 람다에서 인자 하나를 하나의 값으로 바인딩해 $N-1$개의 인자를 가진 람다를 만든다. 이 연산을 파셜 애플리케이션이라고 한다.

이 두 연산이 연결돼 있음을 곧 알게 될 것이므로 이 둘을 함께 논의할 것이다.

파셜 애플리케이션

N개의 인자를 가진 람다가 있다고 가정해보자. 파셜 애플리케이션은 인자 하나를 하나의 값에 바인딩해 새로운 람다를 얻는 것을 의미한다. 따라서 신규 람다는 N-1개의 인자를 갖는다. 예를 들면 add 함수를 갖고 파셜 애플리케이션을 적용해 람다의 파라미터 중 하나의 인자를 값 1로 바인딩하면 increment 함수를 만들 수 있을 것이다. C++ 형식의 의사 코드로 표현하면 다음과 같을 것이다.

```
auto add = [](const int first, const int second){ return first + second; };
auto increment = partialApplication(add, /* first */ 1);
/* 위 코드는 다음과 동치다.
auto increment = [](const int second){ return 1 + second; };
*/
```

바로 이거다! 이 파셜 애플리케이션 아이디어는 매우 간단하다. C++에서의 문법을 살펴보자.

C++에서의 파셜 애플리케이션

파셜 애플리케이션의 기본적인 구현은 직접 할 수 있다. 간단하게 일반 add 함수를 호출하는데 두 번째 파라미터에 1을 통과시키는 increment라는 람다를 호출하면 된다.

```
auto add = [](const int first, const int second) { return first + second;
};

TEST_CASE("Increments using manual partial application"){
  auto increment = [](const int value) { return add(value, 1); };

  CHECK_EQ(43, increment(42));
}
```

이 같은 구현은 우리가 찾는 깔끔한 연산은 아니지만 어떤 사유든 제네릭 메서드를 사용하지 못할 때 유용할 수 있다.

다행히 STL의 functional 헤더 파일이 bind 함수라는 좋은 대안을 제공한다. 이 함수는 여러분이 바인드하려는 값과 함수 및 통과시키려는 인자인 플레이스 홀더^{placeholder} 인자를 파라미터로 받는다. bind를 호출해 increment 함수를 만들려면 일반적인 add 함수와 첫 번째 인자인 인자 값 1과 바인드하지 않는 파라미터인 플레이스 홀더를 전달하면 된다.

```
using namespace std::placeholders; // _1, _2 등을 허용한다.

TEST_CASE("Increments using bind"){
    // add의 첫 번째 파라미터로 값 1을 바인드한다.
    // _1은 플레이스 홀더로 increment 람다의 첫 번째 파라미터다.
    auto increment = bind(add, 1, _1);

    CHECK_EQ(43, increment(42));
}
```

bind는 편리하지만 컴파일 시간에서 높은 오버헤드가 있다는 사실을 기억하자. 이 같은 방식이 문제가 되면 앞에서 수행했던 수동으로 작성한 다른 람다에서 일반 람다 함수를 직접 호출하는 옵션으로 되돌릴 수 있다.

물론 두 파라미터 모두 바인딩할 수 있다. 42번 프로그래머와 같이 필자는 number42라는 람다를 만들기 위해 add 람다의 두 파라미터에 1과 41을 바인딩할 것이다.

```
TEST_CASE("Constant using bind"){
    auto number42 = bind(add, 1, 41);
    CHECK_EQ(42, number42());
}
```

bind 문법은 종종 혼동될 수 있으니 더 깊이 살펴보자. 파라미터 플레이스 홀더는 초기 람다의 파라미터가 아닌 생성된 람다의 파라미터를 참조한다는 점을 이해하는 것이 핵심이다. 이것을 더 명확히 하기 위해 세 가지 인자를 더하는 예제 람다를 살펴보자.

```
auto addThree = [](const int first, const int second, const int third){
return first + second + third; };

TEST_CASE("Adds three"){
  CHECK_EQ(42, addThree(10, 20, 12));
}
```

addThree 람다에 첫 번째 파라미터에 값 10을 바인딩해 addTwoNumberTo10이라는 다른 람다를 만드는 데 bind를 어떻게 사용할까? 결과로 나오는 람다 addTwoNumberTo10은 두 개의 파라미터를 받는다. 이 람다의 플레이스 홀더는 _1과 _2를 가리킬 것이다. bind에게 초기 람다 addThree의 첫 번째 인자는 10이라고 알려줘야 한다. 두 번째 인자는 addTwoNumbersTo10에서 넘어왔을 것이므로 이것은 _1이 될 것이다. 세 번째 인자도 addNumbersTo10의 두 번째 인자이므로 _2가 될 것이다. 결국 코드는 다음과 같을 것이다.

```
TEST_CASE("Adds two numbers to 10"){
  auto addTwoNumbersTo = bind(addThree, 10, _1, _2);

  CHECK_EQ(42, addTo10Plus20(12));
}
```

더 나아가보자. 파셜 애플리케이션을 활용해 초기 addThree 람다로부터 addTo10Plus20이라는 또 다른 람다를 만들고자 한다. 결과 함수는 단일 인자 _1을 갖고 있을 것이다. 바인딩할 다른 인자 값은 10과 20이 될 것이고 결과는 다음과 같을 것이다.

```
TEST_CASE("Adds one number to 10 + 20"){
  auto addTo10Plus20 = bind(addThree, 10, 20, _1);

  CHECK_EQ(42, addTo10Plus20(12));
}
```

첫 번째와 세 번째 인자를 바인딩하려면 어떡해야 할까? 이제 분명해졌을 것이다. 파라미터는 정확하게 동일하지만 bind를 호출할 때는 파라미터 순서만 바꾸면 된다.

```
TEST_CASE("Adds 10 to one number, and then to 20"){
  auto addTo10Plus20 = bind(addThree, 10, _1, 20);

  CHECK_EQ(42, addTo10Plus20(12));
}
```

두 번째와 세 번째 인자를 바인딩하려면 어떡해야 할까? 플레이스 홀더의 위치는 움직이겠지만 결과 함수는 여전히 단일 인자를 갖는다. 따라서 _1이다.

```
TEST_CASE("Adds one number to 10 + 20"){
  auto addTo10Plus20 = bind(addThree, _1, 10, 20);

  CHECK_EQ(42, addTo10Plus20(12));
}
```

파셜 애플리케이션을 클래스 메서드에 적용하려면 어떡해야 할까?

클래스 메서드에서의 파셜 애플리케이션

bind 함수를 통해 파셜 애플리케이션을 클래스 메서드에도 적용할 수 있지만 참고해야 할 것이 있다. 첫 번째 인자는 클래스의 인스턴스여야 한다. 두 수를 간단히 더하는 것을 구현한 AddOperation 클래스를 예로 들어보겠다.

```
class AddOperation{
  private:
    int first;
    int second;

  public:
    AddOperation(int first, int second): first(first),
      second(second){}
    int add(){ return first + second; }
};
```

add에 AddOperation 클래스의 인스턴스를 바인딩해 신규 함수를 생성할 수 있다.

```
TEST_CASE("Bind member method"){
  AddOperation operation(41, 1);
  auto add41And1 = bind(&AddOperation::add, operation);

  CHECK_EQ(42, add41And1());
}
```

파셜 애플리케이션 개념에 더 흥미롭게 접근하기 위해 호출자에서 인스턴스 파라미터를 전달할 수도 있다.

```
TEST_CASE("Partial bind member method no arguments"){
  auto add = bind(&AddOperation::add, _1);
  AddOperation operation(41, 1);
  CHECK_EQ(42, add(operation));
}
```

이 같은 바인딩 방식도 인자를 받은 메서드에 적용하는 것이 가능하다. 예를 들어 AddToOperation을 다른 방식으로 구현한 클래스가 있다고 가정해보자.

```
class AddToOperation{
  private:
    int first;

  public:
    AddToOperation(int first): first(first) {}
    int addTo(int second){ return first + second; }
};
```

다음 코드와 같이 이 클래스의 인스턴스와 함께 addTo의 파셜 애플리케이션을 적용할 수 있다.

```
TEST_CASE("Partial applicaton member method"){
  AddToOperation operation(41);
  auto addTo41 = bind(&AddToOperation::addTo, operation, _1);

  CHECK_EQ(42, addTo41(1));
}
```

클래스 메서드의 파셜 애플리케이션은 함수형 세계와 OOP 세계를 매우 쉽게 오갈 수 있다는 것을 보여준다. 이 장점을 활용하는 방법을 이후 살펴본다. 그때까지는 파셜 애플리케이션이 무엇이고 파셜 애플리케이션을 C++에서 어떻게 사용하는지 알게 됐다는 사실에 기뻐하자. 이제 파셜 애플리케이션의 가까운 사촌 격인 커링을 이야기할 시간이다.

커링

인터넷 검색 없이 소프트웨어 업계의 유명인 이름을 불러보는 시간을 갖자. 앨런 튜링, 에이다 러브레이스(그녀는 매혹적인 일화가 있다), 그래스 호퍼, 도널드 크누스, 비얀 스트로스톱, 그레디 부스 외에도 여러 명이 있을 것이다. 이 업계에서 여러분이 지속적으로 들어본 것 중에 그들의 이름을 딴 것이 하나가 아닌 두 개 이상인 사람이 얼마나 있을까? 확실히 튜링 머신, 튜링 테스트의 앨런 튜링이 있지만 이 같은 사람은 많지 않다.

따라서 해스켈 프로그래밍 언어 이름과 커링 연산 이름이 해스켈 커리 한 명으로부터 유래했다는 사실은 놀랍다. 해스켈 커리는 미국 수학자이자 논리학자였다. 그는 조합논리combinatory logic 학문에 매진했다. 훗날 이것은 함수형 프로그래밍 부분의 기초가 됐다. 그렇다면 커링이란 무엇인가? 그리고 커링은 파셜 애플리케이션과 어떤 관계일까?

커링이란?

N개 인자를 가진 함수를 하나의 인자를 가진 N개 함수로 분해하는 과정을 커링이라고 한다. 변수 캡처나 파셜 애플리케이션을 활용해 커링할 수 있다.

add 람다를 다시 살펴보자.

```
auto add = [](const int first, const int second) { return first + second; };

TEST_CASE("Adds values"){
  CHECK_EQ(42, add(25, 17));
}
```

이 람다를 어떻게 분해할 수 있을까? 문제 해결의 열쇠는 람다가 단순한 일반 값이라는 것이다. 이것은 함수에서 람다를 반환할 수 있다는 의미다. 첫 번째 파라미터와 어떤 람다를 반환하는 람다를 통과할 수 있고 이 어떤 람다는 첫 번째 파라미터를 캡처하고 첫 번째, 두 번째 원본 인자를 사용하는 람다를 반환하는 람다를 반환할 수 있다. 말로 듣는 것보다 코드로 이해하는 것이 훨씬 쉽다. 다음을 살펴보자.

```cpp
auto curryAdd = [](const int first){
  return [first](const int second){
    return first + second;
  };
};

TEST_CASE("Add values using captured curry"){
  CHECK_EQ(42, curryAdd(25)(17));
}
```

무슨 일이 벌어지는지 분석해보자.

- curryAdd 람다는 람다를 하나 반환한다.
- 반환된 이 람다는 첫 번째 파라미터를 캡처하고 두 번째 인자를 받은 후 이 인자의 합을 반환한다.

이것이 바로 이 람다를 호출할 때 괄호를 두 번 연속 사용해야 하는 이유다.

이 같은 형태는 파셜 애플리케이션과 관계 있는 것과 매우 유사해 보인다.

커링과 파셜 애플리케이션

이전에 파셜 애플리케이션을 적용했던 방식을 다시 살펴보자. add 함수의 파셜 애플리케이션을 통해 increment 함수를 만들었다.

```cpp
TEST_CASE("Increments using bind"){
  auto increment = bind(add, 1, _1);
```

```
    CHECK_EQ(43, increment(42));
}
```

이제 add 함수를 커링해보자.

```
auto curryAdd = [](const int first){
  return [first](const int second){
    return first + second;
  };
};

TEST_CASE("Adds values using captured curry"){
  CHECK_EQ(42, curryAdd(25)(17));
}
```

이제 increment는 작성하기 매우 쉽다. 어떻게 하는지 알겠는가?

다음 코드에서 보듯이 curryAdd(1)은 단순히 increment 람다가 된다.

```
TEST_CASE("Increments values"){
  auto increment = curryAdd(1);
  CHECK_EQ(43, increment(42));
}
```

함수형 프로그래밍 언어에서 공통적으로 사용하는 한 가지 기술을 보여주고 있다. 함수는 기본적으로 커링이 가능하다. 이 같은 함수형 프로그래밍 언어에서 아래 코드는 add 함수에 first 인자를 우선 적용한 후 그 결과 함수에 second 인자를 적용하는 것을 뜻한다.

```
add first second
```

파라미터 리스트로 함수를 호출하는 것처럼 보인다. 실제로는 부분적으로 커링 함수가 적용된다. 이 같은 함수형 프로그래밍 언어에서는 add에서 increment 함수를 만들 수 있는데 다음 방식으로 작성한다.

```
increment = add 1
```

그 반대도 참이다. C++에서는 커링이 기본적으로 적용되지 않지만 파셜 애플리케이션을 위한 간편한 메서드를 제공하므로 파셜 애플리케이션을 통해 커링을 구현할 수 있다. 값을 캡처하는 복잡한 람다를 반환하는 대신 단일 값을 바인딩하고 원래 함수의 단일 파라미터를 넘긴다.

```
auto curryAddPartialApplication = [](const int first){
  return bind(add, first, _1);
};

TEST_CASE("Adds values using partial application curry"){
  CHECK_EQ(42, curryAddPartialApplication(25)(17));
}
```

이것을 어디까지 활용할 수 있을까? 다수의 인자를 가진 함수에 커링을 쉽게 적용할 수 있을까?

다수의 인자를 가진 함수의 커링

이전 절에서는 두 개의 인자를 가진 함수에 커링을 적용하는 방법을 살펴봤다. 세 개의 인자로 넘어가면 커링이 적용된 함수도 커진다. 이 경우 람다를 반환하는 람다를 반환해야 한다. 마찬가지로 설명을 듣는 것보다 코드를 살펴보는 것이 이해하기 쉬울 것이다. 다음을 살펴보자.

```
auto curriedAddThree = [](const int first){
  return [first](const int second){
    return [first, second](const int third){
      return first + second + third;
    };
  };
};

TEST_CASE("Add three with curry"){
  CHECK_EQ(42, curriedAddThree(15)(10)(17));
}
```

이것은 재귀적 구조로 가는 것처럼 보인다. bind를 활용해서도 비슷한 효과를 낼 수 있지 않을까? 불가능하진 않지만 그리 단순하지도 않다. 이 같은 코드는 아래와 같은 식으로 작성하고 싶다.

```
bind(bind(bind(addThree, _1), _1), _1)
```

하지만 addThree는 인자가 세 개이므로 이 인자를 어딘가에 바인드해야 한다. 그 다음 bind는 결과적으로 두 개의 인자를 가진 함수가 되고 이것을 어딘가에 다시 바인드해야 한다. 코드로 표현하면 다음과 같을 것이다.

```
bind(bind(boid(addThree, ?, ?, _1), ?, _1), _1)
```

여기서 물음표는 이전에 바운딩한 값으로 대체되지만 현재 문법 시스템으로는 작동하지 않는다.

하지만 비슷하게 구현하는 방법이 있다. N개 인자를 가진 함수를 N-1로 줄이는 데 bind를 사용하는 다수의 simpleCurryN 함수를 구현해보자. 하나의 인자를 가진 함수에는 다음 함수와 같이 간단히 표현할 수 있다.

```
auto simpleCurry1 = [](auto f){
  return f;
};
```

인자가 두 개인 경우 첫 번째 것을 바인딩하고 두 번째 것은 넘긴다.

```
auto simpleCurry2 = [](auto f){
  return [f](auto x){ return bind(f, x, _1); };
};
```

인자가 세 개이거나 네 개인 함수에도 비슷한 연산을 적용한다.

```
auto simpleCurry3 = [](auto f){
  return [f](auto x, auto y){ return bind(f, x, y, _1); };
};
auto simpleCurry4 = [](auto f){
  return [f](auto x, auto y, auto z){ return bind(f, x, y, z, _1);
};
};
```

이 simpleCurryN 함수군을 통해 N개 인자를 가진 함수를 취하면서 함수에 커링을 적용해 반환하는 curryN 함수를 작성할 수 있다.

```
auto curry2 = [](auto f){
  return simpleCurry2(f);
};

auto curry3 = [](auto f){
  return curry2(simpleCurry3(f));
};

auto curry4 = [](auto f){
  return curry3(simpleCurry4(f));
};
```

다음 코드에서 보듯이 add 람다의 인자 두 개, 세 개, 네 개 버전을 테스트해보자.

```
TEST_CASE("Add three with partial application curry"){
  auto add = [](int a, int b){ return a+b; };
  CHECK_EQ(3, curry(add)(1)(2));

  auto addThreeCurry = curry3(addThree);
  CHECK_EQ(6, curry(addThree)(1)(2)(3));

  auto addFour = [](int a, int b, int c, int d){ return a + b + c + d; };
  CHECK_EQ(10, curry4(addFour)(1)(2)(3)(4));
}
```

창의력을 발휘해 템플릿으로 이 함수를 다시 작성할 수 있을 것 같다. 여러분 몫으로 남겨두겠다.

지금은 파셜 애플리케이션과 커링이 어떤 관계인지 확인하는 것이 중요하다. 커링 함수가 기본적으로 적용되는 프로그래밍 언어에서의 파셜 애플리케이션은 매우 쉽다. 더 적은 인자로 함수를 호출하면 된다. 그 밖의 다른 언어에서는 파셜 애플리케이션을 통해 커링을 구현할 수 있다.

이제 이 흥미로운 개념이 실전에서도 유용한지 궁금할 것이다. 이 테크닉을 활용해 중복을 제거하는 방법을 살펴보자.

파셜 애플리케이션과 커링을 활용한 중복 제거

프로그래머는 더 적은 코드로 더 많은 일을 하는 솔루션을 오랫동안 갈구해왔다. 함수형 프로그래밍에서는 다른 함수를 통해 함수를 만드는 솔루션을 제안한다.

앞선 예제에서 이 방식을 실제로 봤다. increment는 덧셈의 특정 케이스이므로 덧셈 함수로부터 increment를 만들 수 있다.

```
auto add = [](const auto first, const auto second){ return first + second;
};
auto increment = bind(add, _1, 1);

TEST_CASE("Increments"){
  CHECK_EQ(43, increment(42));
}
```

이것이 어떤 도움이 될까? 어느 날 여러분의 클라이언트가 찾아와 다른 종류의 덧셈을 활용하고 싶다고 말했다고 가정해보자. 코드에 존재하는 모든 +와 ++를 찾아 새로운 양식으로 구현할 방안을 찾아야 하는 상황을 상상해보자.

그 대신 add와 increment 함수와 더불어 템플릿의 마법을 조금 빌려 다음과 같이 구현할 수 있다.

```
auto add = [](const auto first, const auto second){ return first + second; };

template<typename T, T one>
```

```
auto increment = bind(add, _1, one);

TEST_CASE("Increments"){
  CHECK_EQ(43, increment<int, 1>(42));
}
```

이 add 메서드는 타입에 덧셈 연산자가 존재하는 한 타입을 가리지 않는다. increment 함수는 어떤 타입을 사용하고 add가 어떻게 동작하는지 신경 쓰지 않고 여러분이 전달하는 값만 신경 쓴다. 코드는 거의 말하지 않았지만 아름답다고 생각하지 않는가?

물론 여러분은 클라이언트가 더하는 방식의 변경을 요구할 리 없다고 말할 수도 있다. 몇 가지 단순한 연산자로 얼마나 많은 것을 할 수 있는지 알고 나면 놀랄 것이다. 예를 들어보겠다. 다음 스크린 샷에서 보듯이 감긴 선 위에서 캐릭터가 움직이는 게임을 구현해보자.

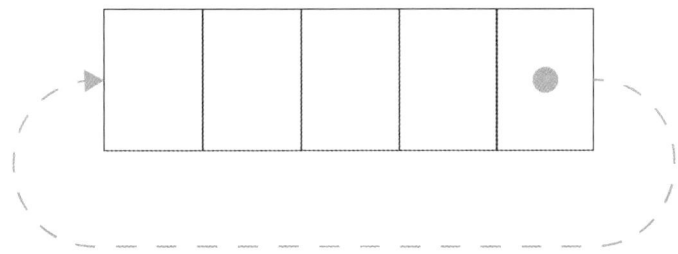

덧셈의 수정된 버전이다. 한 번 살펴보자.

```
// 지금은 20에서 감긴다고 가정한다.
auto addWrapped = [](const auto first, const auto second) { return (first + second)%20; };

TEST_CASE("Adds values"){
  CHECK_EQ(7, addWrapped(10, 17));
}

template<typename T, T one>
auto incrementWrapped = bind<T>(addWrapped, _1, one);

TEST_CASE("Increments"){
```

```
    CHECK_EQ(1, incrementWrapped<int, 1>(20));
}
```

이 코드는 add와 매우 유사하다. 어쩌면 파셜 애플리케이션을 적용할 수 있을 것 같다. 어떻게 하는지 살펴보자.

```
auto addWrapped = [](const auto first, const auto second, const auto wrapAt){
    return (first + second) % wrapAt; };

auto add = bind(addWrapped, _1, _2, 20);

template<typename T, T one>
    auto increment = bind<T>(add, _1, one);

TEST_CASE("Increments"){
    CHECK_EQ(1, increment<int, 1>(20));
}
```

increment 함수는 이전 것과 정확히 동일하다. 반면 이 add 함수는 addWrapped의 파셜 애플리케이션이 됐다. 코드를 간결하게 하는 것은 의미가 없다. 다만 필자는 함수가 무엇을 하는지 명확히 알 수 있도록 함수 이름을 변경할 것이다. 핵심 포인트는 파셜 애플리케이션과 커링을 통해 특정 타입의 중복을 제거할 수 있고 초기 솔루션을 설계할 때의 불확실한 구현에 좀 더 유연하게 대응할 수 있다는 점이다. 이것은 OOP나 템플릿을 통해서도 할 수 있지만 함수형 솔루션은 매우 적은 코드와 함께 부작용을 제거해 복잡도를 제한한다. 그래서 함수형 프로그래밍은 프로그램을 설계할 때 고려할 가치가 있다.

요약

여러분의 함수형 프로그래밍 이해가 얼마나 진전됐는지 생각해보자. 빌딩 블록의 전부인 순수 함수와 람다를 배웠고 순수 함수와 람다에 적용하는 연산자인 커링, 파셜 애플리케이션, 함수 합성을 배웠다. 연산자의 관계, 파셜 애플리케이션을 구현하는 데 커링을 활용하는 방법과 그 반대도 살펴봤다. 또한 C++에서 커링을 구현하는 방법도 살펴봤다.

퀘스트는 이제 시작일 뿐이다. 다음 목표는 좀 더 흥미로운 컨텍스트 내에서 이 구조를 활용하는 것이다. 함수로 정확히 어떻게 설계할지 어려운 문제를 격파할 시간이다.

질문

1. 파셜 함수 애플리케이션이란?
2. 커링은 무엇인가?
3. 커링으로 파셜 애플리케이션을 어떻게 구현하는가?
4. C++에서 파셜 애플리케이션을 어떻게 구현할 수 있는가?

2부

함수로 설계하기

지금까지 함수형 프로그래밍의 기본적인 빌딩 블록을 배웠다. 기본적인 이 빌딩 블록이 함수에 초점을 맞춘 소프트웨어 세상을 방문하고 돌아가게 해야 할 시간이다.

우선 마음가짐을 명령형으로 작성된 객체지향 프로그래밍^{OOP}에서 함수 중심 설계로 바꾸는 방법을 살펴볼 것이다. 이것을 하려면 입력 데이터를 적합한 출력 데이터로 변환하는 방법을 이해해야 한다. 기존 고차원 함수의 도움이 필요할 것이다. 그리고 나서 DRY^{Don't Repeat Yourself} 원리를 살펴보고 코드에서 특정 타입의 중복을 제거하는 데 함수형 연산(파셜 애플리케이션, 커링, 함수형 합성)을 사용하는 방법을 살펴볼 것이다. 그 다음은 함수와 클래스의 관계를 살펴보고 함수 중심에서 OOP로 설계를 변경하려고 할 때 순수 함수를 클래스로 묶는 방법을 살펴볼 것이다. 그리고 클래스를 순수 함수 집합으로 변환하는 방법을 살펴볼 것이다. 이 같은 테크닉을 충분히 배운 후 테스트 주도 개발^{TDD}과 TDD의 순수 함수 활용을 통한 단순화 방법을 배울 것이다.

2부에서는 다음 내용을 다룰 것이다.

- 6장, 함수형으로 사고하기 - 데이터 입력부터 데이터 출력까지
- 7장, 함수형 연산자를 활용한 중복 제거
- 8장, 클래스를 활용해 응집도 향상시키기
- 9장, 함수형 프로그래밍의 테스트 주도 개발

06

함수형으로 사고하기
- 데이터 입력부터 데이터 출력까지

필자는 함수형 프로그래밍을 공부하면서 힘든 장애물을 만났었다. 완전히 다른 프로그래밍 스타일에 길들여져 있었다. 그것을 명령형 객체지향 프로그래밍이라고 부르겠다. 그렇다면 사고방식을 객체지향에서 함수형으로 어떻게 바꿀 수 있었을까? 그리고 이 둘을 어떻게 좋은 방식으로 섞을 수 있었을까?

우선 함수형 프로그래밍 리소스를 들여다봤다. 불행하게도 이 리소스는 모두 수학과 개념의 내적 아름다움에 초점이 맞춰져 있었다. 이 같은 용어에 익숙하다면 괜찮겠지만 지금 막 배우는 사람에게는 어떠할까? 배우는 데 수학적 이론이 유일한 방법일까? 필자는 수학을 좋아하지만 지금 내 수학 실력은 녹슬어 있다. 더 실용적인 방법을 찾아볼 것이다.

유럽에서 온 프로그래머와 함께 하는 페어 프로그래밍, 코딩 도장 Coding Dojos, 코드리트리츠 Coderetreats 같은 여러 이벤트를 통해 코드를 작성하는 다양한 방법에 나 자신을 노출시켰고 이 문제를 해결할 단순한 접근법이 있다는 사실을 조금씩 깨달았다. 함수형과 OOP 사이의 모델에 집중하기보다 입력과 출력에 집중하는 것이다. 이것이 함수형으로 사고하는 방법을 배우는 훨씬 구체적이고 실질적인 방법이다. 다음에 이 방식을 살펴볼 것이다.

6장에서는 다음 주제를 다룬다.

- 함수형 마음가짐의 기본
- 기능에 따른 입력 및 출력 데이터를 식별하는 방법의 재교육과 타입 유추^{inference}의 장점 활용하기
- 순수 함수로서의 데이터 변형 정의하기
- 맵, 리듀스, 필터 등의 전형적^{typical} 데이터 변형 활용법
- 문제 해결을 위한 함수형 마음가짐 활용법
- 함수로 설계된 코드에서의 오류관리 설계

기술적 요구사항

C++ 17을 지원하는 컴파일러가 필요하다. 필자는 GCC 7.3.0을 사용했다.

코드는 GitHub(https://github.com/PacktPublishing/Hands-On-Functional-Programming-with-Cpp)의 6장 폴더에서 찾을 수 있다. 여기에는 단일 헤더 오픈 소스 유닛 테스팅 라이브러리인 doctest를 포함하고 있고 이것을 활용한다. 다음의 GitHub 저장소에서 doctest를 찾을 수 있다(https://github.com/onqtam/doctest).

입력 데이터가 함수에 들어와 출력 데이터로 나가기까지

프로그래밍을 공부하고 프로그래머로 근무하는 동안 대부분 입력과 출력 데이터를 깊이 이해하는 것보다 코드를 작성하는 데 집중했다. 테스트 주도 개발^{TDD}을 배운 후 이 같은 관점이 바뀌었다. 이 같은 방식은 프로그래머가 입력과 출력에 집중하게 한다. TDD라는 극단적 형태를 적용하면서 프로그램의 핵심적 정의를 새로 깨달았다.

그럼에도 쉽지 않다. 프로그램 구성을 고찰한 후 그 구성 요소를 순수 함수로 할 수 있다는 사실을 깨달았다. 정리하면 모든 프로그램은 다음과 같이 작성할 수 있다.

- 이전에 정의한 것과 같은 순수 함수 집합
- 입력/출력I/O과 상호작용하는 함수 집합

프로그램을 최소로 줄이고 프로그램의 전부를 I/O와 순수 함수로 분리한다면 함수형으로 생각하는 첫 단계를 완료한 것이다.

다음 질문은 어떤 함수가 돼야 하는가다. 6장에서는 함수로 설계하는 가장 간단한 방법을 살펴볼 것이다.

1. 입력 데이터로부터 출발한다.
2. 출력 데이터를 정의한다.
3. 일련의 입력 데이터를 출력 데이터로 변환하는 각 단계인 변형 과정(순수 함수)을 정의한다.

프로그램 작성의 두 접근법을 대조하는 몇 가지 예제를 살펴보자.

명령형 스타일 vs 함수형 스타일 동작 예제

두 접근법의 차이점을 보여주기 위해 문제점을 활용할 것이다. 필자는 게임에서 따온 문제점을 활용해 새로운 프로그래밍 테크닉을 연습하는 것을 좋아한다. 한편 게임은 자주 다루지 않는 재미있는 영역이다. 다른 한편으로 게임은 일반 비즈니스 애플리케이션이 제공하지 않는 도전을 선사함으로써 새로운 아이디어를 탐구할 수 있다.

다음 절에서 함수형 사고를 시작하는 방법을 배우게 해주는 문제점을 살펴볼 것이다. 바로 **틱택토 결과 문제**다.

틱택토 결과

틱택토 결과, 문제의 요구사항은 다음과 같다. 비어 있거나 이미 게임이 진행된 주어진 틱택토 보드에서의 게임 결과, 즉 게임이 종료됐는지 아니면 여전히 진행 중인지를 출력하는 것이다.

매우 단순한 문제처럼 보이지만 이것을 통해 함수형과 명령형 객체지향OO 접근의 근본적인 차이점을 보여줄 것이다.

OO 관점에서 문제에 접근한다면 정의할 몇 가지 객체를 고려할 것이다. 게임, 플레이어, 보드, 어쩌면 X와 O 같은 표현법(필자는 이것을 토큰이라고 부른다) 등이 될 수 있다. 그다음은 이 객체를 어떻게 연결할지 살펴볼 것이다. 게임에는 플레이어 두 명과 보드 하나가 있으며 보드는 토큰이 있거나 비어 있을 것이다. 여기에 다양한 표현법이 수반된다. 어딘가에 GameState를 반환하는 computeResult 메서드를 구현해야 한다. GameState는 XWon, OWon, draw, InProgress 중 하나가 될 수 있다. 처음에는 computeResult가 Game 클래스에 들어가는 것이 맞는 것 같다. 이 메서드는 Board 안에서 반복적으로 실행되며 조건문을 활용해 그에 맞는 GameState를 반환해야 할 것이다.

OO 접근법을 사용하는 대신 코드 구조를 다른 시각에서 바라볼 수 있도록 몇 가지 엄격한 단계를 활용할 것이다.

1. 입력을 명확히 정의한다.
2. 출력을 명확히 정의한다.
3. 입력 데이터에 적용해 출력 데이터로 변환하는 함수형 연쇄 변환을 구성한다.

다음으로 넘어가기 전에 마음가짐을 바꾸는 데 몇 가지 지식과 연습이 필요하다는 점을 인식하길 바란다. 여러분에게 좋은 시작점을 제공하기 위해 가장 자주 하는 변환을 들여다보겠지만 여러분 스스로 이 메서드를 시도해야 할 것이다.

입력과 출력

프로그래머로서 배운 첫 번째 교훈은 모든 프로그램은 입력과 출력이 존재한다는 것이다. 그리고 더 나아가 코드 자체에서 입력과 출력 사이에 발생하는 사건에 집중한다.

그럼에도 불구하고 프로그래머는 입·출력에 주의를 더 기울여야 한다. 입·출력은 소프트웨어의 요구사항을 정의하기 때문이다. 소프트웨어에서 가장 큰 낭비는 구현하지 말아야 할 것을 완벽히 동작하게 구현하는 것이다.

필자는 프로그래머가 입력과 출력 관점으로 돌아가게 하는 것이 매우 어렵다는 것을 깨달았다. 단순히 생각했던 기능에 대한 입력과 출력 질문에 프로그래머는 종종 당황하고 혼란스러웠다. 문제점의 입력과 출력 데이터를 자세히 살펴보자.

이 시점에서 예상치 못한 뭔가를 할 것이다. 필자는 비즈니스 분석가로부터 근사한 트릭을 배웠다. 기능을 분석할 때 출력에서 출발하는 것이 최선이라는 점이다. 출력은 입력 데이터에 비해 더 작고 명확한 경향이 있기 때문이다. 시작해보자.

출력 데이터

여러분이 생각하는 출력에는 무엇이 있는가? 다음은 보드에서 일어날 모든 사건을 고려한 경우의 수다.

- 게임 시작 전
- 게임 진행 중
- X 승리
- O 승리
- 무승부

보는 바와 같이 출력은 간단하다. 이제 위 경우의 수와 입력 데이터의 관계를 파악해보자.

입력 데이터

이 문제에서 입력 데이터는 보드와 보드 위의 움직임이다. 몇 가지 예를 살펴보자. 가장 간단한 예는 빈 보드다.

```
- - -
- - -
- - -
```

편의상 _를 보드의 빈 공간으로 표현했다. 물론 빈 보드의 출력은 게임 시작 전이다. 매우 간단하다. 이제 몇 가지 움직임이 있었던 보드를 살펴보자.

```
X _ _
O _ _
- - -
```

X와 O 둘 다 수를 한 번씩 뒀고 게임은 여전히 진행 중이다. 게임 진행 중이라고 말할 수 있는 예는 매우 많다.

```
X X _
O _ _
- - -
```

다음은 또 다른 예제다.

```
X X O
O _ _
- - -
```

틱택토 게임에서 나올 수 없는 경우가 몇 가지 있다. 다음과 같은 것이다.

```
X X _
O X _
X _ _
```

이 경우 x는 네 개의 수를 뒀지만 o는 한 번만 뒀다. 그리고 이것은 틱택토 게임 규칙이 허용하지 않는 것이다. 이 같은 경우를 무시하고 지금은 그냥 게임 진행 중을 반환할 것이다. 하지만 이후 여러분이 지금 진행 중인 코드의 나머지 부분을 마치고 여러분만의 알고리듬을 구현해볼 수 있다.

x가 이기는 게임을 살펴보자.

```
x x x
o o _
_ _ _
```

첫 번째 줄을 채웠기 때문에 x가 승리했다. x가 이기는 다른 방법은 없을까? 물론 열을 채우는 방법도 있다.

```
x _ _
x o o
x _ _
```

주 대각선을 채워 이기는 방법도 있다.

```
x o _
o x _
_ _ x
```

보조 대각선을 채워 x가 이기는 방법도 있다.

```
_ o x
o x _
x _ _
```

비슷하게 o가 줄을 채워 이기는 예가 있다.

```
x x _
o o o
x _ _
```

다음은 열을 채워 이기는 경우다.

```
X O _
X O X
_ O _
```

다음은 O가 주 대각선으로 이기는 경우다.

```
O X _
_ O X
X _ O
```

다음은 보조 대각선으로 이기는 경우다.

```
X X O
_ O X
O _ _
```

무승부로 끝나는 게임은 어떠할까? 간단하다. 모든 정사각형이 채워져 있는데 승자가 없는 경우다.

```
X X O
O X X
X O O
```

가능한 모든 출력 예를 살펴봤다. 이제 데이터 변형을 살펴볼 시간이다.

데이터 변환

입력을 출력으로 어떻게 변환할까? 우선 가능한 출력 중 하나를 뽑아 시도해볼 것이다. 가장 쉬운 것은 x가 이기는 경우다. 그럼 x가 어떻게 이길까? 게임 규칙에 따르면 x를 보드의 한 행, 한 열, 대각선으로 채우면 x가 이긴다. 가능한 모든 경우의 수를 적어보자. 다음 경우 중 하나라도 걸리면 x가 이긴다.

- X로 한 줄을 채우거나
- X로 한 열을 채우거나
- X로 주 대각선을 채우거나
- X로 보조 대각선을 채운다.

이것을 구현하려면 몇 가지가 필요하다.

- 보드에서 모든 줄을 구한다.
- 보드에서 모든 열을 구한다.
- 보드에서 주 대각선과 보조 대각선을 구한다.
- 위에서 어느 하나라도 X로 채워지면 X가 이긴다!

이것을 다른 방식으로 작성할 수도 있다.

```
board -> collection(all lines, all columns, all diagonals) ->
any(collection, filledWithX) -> X 승리
```

'`filledWithX`'는 무슨 의미일까? 예를 들어보자. 다음과 같은 줄을 찾는 것이다.

```
X X X
```

X O X나 X _ X 같은 줄을 찾는 것이 아니다. 줄, 열, 대각선에 있는 모든 토큰이 X인지 확인이 필요하다. 이 확인 과정을 변환으로 시각화해보자.

```
line | column | diagonal -> 모든 토큰이 X -> line | column | diagonal 이 X로
채워져 있다.
```

따라서 변환 집합은 다음과 같다.

```
board -> collection(all lines, all columns, all diagonals) -> if
any(collection, filledWithX) -> X 승리

filledWithX(line|column|diagonal L) = all(L 위에 있는 토큰 'X')
```

한 가지 의문점이 있다. 줄, 열, 대각선을 어떻게 구할까? 큰 문제를 바라보는 방식과 비슷한 방식으로 이 문제를 분리해 바라볼 수 있다. 여기서 입력은 분명히 보드다. 출력은 첫 번째 줄, 두 번째 줄, 세 번째 줄, 첫 번째 열, 두 번째 열, 세 번째 열, 주 대각선, 보조 대각선으로 형성한 리스트다.

다음 의문점은 줄의 정의다. 우리는 첫 번째 줄을 어떻게 구하는지 알고 있다. 좌표에서 [0, 0], [0, 1], [0, 2]를 사용한다. 두 번째 줄은 좌표에서 [1, 0], [1, 1], [1, 2]다. 열은 어떠할까? 첫 번째 열은 좌표에서 [1, 0], [1, 1], [2, 1]이고 대각선도 이 같은 식으로 좌표에서 정의할 수 있다.

그렇다면 우리가 알게 된 것은 무엇인가? 줄, 열, 대각선을 구하는 법을 배웠고 다음 변환을 해야 한다.

```
board -> 줄, 열, 대각선 좌표 컬렉션 -> 보드에 좌표 적용 -> 줄, 열, 대각선의 원소 리스트 획득
```

분석을 도출했다. 이제 구현으로 옮길 시간이다. 이전의 모든 변형은 함수형 구조를 활용해 코드로 표현할 수 있다. 여기서 몇 가지 변형은 매우 자주 쓰는 변형으로 이미 표준 라이브러리에 구현돼 있다. 어떻게 사용하는지 살펴보자.

filledWithX를 위한 all_of 활용

우리가 살펴볼 첫 번째 변형은 all_of다. all_of는 불린형을 반환하는 컬렉션과 함수(술어 논리라고도 부른다)가 주어졌을 때 컬렉션의 모든 원소에 술어 논리를 적용한 결과에 논리적 AND를 반환한다. 몇 가지 예를 살펴보자.

```
auto trueForAll = [](auto x) { return true; };
auto falseForAll = [](auto x){ return false; };
auto equalsChara = [](auto x){ return x == 'a'; };
```

```
  auto notChard = [](auto x){ return x != 'd'; };

TEST_CASE("all_of"){
  vector<char> abc{'a', 'b', 'c'};

  CHECK(all_of(abc.begin(), abc.end(), trueForAll));
  CHECK(!all_of(abc.begin(), abc.end(), falseForAll));
  CHECK(!all_of(abc.begin(), abc.end(), equalsChara));
  CHECK(all_of(abc.begin(), abc.end(), notChard));
}
```

all_of 함수는 범위의 시작과 끝을 정의하는 두 개의 반복자[iterators]와 하나의 술어 논리를 파라미터로 취한다. 이 반복자는 컬렉션의 부분 집합에 변형을 적용할 때 유용하다. 필자는 보통 all_of를 전체 컬렉션에 사용하므로 매번 collection.begin()과 collection.end()를 작성하는 것이 귀찮아 나만의 간소화 버전인 all_of_collection을 구현했다. all_of_collection은 전체 컬렉션을 취하고 나머지만 신경 쓰면 된다.

```
auto all_of_collection = [](const auto& collection, auto lambda){
  return all_of(collection.begin(), collection.end(), lambda);
};

TEST_CASE("all_of_collection"){
  vector<char> abc{'a', 'b', 'c'};

  CHECK(all_of_collection(abc, trueForAll));
  CHECK(!all_of_collection(abc, falseForAll));
  CHECK(!all_of_collection(abc, equalsChara));
  CHECK(all_of_collection(abc, notChard));
}
```

이 변환을 아는 상태에서 lineFilledWithX 함수를 작성하기는 매우 쉽다. 토큰 컬렉션을 토큰이 X인지 특정하는 불린 컬렉션으로 변환하면 된다.

```
auto lineFilledWithX = [](const auto& line){
  return all_of_collection(line, [](const auto& token){ return token == 'X'; });
};

TEST_CASE("Line filled with X"){
```

```
    vector<char> line{ 'X', 'X', 'X' };

    CHECK(lineFilledWithX(line));
}
```

이제 줄이 X로 채워졌는지 확인할 수 있다. 다음으로 넘어가기 전에 몇 가지 간단한 조절을 해보자. 우선 vector<char> 타입에 이름을 부여해 코드를 명확히 하자.

```
using Line = vector<char>;
```

그러고 나서 반대 시나리오에서 코드가 제대로 동작하는지 확인해보자. Line이 X 토큰으로 채워져 있지 않다면 lineFilledWithX는 false를 반환해야 할 것이다.

```
TEST_CASE("Line not filled with X"){
    CHECK(!lineFilledWithX(Line{'X', 'O', 'X'}));
    CHECK(!lineFilledWithX(Line{'X', ' ', 'X'}));
}
```

마지막으로 통찰력 있는 독자라면 O 승리 조건에도 동일한 함수가 필요하다는 사실을 알아챘을 것이다. 우리는 이것을 어떻게 해야 할지 알고 있다. 인자 바인딩의 파워를 떠올려보자. lineFilledWith 함수에서 tokenToCheck 파라미터를 바인딩 X와 O 토큰 값에 각각 바인딩해 lineFilledWithX와 lineFilledWithO 함수를 추출하면 된다.

```
auto lineFilledWith = [](const auto line, const auto tokenToCheck){
    return all_of_collection(line, [&tokenToCheck](const auto token){
        return token == tokenToCheck; }
};

auto lineFilledWithX = bind(lineFilledWith, _1, 'X');
auto lineFilledWithO = bind(lineFilledWith, _1, 'O');
```

다시 상기해보자. Line 데이터 구조체가 있고 줄이 X나 O로 채워졌는지 확인하는 함수가 있다. 편의상 all_of 함수를 사용했다. 단지 틱택토 줄의 로직을 정의해야만 했다.

이제 앞으로 나아갈 시간이다. 보드를 세 줄, 세 열, 두 대각선으로 구성된 줄 컬렉션으로 변환해야 한다. 이것을 하려면 또 다른 함수형 변환인 map을 살펴봐야 한다. 이 map은 표준 템플릿 라이브러리^{STL}에 transform이라는 함수로 구현돼 있다.

map/transform 사용하기

보드를 줄, 컬럼, 대각선의 리스트로 변환하는 함수를 작성해야 하므로 어떤 한 컬렉션을 다른 컬렉션으로 변환시켜주는 변형^{transform}을 활용할 수 있다. 일반적인 함수형 프로그래밍 언어에서는 이 변환을 map이라고 하며 STL에서는 transform이라는 이름으로 구현돼 있다. 이것을 이해하기 위해 간단한 예를 살펴볼 것이다. 주어진 문자 벡터의 각 문자를 'a'로 치환해보자.

```cpp
TEST_CASE("transform"){
  vector<char> abc{'a', 'b', 'c'};

  // 최상의 버전은 아니다. 아래를 참조한다.
  vector<char> aaa(3);
  transform(abc.begin(), abc.end(), aaa.begin(), [](auto element){ return 'a'; });
    CHECK_EQ(vector<char>{'a', 'a', 'a'}, aaa);
  }
```

이 코드는 동작하지만 순진한 구현이다. aaa 벡터를 덮어씌워질 값들로 초기화하기 때문이다. aaa 벡터의 첫 세 원소 자리를 미리 확보^{reserve}하고 back_inserter를 활용해 transform이 자동으로 aaa 벡터에 push_back을 호출하게 함으로써 이 문제를 피할 수 있다.

```cpp
TEST_CASE("transform-fixed"){
  const auto abc = vector{'a', 'b', 'c'};
  vector<char> aaa;
  aaa.reserve(abc.size());
  transform(abc.begin(), abc.end(), back_inserter(aaa),
    [](const char elem) { return 'a'; }
  );
  CHECK_EQ(vector{'a', 'a', 'a'}, aaa);
}
```

보는 바와 같이 transform은 all_of에서 동작하는 방식과 동일한 방식으로 반복자를 활용한다. 지금쯤 여러분은 필자가 이것을 단순화해 목표에 집중하고 싶어한다는 것을 눈치챘을 것이다. 이번에는 이 코드를 모두 작성할 필요가 없다. 그 대신 전체 컬렉션으로 단순화시킨 버전을 구현할 수 있고 이 버전은 이 함수와 관련 있는 모든 잡다한 것을 처리할 것이다.

transform 단순화하기

가능하면 가장 간단한 방식으로 transform_all 함수를 구현해보자.

```cpp
auto transform_all = [](auto const source, auto lambda){
  auto destination; // 컴파일 오류: 타입이 정의되지 않음
  ...
}
```

안타깝게도 위와 같은 방식으로 구현을 시도했을 때 보이지 않는 장애물에 부딪혔다. 목적 컬렉션^{the destination collection} 타입이 필요하다. 이것을 처리하는 자연스러운 방법은 C++ 템플릿을 활용해 Destination 타입 파라미터를 전달하는 것이다.

```cpp
template<typename Destination>
auto transformAll = [](auto const source, auto lambda){
  Destination result;
  result.reserve(source.size());
  transform(source.begin(), source.end(), back_inserter(result), lambda);
  return result;
};
```

push_back 함수가 존재하는 모든 컬렉션에서 제대로 동작한다. 한 가지 멋진 부작용은 결과로 나온 문자를 string에 붙이는 데 이 함수를 사용할 수 있다는 것이다.

```cpp
auto turnAllToa = [](auto x) { return 'a'; };

TEST_CASE("transform all"){
  vector abc{'a', 'b', 'c'};
```

```
    CHECK_EQ(vector<char>({'a', 'a', 'a'}), transform_all<vector<char>>
      (abc, turnAllToa));
    CHECK_EQ("aaa", transform_all<string>(abc, turnAllToa));
}
```

string과 함께 transform_all을 활용해 소문자를 대문자로 변환하는 것과 같은 것을 할 수 있다.

```
auto makeCaps = [](auto x) { return toupper(x); };

TEST_CASE("transform all"){
  vector<char> abc = {'a', 'b', 'c'};

  CHECK_EQ("ABC", transform_all<string>(abc, makeCaps));
}
```

하지만 이게 전부가 아니다. 출력 타입은 입력 타입과 반드시 일치할 필요는 없다.

```
auto toNumber = [](auto x) { return (int)x - 'a' + 1; };

TEST_CASE("transform all"){
  vector<char> abc = {'a', 'b', 'c'};
  vector<int> expected = {1, 2, 3};

  CEHCK_EQ(expected, transform_all<vector<int>>(abc, toNumber));
}
```

transform 함수는 어떤 컬렉션을 다른 컬렉션으로 변환할 때 매우 유용하다. 여기에는 입력과 출력이 동일한 타입이거나 다른 타입일 수 있다. back_inserter를 활용해 이 함수를 string 출력에도 사용할 수 있다. 그 결과, 모든 타입 컬렉션에 대한 문자열 표현 함수를 구현할 수 있다. 이제 transform을 사용할 수 있다. 우리 문제로 돌아가보자.

좌표

이 변환은 좌표를 계산하면서 시작하므로 먼저 좌표를 정의해볼 것이다. STL의 pair 타입은 좌표를 간단히 표현할 수 있다.

```
using Coordinate = pair<int, int>;
```

보드에서 줄 구하기 및 좌표 구하기

줄, 열, 대각선 좌표 리스트를 만드는 것을 가정해 토큰 컬렉션을 Line 파라미터로 변환해야 한다. transformAll 함수로 그것을 쉽게 수행할 수 있다.

```
auto accessAtCoordinate = [](const auto& board, const Coordinate& coordinate){
    return board[coordinate.first][coordinate.second];
};

auto projectCoordinates = [](const auto& board, const auto& coordinates){
    auto boardElementFromCoordinates = bind(accessAtCoordinates, board, _1);
    return transform_all<Line>(coordinates, boardElementFromCoordinates);
};
```

projectCoordinates 람다는 보드와 좌표 리스트 파라미터를 갖고 해당 좌표에 맞는 보드의 원소 리스트를 반환한다. 우리는 이 좌표 리스트에 transformAll과 두 개의 파라미터인 board 파라미터와 coordinate 파라미터를 취하는 변환을 사용하지만 transformAll은 단일 파라미터 람다와 Coordinate 값이 필요하다. 따라서 파셜 애플리케이션을 활용하거나 보드 값을 캡처해야 한다. 이제 줄, 열, 대각선 좌표 리스트를 만들어야 한다.

보드에서 줄 구하기

이전 함수 projectCoordinates를 활용해 보드에서 줄을 쉽게 구할 수 있다.

```
auto line = [](auto board, int lineIndex){
    return projectCoordinates(board, lineCoordinates(board, lineIndex));
};
```

line 람다는 board와 lineIndex가 있는 줄의 좌표 리스트를 생성하고 줄을 반환하는 데 projectCoordinates를 활용한다.

그렇다면 줄 좌표를 어떻게 생성할까? lineIndex와 Coordinate 쌍이 존재하므로 (lineIndex, 0), (lineIndex, 1), (lineIndex, 2)에 make_pair를 호출해야 한다. 이것도 transform 호출처럼 보인다. 입력은 {0, 1, 2} 컬렉션이고 이 변환은 make_pair(lineIndex, index)다. 작성해보자.

```
auto lineCoordinates = [](const auto board, auto lineIndex){
  vector<int> range{0, 1, 2};
  return transformAll<vector<Coordinate>>(range, [lineIndex](auto index){
    return make_pair(lineIndex, index); });
};
```

범위

{0, 1, 2}는 무엇인가? 다른 프로그래밍 언어에서는 범위 개념을 활용할 수 있다. 예를 들면 그루비에서는 다음과 같이 작성할 수 있다.

```
def range = [0..board.size()]
```

범위 개념은 매우 유용하며 C++ 20 표준으로 채택됐다. 범위 개념은 **14장, 범위 라이브러리를 활용한 느긋한 계산법**에서 다룰 예정이다. 그때까지는 toRange 함수를 작성할 것이다.

```
auto toRange = [](auto const collection){
  vector<int> range(collection.size());
  iota(begin(range), end(range), 0);
  return range;
}
```

toRange는 입력으로 하나의 컬렉션을 취하고 0부터 collection.size()까지의 range를 생성한다. 우리 코드에서 활용해보자.

```
using Board = vector<Line>;
using Line = vector<char>;

auto lineCoordinates = [](const auto board, auto lineIndex){
  auto range = toRange(board);
  return transform_all<vector<Coordinate>>(range, [lineIndex](auto index){
    return make_pair(lineIndex, index); });
};

TEST_CASE("lines"){
  Board board {
    { 'X', 'X', 'X' },
    { ' ', 'O', ' ' },
    { ' ', ' ', 'O' }
  };

  Line expectedLine0 = { 'X', 'X', 'X' };
  CHECK_EQ(expectedLine0, line(board, 0));
  Line expectedLine1 = { ' ', 'O', ' ' };
  CHECK_EQ(expectedLine0, line(board, 1));
  Line expectedLine2 = { ' ', ' ', 'O ' };
  CHECK_EQ(expectedLine2, line(board, 2));
}
```

모든 요소를 갖췄다. 이제 열을 살펴볼 시간이다.

열 구하기

열을 구하는 코드는 `lineIndex` 대신 `columnIndex`를 사용한다는 것을 제외하면 줄을 구하는 코드와 매우 유사하다. `columnIndex`를 파라미터로 전달하면 된다.

```
auto columnCoordinates = [](const auto& board, const auto columnIndex){
  auto range = toRange(board);
  return transformAll<vector<Coordinate>>(range, [columnIndex](const auto
    index){ return make_pair(index, columnIndex); });
};

auto column = [](auto board, auto columnIndex){
  return projectCoordinates(board, columnCoordinates(board, columnIndex));
```

```
};

TEST_CASE("all columns"){
  Board board {
    { 'X', 'X', 'X' },
    { ' ', 'O', ' ' },
    { ' ', ' ', 'O' }
  };

  Line expectedColumn0 = { 'X', ' ', ' ' };
  CHECK_EQ(expectedColumn0, column(board, 0));
  Line expectedColumn1 = { 'X', 'O', ' ' };
  CHECK_EQ(expectedColumn1, column(board, 1));
  Line expectedColumn2 = { 'X ', ' ', 'O' };
  CHECK_EQ(expectedColumn2, column(board, 2));
}
```

멋지지 않은가? 몇 가지 함수와 표준 함수형 변형의 도움으로 코드에서 복잡한 동작을 만들 수 있었다. 이제 대각선은 '식은 죽 먹기'나 다름없다.

대각선 구하기

주 대각선은 좌표에서 줄과 열이 동일한 것으로 정의한다. 앞에서 본 것과 동일한 메커니즘으로 매우 쉽게 할 수 있다. 동일한 인덱스 쌍을 만들고 projectCoordinates 함수에 통과시키면 된다.

```
auto mainDiagonalCoordinates = [](const auto board){
  auto range = toRange(board);
  return transformAll<vector<Coordinate>>(range, [](auto index) { return
    make_pair(index, index); });
};
auto mainDiagonal = [](const auto board){
  return projectCoordinates(board, mainDiagonalCoordinates(board));
};

TEST_CASE("main diagonal"){
  Board board {
    { 'X', 'X', 'X' },
```

```
      { ' ', 'O', ' ' },
      { ' ', ' ', 'O' }
  };

  Line expectedDiagonal = {'X', 'O', 'O'};

  CHECK_EQ(expectedDiagonal, mainDiagonal(board));
}
```

보조 대각선은 어떠할까? 좌표의 합은 board 파라미터 사이즈와 항상 동일하다. 또한 C++에서는 제로 베이스 인덱스를 고려해야 하므로 좌표 리스트를 생성할 때 1을 조절해줘야 한다.

```
auto secondaryDiagonalCoordinates = [](const auto board){
  auto range = toRange(board);
  return transformAll<vector<Coordinate>>(range, [board](auto index) {
    return make_pair(index, board.size() - index - 1); });
};

auto secondaryDiagonal = [](const auto board){
  return projectCoordinates(board, secondaryDiagonalCoordinates(board));
};

TEST_CASE("secondary diagonal"){
  Board board {
    { 'X', 'X', 'X' },
    { ' ', 'O', ' ' },
    { ' ', ' ', 'O' }
  };

  Line expectedDiagonal = {'X', 'O', ' '};

  CHECK_EQ(expectedDiagonal, secondaryDiagonal(board));
}
```

모든 줄, 열, 대각선 구하기

지금까지 한 것과 더불어 모든 줄, 열, 대각선 컬렉션을 생성할 수 있다. 이것을 생성하는 방법은 여러 가지다. 필자는 함수형 스타일로 작성한 일반적인 솔루션인 transform을 다시 사용할 것이다. (0..board.size()) 범위를 줄 리스트와 열 리스트로 각각 변환해야 하고 주 대각선과 보조 대각선이 포함된 컬렉션을 반환해야 한다.

```
typedef vector<Line> Lines;

auto allLines = [](auto board) {
  auto range = toRange(board);
  return transform_all<Lines>(range, [board](auto index) { return
    line(board, index); });
};

auto allColumns = [](auto board) {
  auto range = toRange(board);
  return transform_all<Lines>(range, [board](auto index) { return
    column(board, index); });
};

auto allDiagonals = [](auto board) -> Lines {
  return {mainDiagonal(board), secondaryDiagonal(board)};
};
```

세 가지 컬렉션을 합치는 방법을 추가해야 한다. 벡터에는 합치기^{concatenate}가 구현돼 있지 않으므로 insert와 move_iterator를 활용해 첫 번째 컬렉션 끝부분에 있는 두 번째 컬렉션으로부터 항목을 옮길 것을 권한다.

```
auto concatenate = [](auto first, const auto second){
  auto result(first);
  result.insert(result.end(), make_move_iterator(second.begin()),
    make_move_iterator(second.end()));
  return result;
};
```

그리고 나서 세 개의 컬렉션을 다음과 같이 두 단계로 합친다.

```
auto concatenate3 = [](auto first, auto const second, auto const third){
  return concatenate(concatenate(first, second), third);
};
```

다음 테스트에서 보듯이 지금부터 보드로부터 줄, 열, 대각선의 전체 리스트를 구할 수 있다.

```
auto allLinesColumnsAndDiagonals = [](const auto board) {
  return concatenate3(allLines(board), allColumns(board), allDiagonals(board));
};

TEST_CASE("all lines, columns and diagonals"){
  Board board {
    {'X', 'X', 'X'},
    {' ', 'O', ' '},
    {' ', ' ', 'O'},
  };

  Lines expected {
    {'X', 'X', 'X'},
    {' ', 'O', ' '},
    {' ', ' ', 'O'},
    {'X', ' ', ' '},
    {'X', 'O', ' '},
    {'X', ' ', 'O'},
    {'X', 'O', 'O'},
    {'X', 'O', ' '},
  };

  auto all = allLinesColumnsAndDiagonals(board);
  CHECK_EQ(expected, all);
}
```

X가 이겼는지 알아내는 데 한 단계만 남았다. 우리는 모든 줄, 열, 대각선 리스트가 있고 한 줄이 X로 채워져 있는지 확인하는 방법을 알고 있다. 이 줄 중에서 하나라도 X로 채워져 있는지 확인해야 한다.

any_of를 활용한 X 승리 확인하기

all_of와 비슷한 방식으로 컬렉션에 존재하는 술어들의 OR 조건을 표현하게 해주는 함수형 구조가 있다. 이 방식은 STL에서 any_of 함수로 구현돼 있다. 실제 예를 살펴보자.

```
TEST_CASE("any_of"){
  vector<char> abc = {'a', 'b', 'c'};

  CHECK(any_of(abc.begin(), abc.end(), trueForAll));
  CHECK(!any_of(abc.begin(), abc.end(), falseForAll));
  CHECK(any_of(abc.begin(), abc.end(), equalsChara));
  CHECK(any_of(abc.begin(), abc.end(), notChard));
}
```

6장에서 봤던 고차원 함수와 마찬가지로 컬렉션의 시작과 끝을 나타내는 반복자를 활용한다. 필자는 항상 단순한 것을 좋아한다. 전체 컬렉션 버전의 any_of를 통상적으로 사용했듯이 헬퍼 함수를 구현할 것이다.

```
auto any_of_collection = [](const auto& collection, const auto& fn){
  return any_of(collection.begin(), collection.end(), fn);
};

TEST_CASE("any_of_collection"){
  vector<char> abc = { 'a', 'b', 'c' };

  CHECK(any_of_collection(abc, trueForAll));
  CHECK(!any_of_collection(abc, falseForAll));
  CHECK(any_of_collection(abc, equalsChara));
  CHECK(any_of_collection(abc, notChard));
}
```

이 방식을 리스트에 활용해 X가 승자인지 확인한다.

```
auto xWins = [](const auto& board){
  return any_of_collection(allLinesColumnsAndDiagonals(board),
    lineFilledWithX);
};
```

```
TEST_CASE("X wins"){
  Board board{
    {'X', 'X', 'X'},
    {' ', 'O', ' '},
    {' ', ' ', 'O'},
  };

  CHECK(xWins(board));
}
```

X의 승리 조건을 만족하는지 확인하는 솔루션이 제대로 동작하는지 위 코드를 통해 확인할 수 있다. 다음으로 넘어가기 전에 콘솔에 보드를 보여줄 수 있다면 멋질 것 같다. 이제 map/transform과 가까운 사촌인 reduce를 활용할 시간이다. 참고로 reduce의 STL 버전은 accumulate다.

reduce/accumulate를 활용한 보드 표시하기

콘솔에 보드를 보여주고 싶다. 보통 이 작업에는 cout과 같은 변형 함수를 활용하지만 프로그램의 일부를 cout을 호출한 것과 같은 변형 상태를 유지하되 최소한으로 유지하는 것이 좋다. 대안은 없을까? 입력과 출력을 다시 생각해봐야 한다. board를 입력 파라미터로 취하고 string으로 된 cout 같은 변형 함수를 활용해 보여줄 내용을 출력으로 반환하는 함수를 작성하고자 한다. 우리가 원하는 상황을 테스트 코드 형태로 작성해 보자.

```
TEST_CASE("board to string"){
  Board board{
    { 'X', 'X', 'X' },
    { ' ', 'O', ' ' },
    { ' ', ' ', 'O' }
  };
  string expected = "XXX\n O \n  O\n";

  CHECK_EQ(expected, boardToString(board));
}
```

이 결과를 얻으려면 우선 board의 각 라인을 string으로 변환해야 한다. vector<char>로 돼 있는 줄을 string으로 바꿔야 한다. 이 결과를 얻는 방법은 여러 가지다. string 출력의 transformAll 함수를 활용하고자 한다.

```
auto lineToString = [](const auto& line){
  return transformAll<string>(line, [](const auto token) -> char {
    return token; });
};

TEST_CASE("line to string"){
  Line line {
    ' ', 'X', 'O'
  };

  CHECK_EQ(" XO", lineToString(line));
}
```

이렇게 작성한 함수로 보드를 vector<string>으로 쉽게 변환할 수 있다.

```
auto boardToLinesString = [](const auto board){
  return transformAll<vector<string>>(board, lineToString);
};

TEST_CASE("board to lines string"){
  Board board{
    { 'X', 'X', 'X' },
    { ' ', 'O', ' ' },
    { ' ', ' ', 'O' }
  };
  vector<string> expected{
    "XXX",
    " O ",
    "  O"
  };

  CHECK_EQ(expected, boardToLinesString(board));
}
```

06 함수형으로 사고하기 – 데이터 입력부터 데이터 출력까지 | 155

마지막 단계는 이 문자열 사이에 \n을 넣어 합치는 것이다. 우리는 종종 다양한 방식으로 컬렉션 원소를 조합해야 한다. 이 경우 reduce가 역할을 한다. 함수형 프로그래밍에서 reduce는 컬렉션과 초기 값(예를 들면 빈 문자열)과 여기에 적용하는 연산으로 새로운 값을 반환하는 연산자다.

몇 가지 예를 살펴보자. 우선 다음은 벡터 안에 있는 숫자를 더하는 고전적인 예제다.

```
TEST_CASE("accumulate"){
  vector<int> values = {1, 12, 23, 45 };

  auto add = [](int first, int second){ return first + second; };
  int result = accumulate(values.begin(), values.end(), 0, add);
  CHECK_EQ(1 + 12 + 23 + 45, result);
}
```

다음은 초기 값에 벡터를 더하는 경우다.

```
int resultWithInit100 = accumulate(values.begin(), values.end(), 100, add);
CHECK_EQ(100 + 1 + 12 + 23 + 45, resultWithInit100);
```

유사한 방식으로 문자열을 합칠 수 있다.

```
vector<string> strings {"Alex", "is", "here"};
auto concatenate = [](const string& first, const string& second) -> string {
  return first + second;
};
string concatenated = accumulate(strings.begin(), strings.end(), string(),
  concatenate);
CHECK_EQ("Alexishere", concatenated);
```

부가적으로 접두어를 추가할 수도 있다.

```
string concatenatedWithPrefix = accumulate(strings.begin(), strings.end(),
  string("Pre_"), concatenate);
CHECK_EQ("Pre_Alexishere", concatenatedWithPrefix);
```

보통 필자는 컬렉션 전체에 적용되고 초기 값으로 기본 값을 활용하는 단순화된 구현을 선호한다. 이것은 decltype 마법을 활용해 쉽게 구현할 수 있다.

```
auto accumulateAll = [](auto source, auto lambda){
  return accumulate(source.begin(), source.end(), typename
    decltype(source)::value_type(), lambda);
};
```

이제 한 가지 작업만 남았다. 신규 라인 문자를 활용해 문자열 줄을 조합하는 문자열을 합치는 구현을 작성하면 된다.

```
auto boardToString = [](const auto board){
  auto linesAsString = boardToLinesString(board);
  return accumulateAll(linesAsString,
    [](string current, string lineAsString) { return current + lineAsString
      + "\n"; }
  );
};

TEST_CASE("board to lines string"){
  Board board{
    { 'X', 'X', 'X' },
    { ' ', 'O', ' ' },
    { ' ', ' ', 'O' }
  };
  string expected = "XXX\n O \n  O\n";

  CHECK_EQ(expected, boardToString(board));
}
```

이제 보드를 보여주기 위해 cout << boardToString을 사용할 수 있다. 이 모든 것을 한곳에 두기 위해 극소량의 커스텀 코드와 몇 가지 함수형 변형을 활용했다. 매우 멋진 작업이다.

map/reduce 조합이나 STL 버전으로 치면 transform/accumulate 조합은 매우 강력하며 함수형 프로그래밍에서는 매우 일반적이다. 종종 어떤 컬렉션에서 출발해 다른 컬렉션으로 여러 번 변환한 후 컬렉션 원소를 조합한다. 이는 저수준 개념이지만 아파치 아둡과 같은 도구가 활용하는 빅데이터 분석의 핵심에 위치한 매우 강력한 개념이다. 여러분은 이 변환을 마스터함으로써 예상치 못한 상황에서 이 개념을 적용하는 필수 불가결한 문제 해결사로 만들어줄지도 모른다. 멋지지 않은가?

find_if를 활용한 승리 상세 내역 표시하기

X의 틱택토 결과 문제를 해결해 기쁘지만 요구사항은 항상 변한다. 이제 X의 승리 여부뿐만 아니라 어떻게(무슨 줄, 열, 대각선인지) 이겼는지 보여주고 싶다.

다행히 필요한 대부분의 요소가 있다. 이 요소는 매우 작은 함수이므로 우리가 원하는 방식으로 재결합해주면 된다. 이제 데이터 관점에서 다시 생각해보자. 이제 입력 데이터는 줄, 열, 대각선 컬렉션이며 첫 번째 줄에서 X가 승리함과 같은 결과가 돼야 한다. 각 줄의 정보가 담긴 데이터 구조를 강화해야 한다. map을 사용해보자.

```
map<string, Line> linesWithDescription{
    {"first line", line(board, 0) },
    {"second line", line(board, 1) },
    {"last line", line(board, 2) },
    {"first column", column(board, 0) },
    {"second column", column(board, 1) },
    {"last column", column(board, 2) },
    {"main diagonal", mainDiagonal(board)},
    {"secondary diagonal", secondaryDiagonal(board) },
};
```

lineFilledWithX 술어 함수를 통해 X가 어디서 이겼는지 알아낼 수 있다. 이제 lineFilledWithX 술어에 부합하는 줄을 맵에서 탐색하고 그에 상응하는 메시지를 반환하면 된다. 다시 이것은 함수형 프로그래밍의 일반적인 연산자다. STL에서는 find_if 함수로 구현돼 있다. 실제로 살펴보자.

```
auto equals1 = [](auto value){ return value == 1; };
auto greaterThan11 = [](auto value) { return value > 11; };
auto greaterThan50 = [](auto value) { return value > 50; };
```

```
TEST_CASE("find if"){
  vector<int> values{ 1, 12, 23, 45 };

  auto result1 = find_if(values.begin(), values.end(), equals1);
  CHECK_EQ(*result1, 1);

  auto result12 = find_if(values.begin(), values.end(), greaterThan11);
  CHECK_EQ(*result12, 12);

  auto resultNotFound = find_if(values.begin(), values.end(), greaterThan50);
  CHECK_EQ(resultNotFound, values.end());
}
```

find_if는 술어 논리를 바탕으로 컬렉션을 살펴보고 결과 포인터를 반환한다. 결과를 찾지 못하는 경우 end() 반복자를 가리키는 포인터를 반환한다. 평소처럼 전체 컬렉션을 탐색하는 래퍼^{wrapper} 구현을 해보자. not found 값을 표현하는 방식이 필요하다. 다행히 STL의 옵셔널 타입을 사용할 수 있다.

```
auto findInCollection = [](const auto& collection, auto fn){
  auto result = find_if(collection.begin(), collection.end(), fn);
  return (result == collection.end()) ? nullopt : optional(*result);
};

TEST_CASE("find in collection"){
  vector<int> values {1, 12, 23, 45};

  auto result1 = findInCollection(values, equals1);
  CHECK_EQ(result1, 1);

  auto result12 = findInCollection(values, greaterThan11);
  CHECK_EQ(result12, 12);

  auto resultNotFound = findInCollection(values, greaterThan50);
  CHECK(!resultNotFound.has_value());
}
```

이제 새로운 요구사항을 쉽게 구현할 수 있게 됐다. 새로 구현한 findInCollection 함수를 활용해 X로 채워진 줄을 찾고 그에 상응하는 상세 설명을 반환할 수 있게 됐다. 따라서 어느 줄, 어느 열, 어느 대각선이고 X가 어떻게 이겼는지 사용자에게 알려줄 수 있다.

```
auto howDidXWin = [](const auto& board){
  map<string, Line> linesWithDescription = {
    {"first line", line(board, 0)},
    {"second line", line(board, 1)},
    {"last line", line(board, 2)},
    {"first column", column(board, 0)},
    {"second column", column(board, 1)},
    {"last column", column(board, 2)},
    {"main diagonal", mainDiagonal(board)},
    {"secondary diagonal", secondaryDiagonal(board)}
  };
  auto found = findInCollection(linesWithDescription, [](auto value)
    {return lineFilledWithX(value.second);});
  return found.has_value() ? found->first : "X did not win";
};
```

물론 하드코딩하는 대신 보드에서 맵을 생성해야 한다. 이것은 여러분에게 숙제로 남기겠다. 우리가 가장 선호하는 transform 함수를 다시 사용하면 된다.

솔루션 완성하기

지금까지 X 승리 해결책을 구현했다. 이제 출력 중에서 다른 가능성을 들여다봐야 한다. 가장 쉬운 O 승리부터 해보자.

O 승리 확인하기

O가 이겼는지 확인하기는 쉽다. 기존에 만든 함수에서 조금만 수정하면 된다. oWins라는 새로운 함수가 필요하다. 이 함수는 어떤 줄, 열, 대각선이 O로 채워져 있는지 확인한다.

```
auto oWins = [](const auto& board){
  return any_of_collection(allLinesColumnsAndDiagonals(board),
    lineFilledWithO);
};
TEST_CASE("O wins"){
  Board board{
    {'X', 'O', 'X'},
    {' ', 'O', ' '},
    {' ', 'O', 'X'}
  };

  CHECK(oWins(board));
}
```

xWins와 동일한 방식에 파라미터로 전달하는 람다에 약간의 변화만 줘 구현했다.

none_of를 활용한 무승부 확인하기

무승부는 어떠할까? 무승부는 보드 파라미터가 가득 차 있으면서 X도 O도 이기지 않는 경우다.

```
auto draw = [](const auto& board){
  return full(board) && !xWins(board) && !oWins(board);
};

TEST_CASE("draw"){
  Board board {
    {'X', 'O', 'X'},
    {'O', 'O', 'X'},
    {'X', 'X', 'O'}
  };

  CHECK(draw(board));
}
```

가득 찬 보드의 의미는 무엇일까? 모든 줄이 가득 차 있다는 뜻이다.

```
auto full = [](const auto& board){
  return all_of_collection(board, fullLine);
};
```

그리고 줄이 가득 차 있는지 어떻게 알 수 있을까? 줄의 모든 토큰이 빈(' ') 토큰이 없으면 줄은 가득 찬 것이다. 지금 기대하는 사람도 있을 것이다. 이것을 확인할 수 있는 none_of 함수가 STL에 있다.

```
auto noneOf = [](const auto& collection, auto fn){
  return none_of(collection.begin(), collection.end(), fn);
};

auto isEmpty = [](const auto token){ return token == ' '; };
auto fullLine = [](const auto& line){
  return noneOf(line, isEmpty);
};
```

게임 진행 중 확인하기

마지막 경우는 게임이 여전히 진행 중인 것이다. 이것을 확인하는 가장 간단한 방법은 게임에서 승자가 존재하지 않고 보드가 아직 가득 차지 않은 경우다.

```
auto inProgress = [](const auto& board){
  return !full(board) && !xWins(board) && !oWins(board);
};

TEST_CASE("in progress"){
  Board board {
    {'X', 'O', 'X'},
    {'O', ' ', 'X'},
    {'X', 'X', 'O'}
  };

  CHECK(inProgress(board));
}
```

축하한다. 드디어 완성했다! 우리가 만든 몇 가지 람다와 몇 가지 함수형 변형을 활용해 틱택토 결과 문제를 구현했지만 더 중요한 것은 함수형 프로그래머로서 어떻게 사고하는지 배웠다는 것이다. 입력 데이터와 출력 데이터를 정확히 정의하고 입력 데이터를 필요한 출력 데이터로 바꾸는 변환 과정을 구성하는 것이다.

옵셔널 타입을 활용한 에러 관리

지금 이 순간 함수형 스타일로 작성한 작은 프로그램이 존재한다. 그렇다면 에러가 발생하는 경우는 어떤가? 에러를 어떻게 처리할 것인가?

C++ 메커니즘을 여전히 활용할 수 있다는 것은 분명하다. 값을 반환하거나 예외를 발생시키지만 함수형 프로그래밍에서는 에러도 다른 방식으로 바라보고 데이터로 취급한다.

find_if 래퍼를 구현할 때 이 테크닉 예제를 이미 살펴봤다.

```
auto findInCollection = [](const auto& collection, auto fn){
  auto result = find_if(collection.begin(), collection.end(), fn);
  return (result == collection.end()) ? nullopt : optional(*result);
};
```

지역 값local value인 예외를 발생시키거나 collection.end()를 반환하는 대신 optional 타입을 사용했다. 이 이름이 의미하듯 옵셔널 타입은 값이 있을 수도 없을 수도 있는 변수를 표현한다. 옵셔널 값을 초기화할 수 있다. 옵셔널 값을 옵셔널에 담긴 타입을 가진 값이나 값이 아닌 기본 값인 nullopt로 초기화할 수 있다. 코드에서 옵셔널 값을 우연히 만나면 X가 어떻게 이기는지 확인하는 함수에서 했듯이 옵셔널을 고려해야 한다.

```
return found.has_value() ? found->first : "X did not win";
```

따라서 not found 조건은 에러가 아니다. 이것은 일반적인 코드의 일부이자 데이터의 일부다. 이 조건을 다루는 또 다른 방법은 아무 것도 찾지 못했을 때 findInCollection을 보강해 특정 값을 반환하는 것이다.

```
auto findInCollectionWithDefault = [](auto collection, auto defaultResult,
  auto lambda){
    auto result = findInCollection(collection, lambda);
    return result.has_value() ? (*result) : defaultResult;
};
```

이제 `findInCollectionWithDefault`를 활용해 X가 이기지 않는 보드에 `howDidXWin`을 호출하면 X가 이기지 않았다는 메시지를 얻을 수 있다.

```cpp
auto howDidXWin = [](auto const board){
  map<string, Line> linesWithDescription = {
    {"first line", line(board, 0)},
    {"second line", line(board, 1)},
    {"last line", line(board, 2)},
    {"first column", column(board, 0)},
    {"second column", column(board, 1)},
    {"last column", column(board, 2)},
    {"main diagonal", mainDiagonal(board)},
    {"secondary diagonal", secondaryDiagonal(board)},
    {"diagonal", secondaryDiagonal(board)},
  };
  auto xDidNotWin = make_pair("X did not win", Line());
  auto xWon = [](auto value){
    return lineFilledWithX(value.second);
  };

  return findInCollectionWithDefault(linesWithDescription, xDidNotWin,
    xWon).first;
};

TEST_CASE("X did not win"){
  Board board {
    {'X', 'X', ' '},
    {' ', 'O', ' '},
    {' ', ' ', 'O'}
  };

  CHECK_EQ("X did not win", howDidXWin(board));
}
```

다음과 같은 조언을 해주고 싶다. 모든 예외적 상황에서는 예외를 활용하는 것이 좋으며 나머지 다른 부분을 데이터 구조체로 만드는 것이 좋다. 옵셔널 타입을 활용하거나 기본 값과 함께 변환하길 권한다. 에러 관리가 자연스럽고 쉽다는 사실에 놀랄 것이다.

요약

6장에서는 많은 부분을 다뤘다. 6장은 발견의 연속이었다. 문제에서 입력과 그에 상응하는 출력을 나열하면서 시작했고 그것을 분해하고 입력을 필요한 출력으로 변환하는 방법을 알아봤다. 신규 기능을 구현할 때 작은 함수와 함수형 연산자가 신규 기능을 구현할 때 작은 함수와 함수형 연산자를 편리하게 활용하는 방법을 살펴봤다. any, all, none, find_if, map/transform, reduce/accumulate 사용법도 살펴봤고 코드에서 가능한 모든 경우를 지원하는 데 옵셔널 타입이나 기본 값을 활용하는 방법도 살펴봤다.

이제 함수형 스타일로 코드를 작성하는 방법을 알고 있다. 7장에서는 이 접근법을 OO 프로그래밍에 어떻게 접목시키는지 살펴볼 것이다.

07
함수형 연산자를 활용한 중복 제거

소프트웨어 설계의 핵심 원리는 코드 중복을 제거하는 것이다. 함수형 구조체의 커링과 합성을 활용해 중복 코드 제거 기회를 추가로 제공한다.

7장에서는 다음 주제를 다룬다.

- 중복 코드를 피해야 하는 이유와 방법
- 코드 유사성 식별법
- 커링을 활용한 특정 타입의 코드 유사성 제거
- 합성을 활용한 특정 타입의 코드 유사성 제거
- 람다나 합성을 활용한 특정 타입의 코드 유사성 제거

기술적 요구사항

C++ 17을 지원하는 컴파일러가 필요하다. 필자는 GCC 7.3.0을 사용했다.

코드는 GitHub(https://github.com/PacktPublishing/Hands-On-Functional-Programming-with-Cpp)의 7장 폴더에서 찾을 수 있고 여기에는 단일 헤더 오픈 소스 유닛 테스팅 라이브러리인 doctest를 포함하고 있고 이것을 활용한다. 다음의 GitHub 저장소에서 doctest를 찾을 수 있다(https://github.com/onqtam/doctest).

함수형 연산자를 활용한 중복 제거

기존 코드 조각을 조합할 수 있거나 코드를 한 군데만 수정하면 되는 경우 코드를 장기간 유지·보수하는 것은 쉽다. 이 같은 이상적인 상황을 만드는 가장 효과적인 방법 중 하나는 코드에서 중복을 찾아내 제거하는 것이다. 파셜 애플리케이션, 커링, 함수 합성 같은 함수형 프로그래밍 연산자를 통해 중복 코드를 제한하고 코드를 깔끔하게 유지할 수 있다. 하지만 무엇이 중복이고 중복을 왜 줄여야 하는지부터 이해하자. 먼저 반복 금지DRY, Don't Repeat Yourself 원칙을 살펴보고 코드 중복과 코드 유사성의 관계를 살펴본다. 마지막으로 코드 유사성을 제거하는 방법을 살펴본다.

DRY 원칙

소프트웨어 개발을 다루는 핵심적인 서적 수는 의외로 많지 않다. 물론 여러분이 이 원칙을 잘 이해하도록 도와주는 여러 가지 책이 있지만 핵심 아이디어를 다루는 책은 매우 드물고 오래됐다. 핵심 서적의 반열에 오르는 것은 저자로서는 영광이고 이 주제가 엄청나게 중요하다는 반증이다. 이 같은 서적 중 하나로 많은 프로그래머는 앤드류 헌트, 데이비드 토머스의 저서인 『실용주의 프로그래머』(인사이트, 2022)를 꼽을 것이다. 이 책은 1999년 출간됐으며 장기간의 거대한 코드베이스를 다루는 사람들의 공감을 끌어낸 DRY 원칙을 이야기한다.

이 책의 핵심 내용은 다음과 같다. DRY 원칙은 코드가 지식을 보관하는 방식이라는 이해에 바탕해 운영할 수 있다. 모든 함수와 데이터 멤버는 문제에 대한 지식을 대표한다. 이상적으로는 시스템에 존재하는 지식을 중복 소유하고 싶지 않을 것이다. 다른 말로 하면 우리가 찾는 뭔가는 반드시 한 장소에 존재해야 한다는 것이다. 불행하게도 대부분의 코드베이스는 DRY보다 WET('write everything twice: 모든 것을 두 번 작성한다', 'we enjoy typing: 우리는 타이핑을 즐긴다' 또는 'waste everyone's time: 모든 사람의 시간을 낭비하자'의 준말)이다.

하지만 중복 코드 제거 아이디어는 더 오래됐다. 켄트 벡은 1990년대에 익스트림 프로그래밍XP 사례의 일부로 언급했다. 그는 소프트웨어를 설계하고 향상시키는 생각 도구로서 간단한 설계의 네 가지 요소를 묘사했다.

간단한 설계는 다음 내용을 따른다.

- 테스트를 통과한다.
- 의도를 드러낸다.
- 중복을 제거한다.
- 구성 요소의 수가 더 적다.

필자는 레인스버거에게서 이 규칙을 배웠다. 그는 이 규칙을 단순화하는 데 힘썼고 대부분의 상황에서 세 가지에 집중하는 것만으로도 충분하다고 가르쳤다. 코드를 테스트하고 네이밍을 잘하고 중복을 제거하는 것이다.

이 외에도 중복 제거는 다른 데서도 언급했다. 이 원칙은 유닉스 설계 철학, 도메인 주도 설계DDD, 테스트 주도 개발TDD 사례 외에도 여러 곳에서 다양한 방식으로 나타났다. 훌륭한 소프트웨어 설계의 보편적 원칙이라고 해도 과언이 아니다. 어떤 모듈 내부의 코드 구조를 말할 때도 예외는 아니다.

중복과 유사성

이후 좋은 소프트웨어 설계를 향한 필자의 여정에서 중복이라는 용어는 추구하는 철학을 표현하는 데 매우 유용하다는 것을 깨달았다. 하지만 실전에서 이를 어떻게 담을지 알기 어려웠다. 설계를 개선하고자 할 때 더 적합한 용어를 발견했다. 바로 코드 유사성이다. 필자가 유사성을 발견하면 더 깊은 중복이 존재하는지 아니면 단순한 실수였는지 물어본다.

몇 가지 특정 종류의 유사성을 찾아내면 알아차린다. 다음은 몇 가지 사례다.

- 비슷한 이름을 발견한 경우. 이름 전체가 비슷하거나 함수, 파라미터, 메서드, 변수, 상수, 클래스, 모듈, 네임스페이스 등을 포함한 긴 이름 내부에서 이름이 비슷한 경우
- 파라미터 리스트가 유사한 경우
- 함수 호출이 유사한 경우
- 코드는 다르지만 목표가 유사한 경우

일반적으로 필자는 두 단계를 거친다.

1. 첫째, 유사성을 발견한다.
2. 둘째, 유사성을 제거할지 결정한다.

유사성이 설계에 대한 더 깊은 뭔가를 말하고 있다는 확신이 들지 않으면 놔두는 것이 최선이다. 유사성을 발견한 주변에 중복을 세 번 확인했다면 유사성을 제거하는 것이 가장 좋다. 이 같은 방식으로 이것이 단순한 실수라기보다 DRY 원칙을 위배했다고 확신할 수 있다. 다음으로 함수형 연산자를 통해 제거할 수 있는 몇 가지 유사성 타입을 살펴볼 것이다.

파셜 애플리케이션을 활용한 파라미터 유사성 정리하기

6장에서 함수 파라미터 중 하나를 동일한 값으로 함수를 여러 번 호출하는 상황을 봤다. 예를 들면 틱택토 결과 문제의 코드에서 줄이 특정 토큰으로 채워져 있는지 확인하는 함수다.

```
auto lineFilledWith = [](const auto& line, const auto tokenToCheck){
  return all_of_collection(line, [&tokenToCheck](auto const token){
    return token == tokenToCheck;});
};
```

틱택토는 X와 O 두 가지 토큰을 사용하므로 tokenToCheck에 X나 O를 대입해 반복적으로 호출할 것이 분명하다. 일반적으로 이 같은 종류의 유사성을 제거하는 방법은 lineFilledWithX와 lineFilledWithO 두 신규 함수를 구현하는 것이다.

```
auto lineFilledWithX = [](const auto& line){
  return lineFilledWith(line, 'X');
};
```

이것은 가능한 솔루션이지만 여전히 분리 함수와 세 줄의 코드를 작성해야 한다. 앞에서 봤던 함수형 프로그래밍에서 제공하는 또 다른 옵션이 존재한다. 동일한 결과를 얻는 데 파셜 애플리케이션을 간단히 활용할 수 있다.

```
auto lineFilledWithX = bind(lineFilledWith, _1, 'X');
auto lineFilledWithO = bind(lineFilledWith, _1, 'O');
```

필자는 가능하면 파셜 애플리케이션 활용을 선호한다. 이 같은 종류의 코드는 단순히 연결하는 코드로 적은 코드를 작성해 연결할수록 좋기 때문이다. 하지만 팀에서 파셜 애플리케이션을 활용할 때는 매우 조심해야 한다. 모든 팀원이 파셜 애플리케이션에 익숙해야 하고 이 같은 종류의 코드를 이해하는 데 능숙해야 한다. 그렇지 않으면 파셜 애플리케이션 활용은 개발팀이 코드를 이해하는 것을 더 어렵게 만든다.

다른 함수의 출력으로 함수를 호출하는 유사성을 함수형 합성으로 대체하기

다음 코드에 등장하는 패턴을 이전에 봤을 것이다.

```
int processA(){
  a = f1(....)
  b = f2(a, ...)
  c = f3(b, ...)
}
```

종종 제대로 살펴보면 독자의 코드베이스에서 비슷한 함수를 찾을 수 있을 것이다.

```
int processB(){
  a = f1Prime(....)
  b = f2(a, ...)
  c = f3(b, ...)
}
```

이 유사성에는 깊은 사연이 있는 것 같다. 시간이 흐르면서 애플리케이션의 복잡성이 증가했기 때문이다. 처음 시작할 때는 여러 단계를 거치는 간단한 흐름을 구현한 후 동일한 흐름에 일부는 반복하고 일부는 변경하는 변화를 구현한다. 흐름의 변화는 종종 단계의 순서 변화나 몇 가지 단계의 조정을 수반한다.

이 구현에서는 단계를 다른 함수 내부에서 다양한 방식으로 결합한 함수로 변환하지만 이전 단계의 출력을 활용해 다음 단계로 넘긴다면 이 코드에는 각 단계에서 의존하는 것에 의존적이지 않은 유사성이 존재하는 것이다. 이 유사성을 제거하기 위해 다음 코드에서 보듯이 전통적인 방식으로 코드의 비슷한 부분을 추출해 결과를 전달할 것이다.

```
int processA(){
  a = f1(....)
  return doSomething(a)
}

int processB(){
```

```
  a = f1Prime(....)
  return doSomething(a)
}
int doSomething(auto a){
  b = f2(a, ...)
  return f3(b, ...)
}
```

하지만 함수를 추출할 때 이 코드는 이해하고 수정하기 더 어려워질 것이다. 함수의 공통 부분을 추출하는 것은 코드는 실제로는 연속 호출이라는 것을 고려하지 않는 것이다.

이것을 명확히 하기 위해 다음 코드에서 보듯이 한 문장으로 코드 패턴을 재배치한다.

```
processA = f3(f2(f1(....), ...), ...)
processB = f3(f2(f1Prime(....), ...), ...)
```

모든 사람이 이 양식을 좋아하지는 않지만 이 두 호출의 유사성과 차이점이 분명해진다. 또한 함수형 합성을 활용한 명확한 해결 방법이 존재한다. 단순히 f3과 f2를 합성하고 f1이나 f1Prime에 결과를 합성해 원하는 결과를 얻을 수 있다.

```
C = f3 ∘ f2
processA = C ∘ f1
processB = C ∘ f1Prime
```

매우 강력한 동작 방식이다! 코드 몇 줄 안에서 단지 함수형 합성을 통해 연쇄 호출의 무한 조합을 생성할 수 있다. 함수 구문 순서로 위장한 숨은 연결을 코드의 진정한 본질을 표현하는 몇 가지 합성 구문으로 치환할 수 있다.

하지만 4장에서 봤듯이 C++에서 반드시 쉬운 작업은 아니다. 특정 상황에서 동작하는 특수 compose 함수를 작성해야 하기 때문이다. C++이 함수형 합성에 더 나은 지원을 해줄 때까지 이 동작 방식을 최소화하는 데 집중해야 하고 유사성이 분명할 뿐만 아니라 실행 시간이 오래 걸릴 것으로 예측되는 곳에 활용해야 한다.

고차원 함수를 활용한 구조적 유사성 제거하기

지금까지의 논의에서 패턴 하나가 있었다. 함수형 프로그래밍은 연결 코드를 없애주고 코드의 진정한 구조를 표현하는 것을 도와준다. 명령형 프로그래밍은 순차적 구문을 기초적 구조로 활용한다. 함수형 프로그래밍은 이 순차성을 줄이고 함수의 흥미로운 동작에 초점을 맞춘다.

이것은 구조적 유사성을 논의할 때 가장 잘 보인다. 널리 퍼진 패턴으로 구조적 유사성은 동일한 함수를 호출하거나 동일한 파라미터를 사용한다고 해서 반드시 그 같은 것은 아니지만 코드 구조가 반복되는 상황을 가리킨다. 실제로 이것을 살펴보기 위해 틱택토 코드에서의 매우 흥미로운 유사성에서부터 시작해보자. 이것은 6장에서 작성했던 코드다.

```
auto lineFilledWith = [](const auto& line, const auto& tokenToCheck){
  return allOfCollection(line, [&tokenToCheck](const auto& token){
    return token == tokenToCheck; });
};

auto lineFilledWithX = bind(lineFilledWith, _1, 'X');
auto lineFilledWithO = bind(lineFilledWith, _1, 'O');

auto xWins = [](const auto& board){
  return any_of_collection(allLinesColumnsAndDiagonals(board),
    lineFilledWithX);
};

auto oWins = [](const auto& board){
  return any_of_collection(allLinesColumnsAndDiagonals(board),
    lineFilledWithO);
};
```

xWins와 oWins 함수는 매우 비슷해 보인다. 이 둘은 동일한 첫 번째 파라미터를 갖고 동일한 함수를 호출한다. 그리고 두 번째 파라미터는 lineFilledWith 함수의 변형이다. 그들의 유사성을 제거해보자. 우선 lineFilledWithX와 lineFilledWithO를 제거하고 lineFilledWith와 동일한 것으로 치환하자.

```
auto xWins = [](const auto& board){
  return any_of_collection(allLinesColumnsAndDiagonals(board), []
    (const auto& line) { return lineFilledWith(line, 'X');});
};

auto oWins = [](const auto& board){
  return any_of_collection(allLinesColumnsAndDiagonals(board), []
    (const auto& line) { return lineFilledWith(line, 'O');});
};
```

이제 이 유사성이 분명해 보이므로 공통 함수를 추출할 수 있다.

```
auto tokenWins = [](const auto& board, const auto& token){
  return any_of_collection(allLinesColumnsAndDiagonals(board),
    [token](auto line) { return lineFilledWith(line, token);});
};
auto xWins = [](auto const board){
  return tokenWins(board, 'X');
};

auto oWins = [](auto const board){
  return tokenWins(board, 'O');
}
```

xWins와 oWins는 tokenWins의 단순 파셜 애플리케이션이라는 사실을 알았으니 파셜 애플리케이션으로 만들어보자.

```
auto xWins = bind(tokenWins, _1, 'X');
auto oWins = bind(tokenWins, _1, 'O');
```

이제 tokenWins에 집중해보자.

```
auto tokenWins = [](const auto& board, const auto& token){
  return any_of_collection(allLinesColumnsAndDiagonals(board),
    [token](auto line) { return lineFilledWith(line, token);});
};
```

먼저 any_of_collection으로 전달한 람다는 고정된 토큰 파라미터로 된 파셜 애플리케이션이라는 것이 보인다. 치환해보자.

```
auto tokenWins = [](const auto& board, const auto& token){
  return any_of_collection(
    allLinesColumnsAndDiagonals(board),
    bind(lineFilledWith, _1, token)
  );
};
```

파셜 애플리케이션 덕분에 이제 꽤 작은 함수가 됐다. 하지만 아무 코드도 작성하지 않고 비슷한 함수를 더 생성하는 고차원 함수를 추출할 수 있다. 이 함수를 그냥 foo라고 부르겠다.

```
template <typename F, typename G, typename H>
auto foo(F f, G g, H h){
  return [=](auto first, auto second){
  return f(g(first), bind(h, _1, second));
  };
}
auto tokenWins = compose(any_of_collection, allLinesColumnsAndDiagonals,
lineFilledWith);
```

foo 함수는 코드 구조를 보여주고 있지만 읽기 쉽지 않으니 이름을 붙여보자.

```
template <typename CollectionBooleanOperation, typename CollectionProvider,
typename Predicate>
auto booleanOperationOnProvidedCollection(CollectionBooleanOperation
collectionBooleanOperation, CollectionProvider collectionProvider,
Predicate predicate){
  return [=](auto collectionProviderSeed, auto predicateFirstParameter){
    return collectionBooleanOperation(collectionProvider(collectionProviderSeed),
      bind(predicate, _1, predicateFirstParameter));
  };
}
auto tokenWins = booleanOperationOnProvidedCollection(any_of_collection,
allLinesColumnsAndDiagonals, lineFilledWith);
```

코드를 읽기 더 어렵게 만드는 고차원 추상화를 살펴봤다. 반면 f(g(first), bind(h, _1, second)) 형태의 함수를 한 줄로 생성할 수 있다.

이게 더 좋은 코드일까? 이것은 컨텍스트, 여러분의 판단, 여러분과 동료의 고차원 함수 친숙도에 달려 있다. 추상화는 매우 강력하지만 이 강력함에는 대가가 따른다는 것을 기억해야 한다. 추상화는 이해하기 어렵지만 추상화된 것을 이야기하면 그것을 매우 강력한 방법으로 결합할 수 있다. 고차원 함수의 활용은 바닥에서부터 언어를 만드는 것과 같다. 차원이 다른 의사소통을 할 수 있지만 다른 사람에게 진입 장벽을 만드는 것일 수도 있다. 추상화를 조심해 사용하자.

고차원 함수를 활용해 숨은 루프 제거하기

구조적 중복의 특수한 예를 코드에서 자주 볼 수 있다. 필자는 이것을 숨은 루프라고 부른다. 숨은 루프의 개념은 동일한 코드 구조를 연속으로 여러 번 사용하는 것이다. 이것을 해결할 수 있는 꼼수는 호출하는 함수와 파라미터가 같을 필요가 없다는 점을 활용하는 것이다. 함수형 프로그래밍의 기본적인 아이디어는 함수와 데이터를 동일하게 취급하는 것이므로 호출하는 함수를 저장하는 데이터 구조를 순회하는 이 구조체를 볼 수 있다.

필자는 이 패턴을 연속적인 if 구문에서 자주 보는데 틱택토 결과 문제를 더 쉽게 만드는 과정에서 보기 시작했다. 객체지향 프로그래밍[OOP]이나 명령형 언어에서 이 문제는 대부분의 경우 다음 코드에서 하는 것과 같이 해결한다.

```
enum Result {
  XWins,
  OWins,
  GameNotOverYet,
  Draw
};

Result winner(const Board& board){
  if(board.anyLineFilledWith(Token::X) ||
    board.anyColumnFilledWith(Token::X) ||
```

```
    board.anyDiagonalFilledWith(Token::X))
  return XWins;

  if(board.anyLineFilledWith(Token::O) ||
    board.anyColumnFilledWith(Token::O) ||
    board.anyDiagonalFilledWith(Token::O))
  return OWins;

  if(board.notFilledYet())
  return GameNotOverYet;

  return Draw;
}
```

이전 예제에서 enum 토큰은 세 가지 값을 포함한다.

```
enum Token {
  X,
  O,
  Blank
};
```

Board 클래스는 다음과 같을 것이다.

```
using Line = vector<Token>;

class Board{
  private:
    const vector<Line> _board;

    public:
      Board() : _board{Line(3, Token::Blank), Line(3, Token::Blank),
        Line(3, Token::Blank)}{}
      Board(const vector<Line>& initial) : _board{initial}{}
...
}
```

anyLineFilledWith, anyColumnFilledWith, anyDiagonalFilledWith, notFilledYet 구현은 매우 비슷하다. 3×3 보드라고 가정하고 anyLineFilledWith를 매우 단순하게 구현하면 다음과 같다.

```
bool anyLineFilledWith(const Token& token) const{
  for(int i = 0; i < 3; ++i){
    if(_board[i][0] == token && _board[i][1] == token && _board[i][2] == token){
      return true;
    }
  }
  return false;
};
```

하지만 구현 자체보다 앞의 winner 함수의 유사성에 관심이 더 있다. 우선 파라미터는 다르지만 if 구문의 조건이 반복되고 있다. 더 흥미로운 것은 다음과 같이 반복되는 구조가 있다는 것이다.

```
if(condition) return value;
```

이같이 다른 함수 대신 데이터를 사용하는 구조를 본 적이 있다면 이것이 바로 숨은 루프라는 사실을 금방 눈치챘을 것이다. 함수 호출이 들어가면 우리는 함수를 데이터로 바라보는 훈련이 돼 있지 않으므로 이 같은 종류의 반복을 알아차리기 쉽지 않다. 하지만 분명히 반복이다. 이 유사성을 제거하기 전에 이 조건들을 단순화해보자. 파셜 애플리케이션의 마법을 활용해 파라미터가 없는 조건 함수를 모두 만들어볼 것이다.

```
auto tokenWins = [](const auto board, const auto& token){
  return board.anyLineFilledWith(token) || board.anyColumnFilledWith(token)
    || board.anyDiagonalFilledWith(token);
};

auto xWins = bind(tokenWins, _1, Token::X);
auto oWins = bind(tokenWins, _1, Token::O);
```

```
auto gameNotOverYet = [](auto board){
  return board.notFilledYet();
};

Result winner(const Board& board){
  auto gameNotOverYetOnBoard = bind(gameNotOverYet, board);

  auto xWinsOnBoard = bind(xWins, board);
  auto oWinsOnBoard = bind(oWins, board);

  if(xWins())
    return XWins;

  if(oWins())
    return OWins;

  if(gameNotOverYetOnBoard())
    return GameNotOverYet;

  return Draw;
}
```

다음 단계는 네 가지 조건 사이의 변형을 제거하고 이 유사성을 루프로 치환하는 것이다. (lambda, result) 리스트가 있어야 하고 루프를 돌리기 위해 `find_if`와 같은 고차원 함수를 활용해야 한다.

```
auto True = [](){
  return true;
};

Result winner(Board board){
  auto gameNotOverYetOnBoard = bind(gameNotOverYet, board);
  auto xWinsOnBoard = bind(xWins, board);
  auto oWinsOnBoard = bind(oWins, board);

  vector<pair<function<bool()>, Result>> rules = {
    {xWins, XWins},
    {oWins, OWins},
    {gameNotOverYetOnBoard, GameNotOverYet},
    {True, Draw}
  };
```

```
auto theRule = find_if(rules.begin(), rules.end(), [](auto pair){
  return pair.first();
  });
// theRule은 항상 값을 갖는다. {True, Draw}가 기본 값이다.
return theRule->second;
}
```

이제 마지막 남은 퍼즐 조각은 모든 조건을 통과하지 못한 경우 Draw를 반환하는 것이다. find_if는 규칙에 부합하는 첫 번째 원소를 반환하므로 항상 true를 반환하는 함수와 쌍을 만들어 Draw를 맨 끝에 넣어주면 된다. 이 함수를 True라고 적당히 이름 지었다.

이 코드는 어떻게 동작하는가? 이 코드에는 몇 가지 장점이 있다. 첫째, 새로운 조건과 결과 쌍을 쉽게 추가할 수 있다. 예를 들어 다차원 틱택토나 더 많은 플레이어가 플레이할 수 있는 틱택토와 같은 틱택토 변형을 구현해야 하는 경우 유용할 것이다. 둘째, 코드가 더 짧다. 셋째, 이 코드에 몇 가지를 수정하면 간단하지만 매우 범용적인 규칙 엔진이 만들어진다.

```
auto True = [](){
  return true;
};

using Rule = pair<function<bool()>, Result>;

auto condition = [](auto rule){
  return rule.first();
};

auto result = [](auto rule){
  return rule.second;
};

// 규칙을 하나 이상 무조건 찾을 수 있다고 가정한다.
auto findTheRule = [](const auto& rules){
    return *find_if(rules.begin(), rules.end(), [](auto rule){
  return condition(rule);
  });
```

```
};

auto resultForFirstRuleThatApplies = [](auto rules){
  return result(findTheRule(rules));
};

Result winner(Board board){
  auto gameNotOverYetOnBoard = bind(gameNotOverYet, board);
  vector<Rule> rules {
    {xWins, XWins},
    {oWins, OWins},
    {gameNotOverYetOnBoard, GameNotOverYet},
    {True, Draw}
  };

  return resultForFirstRuleThatApplies(rules);
}
```

이전 예제에서 유일한 특별한 코드는 규칙 리스트다. 나머지는 모두 매우 범용적이고 다수의 문제 해결에 재사용할 수 있다. 항상 그렇듯 고차원의 추상화를 사용하는 데는 대가가 따른다. 우리는 이름을 최대한 명확하게 짓는 데 시간을 썼고 필자는 이 코드가 매우 읽기 쉽다고 믿는다. 그럼에도 불구하고 이 코드는 많은 사람에게 낯설 거라고 생각한다.

메모리 사용성 면에서 문제가 될 소지가 있다. 최초 버전의 코드에는 동일한 구조의 코드가 반복됐지만 함수 쌍의 리스트와 결과 저장을 위한 메모리를 할당할 필요가 없었다. 하지만 이것을 제대로 측정하는 것이 중요하다. 초기 코드에서도 더 많은 인스트럭션을 저장할 어느 정도의 프로세스 메모리가 필요하기 때문이다.

이 예제는 반복된 구조를 매우 간단한 코드로 변경하는 방법을 보여준다. 이것은 맛보기에 불과하다. 이 패턴은 매우 광범위하게 사용되는 패턴이므로 여러분이 이 패턴을 일단 추구하기 시작하면 여러분의 코드에서도 찾아보리라 확신한다.

요약

7장에서는 다양한 종류의 코드 유사성을 살펴봤으며 다양한 함수형 프로그래밍 테크닉을 통해 이 같은 코드 유사성을 줄이는 방법도 살펴봤다. 파라미터 반복을 대체할 수 있는 파셜 애플리케이션부터 연쇄 함수 호출을 변환할 수 있는 함수형 합성, 구조적 유사성을 제거할 수 있는 고차원 함수에 이르기까지 이제 여러분은 작업 중인 코드베이스에서 유사성을 감지해 줄일 수 있도록 제대로 무장됐다.

눈치챘겠지만 우리는 이미 코드 구조와 소프트웨어 설계를 논의하고 있다. 이 논의는 우리를 또 다른 핵심 설계 원칙인 고응집성cohesion과 저결합도coupling로 이끌 것이다. 함수를 활용해 응집성을 어떻게 높일 수 있을까? 이것이 바로 클래스가 매우 유용하게 작용하고 8장에서 논의할 내용이다.

08

클래스를 활용해 응집도 향상시키기

코드를 구성하기 위해 함수와 함수의 연산자를 사용하는 방법을 앞에서 논의했다. 과거 수십 년 동안 소프트웨어 설계 분야의 대세였던 객체지향 프로그래밍^{OOP}을 무시할 수 없다. OOP와 함수형 프로그래밍이 어울려 동작할 수 있을까? 이 둘 사이에는 호환성이 있을까? 아니면 물과 기름 같은 관계일까?

클래스와 함수 사이를 손쉽게 변환할 수 있다는 것이 입증됐다. 필자는 친구이자 멘토인 레인스버거에게서 배웠다. 클래스는 부분적으로 순수 함수가 결합된 집합 그 이상 그 이하도 아니라는 점이다. 다른 말로 하면 우리는 비슷한 함수를 모아두는 편리한 장소로 클래스를 활용하지만 이것을 하려면 고응집 원칙을 이해하고 함수를 클래스로, 클래스를 함수로 변환하는 방법을 알아야 한다.

8장에서는 다음과 같은 주제를 다룬다.

- 함수형 프로그래밍과 OOP의 연결 이해하기
- 응집 집합이자 순수 함수의 부분적 적용으로서의 클래스 이해하기

- 고응집성의 필요성 이해하기
- 순수 함수를 묶어 클래스로 만드는 방법
- 클래스를 순수 함수로 분리하는 방법

기술적 요구사항

C++ 17을 지원하는 컴파일러가 필요하다. 필자는 GCC 7.3.0을 사용했다.

코드는 GitHub(https://github.com/PacktPublishing/Hands-On-Functional-Programming-with-Cpp)의 8장 폴더에서 찾을 수 있다. 그리고 여기에는 단일 헤더 오픈 소스 유닛 테스팅 라이브러리인 doctest를 포함하고 있고 이것을 활용한다. 다음의 GitHub 저장소에서 doctest를 찾을 수 있다(https://github.com/onqtam/doctest).

클래스를 활용해 응집도 향상시키기

필자는 소프트웨어 공학을 전공하는 어린 학생 시절 OOP 관련 서적을 읽는 데 엄청난 양의 시간을 투자했다. OOP가 어떻게 동작하고 현대 소프트웨어 개발에서 왜 그토록 중요한지 알려고 노력했다. 그 시절 OOP를 언급하는 대부분의 책은 코드를 클래스로 구성하는 것에 대한 것이었다. 코드를 클래스로 구성하는 데 중요한 세 가지 특성은 바로 캡슐화encapsulation, 상속inheritance, 다형성polymorphism이다.

거의 20년 후 OOP의 이 비전이 매우 제약적이었다는 사실을 깨달았다. OOP는 제록스 PARC 연구실에서 크게 발전했는데 그 연구실은 엄청난 수의 고 퀄리티 아이디어가 생성된 곳으로 유명하다. 그 중 몇 가지만 말하자면 그래픽 사용자 인터페이스GUI, 마우스, 포인트, 클릭, 스프레드 시트 등이다. OOP 창시자 중 한 명인 앨런 케이는 생물학 전공이었는데 새로운 GUI 패러다임의 대용량 코드베이스 구성 문제에 부딪히는 동안 생물학에서 배운 지식을 활용했다. 그는 객체와 클래스라는 아이디어를 떠올렸다. 이 코드 조직 스타일의 주요 아이디어가 메시징이라는 사실을 몇 년 후 기술했다. 객체에 대한 그의 관점은 화학적 메시지의 자극으로 소통하는 세포와 마찬가지로 코드에서의 객체도 메시지를 통해 소통해야 한다는 것이었다. OOP 언어에서의 메서드 호출이 그의 관점에서 온 세포나 객체로부터 또 다른 세포나 객체로 전달되는 메시지가 돼야 한다는 이유다.

캡슐화, 상속, 다형성의 아이디어를 잊고 클래스 대신 객체에 더 비중을 두면 함수형 패러다임과 OOP 사이의 마찰은 사라진다. OOP의 이 같은 근본적인 시각을 살펴보자.

함수형 관점에서의 클래스

클래스를 바라보는 다양한 방식이 있다. 지식관리 측면에서 필자는 클래스를 하나의 분류a classification로 본다. 이것은 유사한 속성을 지닌 인스턴스(또는 객체)를 묶는 방법이다. 클래스를 이 같은 관점에서 생각하면 상속은 자연적 특성으로 따라온다. 비슷한 특성을 지닌 동시에 다양한 차이가 있는 오브젝트 클래스가 있다. 이것을 빨리 설명하는 방법은 상속이다.

하지만 이 클래스 개념은 우리의 지식이 완벽한 영역에서만 동작한다. 소프트웨어 개발에서 우리는 종종 애플리케이션 관련 영역의 제한된 지식으로 작업하며 이 영역은 계속 확장된다. 그러므로 해당 영역을 더 알게 됐을 때 개념을 쉽게 변경하거나 치환할 수 있도록 개념을 약하게 연결하는 코드 구조에 초점을 맞춰야 한다. 클래스에서 이렇게 하려면 무엇을 해야 할까?

이 같은 강력한 관계 없이도 소프트웨어 설계에서 클래스는 강력한 구조다. 클래스는 메서드를 묶고 메서드에 데이터를 조합하는 깔끔한 방법을 제공한다. 클래스는 우리를 함수보다 더 낫고 더 큰 도메인으로 인도해 수천 개(물론 이 정도는 아닐 수도 있다)의 함수를 가질 수 있다. 그렇다면 함수형 프로그래밍과 함께 클래스를 어떻게 활용할 수 있을까?

첫째, 이전 예제에서 눈치챘겠지만 함수형 프로그래밍은 복잡성을 데이터 구조체 안쪽에 둔다. 클래스는 특히 공통 연산자를 오버라이드할 수 있는 C++와 같은 언어에서는 우리가 필요로 하는 데이터 구조를 정의하는 깔끔한 방법일 확률이 높다. 복소수, 측정 가능한 단위(온도, 길이, 속도 등), 환율 데이터 구조가 일반적인 예다. 이 데이터는 특정 연산자와 변환을 묶으면 좋다.

둘째, 우리가 작성하는 불변형 함수는 자연스럽게 논리적 분류 단위로 묶이는 경향이 있다. 틱택토 예제에서 라인이라고 부른 데이터 구조체를 다루는 함수가 몇 개 있다. 우리는 이 함수들을 자연스럽게 묶는 경향이 있다. 헤더 파일 하나에 그들을 묶지 않을 이유가 없다. 클래스는 함수를 묶는 자연적인 공간을 제공해 나중에 쉽게 찾을 수 있다. 이것은 단 한 번의 초기화와 매 연산마다 상태를 변형하는 대신 값을 반환하는 불변형 객체라는 또 다른 클래스 타입으로 이끈다.

이제 OOP 설계와 함수형 구조 사이의 동치성 내용을 더 자세히 살펴보자.

OOP와 함수형 동치

틱택토 결과 문제로 다시 돌아가보면 board를 파라미터로 받는 몇 가지 함수가 있다는 사실을 알게 될 것이다.

```
auto allLines = [](const auto& board) {
...
};

auto allColumns = [](const auto& board) {
...
};

auto mainDiagonal = [](const auto& board){
...
};

auto secondaryDiagonal = [](const auto& board){
...
};

auto allDiagonals = [](const auto& board) -> Lines {
...
};
```

```
auto allLinesColumnsAndDiagonals = [](const auto& board) {
  ...
};
```

예를 들면 보드를 다음과 같이 정의할 수 있다.

```
Board board {
  {'X', 'X', 'X'},
  {' ', 'O', ' '},
  {' ', ' ', 'O'}
};
```

그리고 이것을 함수에 전달하면 함수의 파라미터에 해당 보드를 바인딩하는 것과 같다. allLinesColumnsAndDiagonals 람다에 이것을 수행해보자.

```
auto bindAllToBoard = [](const auto& board){
  return map<string, function<Lines ()>>{
    {"allLinesColumnsAndDiagonals",
      bind(allLinesColumnsAndDiagonals, board)},
  };
};
```

> **NOTE**
>
> 위의 람다와 앞 장에서 살펴본 많은 예제는 또 다른 람다를 호출하지 캡처하지는 않는다. 예를 들면 bindAllToBoard 람다가 allLinesColumnsAndDiagonal 람다를 어떻게 알 수 있을까? 이렇게 동작하는 유일한 이유는 람다가 전역 스코프에 있기 때문이다. 덧붙여 내 컴파일러에서 allLinesColumnsAndDiagonals를 캡처하려고 할 때 다음과 같은 에러 메시지가 떴다. 〈lambda〉 cannot be captured because it does not have automatic storage duration(자동 저장 기간이 존재하지 않으므로 〈람다〉를 캡처할 수 없습니다). 실제로 필자가 사용한 람다를 캡처하려고 하면 컴파일되지 않을 것이다.

> **TIP**
>
> 상용 코드에서는 람다(실제로는 람다뿐만 아니라 다른 것도)를 전역 스코프에서 사용하면 안 된다. 람다를 전역 스코프에서 사용하지 않으면 변수를 강제로 캡처해야 한다. 이것은 명시적 의존성을 만들기 때문에 좋은 습관이다.

어떻게 호출하는지 살펴보자.

```
TEST_CASE("all lines, columns and diagonals with class-like structure"){
  Board board{
    {'X', 'X', 'X'},
    {' ', 'O', ' '},
    {' ', ' ', 'O'}
  };

  Lines expected{
    {'X', 'X', 'X'},
    {' ', 'O', ' '},
    {' ', ' ', 'O'},
    {'X', ' ', ' '},
    {'X', 'O', ' '},
    {'X', ' ', 'O'},
    {'X', 'O', 'O'},
    {'X', 'O', ' '}
  };

  auto boardObject = bindAllToBoard(board);
  auto all = boardObject["allLinesColumnsAndDiagonals"]();
  CHECK_EQ(expected, all);
}
```

이것을 보고 뭔가 떠오르지 않는가? 이것을 클래스로 작성하는 방법을 살펴보자. 지금 당장 더 좋은 이름이 떠오르지 않기 때문에 이 클래스를 BoardResult라고 부르겠다.

```
class BoardResult{
  private:
    const vector<Line> board;

  public:
    BoardResult(const vector<Line>& board) : board(board){
    };

    Lines allLinesColumnsAndDiagonals() const {
      return concatenate3(allLines(board), allColumns(board),
        allDiagonals(board));
    }
};
```

```
TEST_CASE("all lines, columns and diagonals"){
  BoardResult boardResult{{
    {'X', 'X', 'X'},
    {' ', 'O', ' '},
    {' ', ' ', 'O'}
  }};

  Lines expected {
    {'X', 'X', 'X'},
    {' ', 'O', ' '},
    {' ', ' ', 'O'},
    {'X', ' ', ' '},
    {'X', 'O', ' '},
    {'X', ' ', 'O'},
    {'X', 'O', 'O'},
    {'X', 'O', ' '}
  };

  auto all = boardResult.allLinesColumnsAndDiagonals();
  CHECK_EQ(expected, all);
}
```

방금 한 것을 상기해보자.

- 보드를 파라미터로 취하는 다양한 함수를 살펴봤다.
- 별도 함수를 활용해 board 파라미터를 값으로 바인딩하기로 결정했다. 그 결과, 함수 이름을 지칭하는 문자열과 값을 바운딩할 람다의 맵map을 획득했다.
- 우선 초기화 함수를 호출하고 나서 부분적으로 적용된 람다를 호출할 수 있었다.
- 이것은 클래스와 매우 비슷하다. 생성자를 활용해 값을 전달하고 이 값은 클래스 메서드에 공유된다. 그 후 파라미터 전달 없이 메서드를 호출할 수 있다.

고응집성 원칙

이전 예제에서 board라는 동일한 파라미터를 취한다는 사실에 기반해 함수를 하나의 클래스로 묶었다. 훌륭한 현장 규칙rule of thumb이라고 생각한다. 하지만 더 복잡한 상황에 부딪힐 수 있다.

그 이유를 이해하기 위해 또 다른 함수 세트를 들여다보자(이 논의의 목적상 구현은 생략한다).

```
using Coordinate = pair<int, int>;

auto accessAtCoordinates = [](const auto& board, const Coordinate& coordinate)
auto mainDiagonalCoordinates = [](const auto& board)
auto secondaryDiagonalCoordinates = [](const auto& board)
auto columnCoordinates = [](const auto& board, const auto& columnIndex)
auto lineCoordinates = [](const auto& board, const auto& lineIndex)
auto projectCoordinates = [](const auto& board, const auto& coordinates)
```

이 함수가 이전에 정의한 클래스인 BoardResult에 들어가야 할까? 아니면 Coordinate라는 다른 클래스에 들어가야 할까? 아니면 이 함수들을 나눠 일부는 BoardResult 클래스에 보내고 나머지는 Coordinate 클래스에 보내야 할까?

이전 방법론은 모든 함수에 동작하지 않는다. 파라미터만 생각한다면 위의 함수 모두 board를 취하지만 그중 일부는 coordinate와 coordinates도 파라미터로 취한다. projectCoordinates는 BoardResult 클래스에 속해야 할까? 아니면 Coordinate 클래스에 속해야 할까?

더 중요한 질문을 하자면 이 함수들을 클래스로 묶는 기본 원칙은 무엇일까? 코드 정적 구조의 명확한 정답은 없으므로 그 대신 코드 진화 관점에서 생각해야 한다. 질문해야 할 것은 다음과 같다.

- 함수를 변경할 때 어떤 함수를 함께 변경하고 어떤 함수를 별도로 변경할 것 같은가?
- 이 같은 추론은 우리를 고응집성 원칙으로 이끌지만 그 전에 용어부터 살펴보자. 응집cohesion이란 무엇을 의미할까?

필자는 응집이라는 단어를 물리에서 접했다. 예를 들어 물을 말할 때 물을 구성하는 분자는 서로 뭉치는 경향이 있다. 또한 사회적 힘으로서의 응집이라는 단어를 접했다. 클라이언트와 함께 현대 소프트웨어 개발 사례를 적용하려고 노력하는 변경 담당자로서 필자는 그룹 응집(관점에 따라 사람이 모이는 경향)을 다뤄야 했다.

함수의 응집성을 말할 때 함수를 뭉치게 하는 물리적 힘은 존재하지 않으며 함수는 관점을 고수하지 않는다. 그렇다면 무엇을 말해야 할까? 굳이 말하자면 신경학적 힘이다.

인간의 뇌는 패턴을 찾고 관련 사물을 카테고리로 묶고 조합해 이상할 정도로 빨리 그것을 찾는 엄청난 능력이 있다. 함수를 묶는 힘은 뇌에 존재한다. 무관해 보이는 조합에서 통합할 거리를 찾아내는 것이다.

고응집성은 유용하다. 고응집성은 수십 수백 개 작은 함수(보드, 라인, 토큰 같은) 대신 몇 가지 큰 개념으로 나아가고 이해하도록 도와준다. 게다가 새로운 동작을 추가하거나 기존 것을 변경해야 할 때 고응집성을 통해 새로운 동작을 구현할 위치를 쉽게 찾고 나머지 코드 네트워크를 최소한만 변화시켜 코드를 추가할 수 있다.

응집성은 1960년대 래리 콘스탄틴이 소개한 설계의 구조적 접근의 일부로 소프트웨어 설계 측정 단위다. 경험을 통해 우리는 고응집성과 저변화 비용의 연관성을 알게 됐다.

함수를 클래스로 묶는 데 이 원리를 적용하는 방법을 살펴보자.

응집 함수를 클래스로 묶기

앞에서 논의했듯이 클래스의 목표나 개념을 통합하는 관점에서 응집성을 살펴볼 수 있다. 하지만 필자는 주로 코드의 진화 관점에서 살펴보며 응집성을 찾고 미래에 생길 만한 변화와 그것이 가져올 다른 변경사항을 기준으로 함수 그룹을 결정한다.

여러분은 틱택토 결과 문제에서 많은 것을 배울 거라고 예상하지 못했을 것이다. 이 문제는 매우 간단하고 매우 많은 것이 담겨 있지만 웹을 검색해보면 다음 내용을 포함해 수많은 틱택토 변형이 있다는 것을 알 수 있다.

- $m \times n$ 보드와 k개 토큰이 일렬로 있어야 승자가 된다. 오목이라는 흥미로운 변형은 15x15 보드에서 경기하고 승자는 토큰 다섯 개를 연속으로 획득해야 한다.
- 3D 버전
- 숫자를 토큰으로 사용하고 이 숫자의 합이 승리의 조건이다.

- 단어를 토큰으로 사용하고 공통 문자 하나로 단어 세 개를 만들어야 이긴다.
- 3x3의 아홉 개 보드를 사용해 승자는 세 개 보드를 연속으로 이겨야 한다.

이것은 이상한 변형 축에도 못 낀다. 관심이 있다면 해당 주제의 위키피디아 페이지를 확인해보면 된다(https://en.wikipedia.org/wiki/Tic-tac-toe_variants).

그럼 이미 한 구현에서 무엇을 변경할 수 있을까? 다음은 몇 가지 제안이다.

- 보드의 크기
- 경기자 수
- 토큰
- 승리 조건(여전히 연속적인 한 줄이겠지만 다른 조건으로)
- 보드의 위상 - 정사각형 대신 직사각형, 육각형, 삼각형, 3D

다행히 그냥 보드 사이즈를 변경한다면 코드에서 정말 바꿀 것은 없다. 더 큰 보드를 전달하면 제대로 동작할 것이다. 매우 조금만 변경해 경기자 수를 바꿀 수도 있다. 다른 토큰을 사용한다고 가정하면 tokenWins 함수를 다른 토큰 값으로 바인딩하면 된다.

승리 규칙은 어떠할까? 여전히 열, 행, 대각선을 고려한다고 가정할 것이다. 이것이 틱택토의 기본 요구사항이고 모든 틱택토 변형도 이것을 따르기 때문이다. 하지만 꽉 찬 행, 열, 대각선을 고려하지 않을 수도 있다. 예를 들면 오목 판 크기는 15이지만 다섯 개 토큰이 행, 열, 대각선에 연속으로 있는지 찾는다. 우리 코드를 살펴보면 이것은 X로 꽉 찬 줄을 찾는 대신 좌표의 또 다른 그룹을 선택하는 것에 불과하다. 좌표에서 다섯 개가 연속으로 나올 수 있는 세트를 모두 고르면 된다. lineCoordinates, mainDiagonalCoordinates, columnCoordinates, secondaryDiagonalCoordinates와 같이 좌표와 관련된 함수의 변경을 의미한다. 다섯 개의 연속적인 좌표의 벡터를 반환할 것이고 그 결과는 allLines, allColumns, allDiagonals, 일렬로 결합하는 다른 방식의 변화가 될 것이다.

토큰이 단어이면서 승리 조건이 단어 사이의 공통 글자를 찾아내는 것이라면 어떠할까?

좌표 쪽은 동일할 것이고 행, 열, 대각선을 가져오는 방식도 동일할 것이다. 유일한 변화는 fill 조건이므로 상대적으로 쉽게 변경할 것이다.

이제 마지막 변경 가능한 사항인 보드 위상이다. 보드 위상을 변경하기 위해서는 보드 데이터 구조, 모든 좌표, 그에 상응하는 함수를 변경해야 한다. 하지만 행, 열, 대각선 규칙 변경은 필수적일까? 3D로 바꾼다고 가정하면 더 많은 행, 열, 대각선을 지정하는 방식이 다양할 것이다. 모든 변화는 좌표에서 발생한다. 직사각형 보드는 자체적으로 대각선이 없다. 오목 사례와 같이 부분적인 대각선을 활용해야 할 것이다. 육각형, 삼각형 보드에는 명확한 변형이 없으므로 지금은 무시할 수 있다.

이것으로 변화를 준비하기 위해서는 다음과 같이 함수를 묶어야 한다는 것을 알 수 있다.

- **규칙**(채움 조건이라고도 한다)
- **좌표 및 사형**projections – 다수의 행, 열, 대각선 세트를 위한 코드 준비
- **좌표를 기반으로 접근 가능한 기본적인 보드 구조체**

이것은 보드에서 좌표를 분리해야 한다는 뜻이다. 좌표 데이터 타입과 보드 데이터 타입이 동시에 바뀌더라도 게임 규칙에 따라 행, 열, 대각선 좌표를 제공하는 함수도 변할 수 있으므로 위상과 보드를 분리해야 한다.

객체지향 설계^{OOD} 관점에서 최소한 세 가지 응집 클래스 Rules, Topology, Board로 프로그램의 책임을 분리해야 한다. Rules 클래스는 게임 규칙을 포함하고 있다. 여기에는 기본적으로 승리 조건을 어떻게 계산하는지, 무승부를 언제 알 수 있는지, 게임이 끝났는지가 있다. Topology 클래스는 좌표와 보드 구조체에 대한 것이다. Board 클래스는 우리가 알고리듬으로 전달하는 구조체여야 한다. 그렇다면 함수는 어떻게 구조를 갖춰야 할까? 이제 그 목록을 만들어보자.

- **규칙**: `xWins, oWins, tokenWins, draw, inProgress`
- **위상**: `lineCoordinates, columnCoordinates, mainDiagonalCoordinates, secondaryDiagonalCoordinates`

- **보드**: accessAtCoordinates, allLinesColumnsAndDiagonals
- **미결정**: allLines, allColumns, allDiagonals, mainDiagonal, secondaryDiagonal

더 다양한 구조의 일부가 될 수 있는 함수 리스트가 항상 있다. 이 경우 allLines가 Topology 클래스나 Board 클래스의 일원이 돼야 할까? 필자 생각에 두 생각 다 좋다. 따라서 그 해답은 코드를 작성하는 프로그래머의 직관에 맡기겠다.

이것은 이 함수들을 클래스로 묶는 데 사용할 수 있는 방법을 보여준다. 그 방법은 무엇이 바뀔 수 있고 어떤 함수가 함께 바뀔 것인지에 기반해 생각하는 것이다.

하지만 이 방법을 연습하는 데 함정이 있을 수 있다. 과분석$^{over-analysis}$ 함정에 빠지면 안 된다. 코드는 상대적으로 변경하기 쉽다. 무엇이 바뀔 것인지에 대한 정보가 적을 때 동작하게 만들고 동일한 코드 쪽에 새로운 요구사항이 등장할 때까지 기다려라. 그러면 함수 관계에 대한 더 좋은 생각이 떠오를 것이다. 이 분석은 15분보다 길면 안 된다. 그 이상은 오버 엔지니어링일 확률이 높다.

클래스를 순수 함수로 쪼개기

지금까지 클래스로 함수를 묶는 방법을 배웠다. 그러면 코드의 클래스를 순수 함수로 변환하는 것은 어떠할까? 이것은 매우 직관적인 과정이다. 함수를 순수하게 만든 후 클래스 밖으로 옮긴다. 그리고 필요한 데이터에 바인딩하는 초기화 장치를 추가한다.

다른 예를 들어보자. 다음은 피연산자 두 개로 수학적 연산을 수행하는 클래스다.

```
class Calculator{
private:
    int first;
    int second;

public:
    Calculator(int first, int second): first(first), second(second){}

    int add() const {
        return first + second;
```

```
    }

    int multiply() const {
      return first * second;
    }

    int mod() const {
      return first % second;
    }
};

TEST_CASE("Adds"){
    Calculator calculator(1, 2);

    int result = calculator.add();

    CHECK_EQ(result, 3);
}

TEST_CASE("Multiplies"){
  Calculator calculator(3, 2);

  int result = calculator.multiply();

  CHECK_EQ(result, 6);
}

TEST_CASE("Modulo"){
  Calculator calculator(3, 2);

  int result = calculator.mod();

  CHECK_EQ(result, 1);
}
```

재미를 위해 첫 번째 파라미터를 반전시키는 또 다른 함수를 추가해보자.

```
class Calculator{
...
  int negateInt() const {
    return -first;
  }
```

```
    ...
}

TEST_CASE("Revert"){
  Calculator calculator(3, 2);

  int result = calculator.negateInt();

  CHECK_EQ(result, -3);
}
```

이 클래스를 함수로 어떻게 분리할 수 있을까? 다행히 이 함수들은 이미 순수 함수다. 이 함수들을 람다로 분명히 추출할 수 있다.

```
auto add = [](const auto first, const auto second){
  return first + second;
};

auto multiply = [](const auto first, const auto second){
  return first * second;
};

auto mod = [](const auto first, const auto second){
  return first % second;
};

auto negateInt = [](const auto value){
  return -value;
};
```

그리고 필요하다면 초기화 장치를 추가해보자.

```
auto initialize = [] (const auto first, const auto second) -> map<string,
function<int()>>{
  return  {
    {"add", bind(add, first, second)},
    {"multiply", bind(multiply, first, second)},
    {"mod", bind(mod, first, second)},
    {"revert", bind(revert, first)}
  };
};
```

그리고 나서 모든 것이 제대로 동작하는지 확인할 수 있다.

```
TEST_CASE("Adds"){
  auto calculator = initialize(1, 2);

  int result = calculator["add"]();

  CHECK_EQ(result, 3);
}

TEST_CASE("Multiplies"){
  auto calculator = initialize(3, 2);

  int result = calculator["multiply"]();

  CHECK_EQ(result, 6);
}

TEST_CASE("Modulo"){
  auto calculator = initialize(3, 2);

  int result = calculator["mod"]();

  CHECK_EQ(result, 1);
}

TEST_CASE("Revert"){
  auto calculator = initialize(3, 2);

  int result = calculator["revert"]();

  CHECK_EQ(result, -3);
}
```

단 한 가지 열린 의문점이 남았다. 바로 비순수 함수를 순수 함수로 바꾸는 방법이다. **12장, 순수 함수로 리팩터링하기와 순수 함수를 통한 리팩터링하기**에서 이 의문점을 논의할 것이다. 지금은 8장의 핵심 결론을 기억하자. 클래스는 부분적으로 함수가 작용하는 응집 집합 그 이상도 그 이하도 아니다.

요약

8장은 매우 즐거운 여정이었다. 교차점이 없을 것만 같았던 두 가지 설계 스타일인 OOP와 함수형 프로그래밍을 매우 우아한 방식으로 연결하기 위해 노력했다. 순수 함수는 응집 원칙에 기반해 클래스로 묶을 수 있다. 상상력과 함수는 변할 수 있다는 시나리오적 사고를 연마하고 어떤 함수를 함께 묶을지 결정했다. 반대로 항상 하나의 클래스의 함수들을 다수의 람다로 옮기고 역 파셜 애플리케이션을 적용할 수 있다.

OOP와 함수형 프로그래밍 사이에 마찰은 없다. 그들은 단지 기능을 구현하는 코드를 구조화하는 두 가지 다른 방식일 뿐이다.

함수를 활용한 소프트웨어 설계로의 여정은 아직 끝나지 않았다. 9장에서는 테스트 주도 개발^{TDD}을 활용하는 함수를 설계하는 방법을 논의할 것이다.

09
함수형 프로그래밍의 테스트 주도 개발

테스트 주도 개발^{TDD}은 매우 유용한 소프트웨어 설계 방법론이다. 이 방법론은 다음을 따른다. 우선 실패하는 단일 테스트를 작성한다. 그 다음은 테스트를 통과하는 최소한의 코드를 작성하고 최종적으로 리팩터링한다. 이 작은 사이클을 빠르게 반복한다.

순수 함수가 테스트를 어떤 방식으로 단순화시키는지 살펴보고 함수를 활용한 TDD 적용 사례를 제공할 것이다.

순수 함수는 테스트를 간결하게 작성하게 한다. 순수 함수는 항상 동일한 입력에 동일한 출력을 반환하기 때문에 큰 데이터 테이블이나 다름없다. 따라서 입력과 기대 값이 담긴 데이터 테이블을 흉내낸 테스트를 작성할 수 있다.

9장에서는 다음과 같은 주제를 다룬다.

- 순수 함수의 장점으로 데이터 기반 테스트를 활용하는 방법
- TDD 사이클의 기본 이해하기
- TDD를 활용해 순수 함수를 설계하는 방법

기술적 요구사항

C++ 17을 지원하는 컴파일러가 필요하다. 필자는 GCC 7.3.0을 사용했다.

코드는 GitHub(https://github.com/PacktPublishing/Hands-On-Functional-Programming-with-Cpp)의 9장 폴더에서 찾을 수 있다. 그리고 여기에는 단일 헤더 오픈 소스 유닛 테스팅 라이브러리인 doctest를 포함하고 있고 이것을 활용한다. 다음 GitHub 저장소에서 doctest를 찾을 수 있다(https://github.com/onqtam/doctest).

함수형 프로그래밍에서의 TDD

1950년대 프로그래밍은 오늘날 프로그래밍과 전혀 달랐다. 우리가 아는 프로그래머의 역할은 세 가지였다. 프로그래머가 구현할 알고리듬을 작성하면 전문 타이피스트가 특수기계를 사용해 펀치카드에 알고리듬을 새겼다. 그 다음은 프로그래머가 펀치카드가 제대로 됐는지 수동으로 검사해야 했다. 펀치카드가 수백 장인 경우도 있었다. 펀치카드가 제대로 된 것이 확인되면 프로그래머는 메인프레임 운영자에게 펀치카드를 갖다 줬다. 당시 컴퓨터는 매우 거대하고 비싸 컴퓨터를 사용하는 시간을 철저히 관리했다. 메인프레임 운영자는 컴퓨터를 관리하면서 중요한 작업을 우선순위대로 먼저 수행하게 해 신규 프로그램은 실행될 때까지 여러 날이 걸리기도 했다. 프로그램은 한 번 실행하고 나면 풀 스택 트레이스^{a full stack trace}를 출력했다. 에러가 발생하면 프로그래머는 이상한 모양으로 가득 찬 매우 긴 종이를 살펴보고 무엇이 잘못됐는지 알아내야 했다. 그 과정은 매우 느리고 오류가 발생하기 쉬웠고 예측하기 힘들었다.

하지만 일부 엔지니어는 아이디어를 떠올렸다. 프로그램이 실패하면서 생긴 복잡한 것을 다루는 대신 잘못된 것의 분명한 지표를 본다면 어떠할까? 상용코드를 확인하고 성공과 실패의 결과를 출력하는 부가적인 코드를 작성하기로 결정했다. 프로그램만 실행하는 대신 프로그램 실행에 덧붙여 유닛 테스트를 수행했다.

터미널의 발명과 더 나아가 개인용 컴퓨터와 강력한 디버거의 발명으로 프로그래머는 더 짧은 피드백 주기를 갖게 돼 유닛 테스팅의 실용성은 잊혀지는 듯했지만 유닛 테스트는 결코 완전히 사라지지 않았고 다른 형식으로 갑자기 돌아왔다.

1990년대 유닛 테스트가 갑자기 재등장했다. 켄트 벡, 워드 커닝햄, 론 제프리스를 포함한 프로그래머 그룹은 궁극extreme으로 향하는 개발 사례를 실험했다. 그들의 노력의 결과를 익스트림 프로그래밍XP이라고 부른다. 이 사례 중 하나가 유닛 테스팅이었고 결과는 무척 흥미로웠다.

유닛 테스팅의 공통 사례는 코드를 작성한 후 테스팅 주기의 일부로 몇 가지 테스트를 작성하는 것이었다. 보통 기능을 구현하는 프로그래머와 다른 그룹에 소속된 테스터가 이 테스트 코드를 작성한다.

하지만 초기 XP주의자들은 유닛 테스팅을 다른 방식으로 시도했다. 코드를 작성하면서 테스트를 작성하면 어떨까? 더 흥미롭게 구현 전에 테스트를 작성하면 어떨까? 이것을 통해 테스트 우선 프로그래밍TFP과 TDD라는 두 가지 기술이 등장했다. TFP는 몇 가지 테스트를 먼저 작성하고 테스트를 통과하도록 코드를 작성하는 것이고 TDD는 자세히 논의할 대상이다.

이 테크닉을 처음 들었을 때 혼란스러운 동시에 매료됐다. 존재하지도 않는 뭔가를 위한 테스트를 어떻게 작성하지? 장점은 뭘까? 다행히 레인스버거의 도움으로 TFP/TDD의 힘을 빨리 깨달았다. 고객과 이해 당사자 모두 소프트웨어 기능이 최대한 빨리 동작하길 원하지만 그들 모두 높은 확률로 자신들이 무슨 기능을 원하는지 설명하지 못한다. 테스트로 시작하는 것은 무엇을 구현할 것인지 완벽히 이해했다는 것을 의미하며 요구사항을 명확히 해주는 흥미롭고 유용한 대화를 이끌어낸다. 요구사항이 정리되면 우리는 구현에 집중할 수 있다. 더욱이 TDD에서는 코드를 최대한 신속히 깔끔하게 정리할 수 있어 시간이 지나도 코드를 어지럽히지 않는다. 이것은 정말 놀라운 테크닉이다.

처음으로 돌아가보자. 유닛 테스트는 어떻게 작성할까? 그리고 더 중요한 우리 목적으로 되돌아가 순수 함수를 위한 유닛 테스트 작성이 더 쉬울까?

순수 함수를 위한 유닛 테스트

우선 유닛 테스트가 어떻게 생겼는지 살펴보자. 이 책에서 한동안 이 코드를 사용했고 여러분이 이 코드를 이해하고 있다고 확신한다. 이제 특정 예제 코드를 살펴볼 시간이다.

```
TEST_CASE("Greater Than"){
  int first = 3;
  int second = 2;

  bool result = greater<int>()(first, second);

  CHECK(result);
}
```

우선 두 변수를 특정 값으로 초기화했다(유닛 테스트의 정리 부분). 그리고 상용코드를 호출했다(유닛 테스트의 수행 부분). 마지막으로 결과가 기대하던 값인지 확인했다(유닛 테스트의 검증 부분). doctest라는, 지금 사용하는 라이브러리에 유닛 테스트를 작성하는 매크로가 구현돼 있다. 눈에 띄는 예로 GTest와 Boost::unit_test와 같이 다양한 C++용 유닛 테스트 라이브러리가 있지만 프로그래머에게 제공하는 기능은 매우 비슷하다.

유닛 테스트를 말할 때 유닛 테스트를 유용하게 만드는 특징을 이해하는 것이 더 중요하다. 이전 테스트는 작고 집중적이고 빠르고 실패 사유는 오직 한 가지만 될 수 있다. 이 특징이 테스트를 유용하게 만든다. 작성하기 쉽고 유지하기 쉽고 투명하고 버그가 생겼을 때 유용하고 신속한 피드백을 제공하기 때문이다.

테크닉 관점에서 이전 테스트는 예시 기반이다. 매우 특정적인 예시를 사용했기 때문이다. **11장, 특성 기반 테스트**에서 특성 기반 테스트라는 다른 유닛 테스트 방법을 살펴볼 것이다. 이 테스트는 예시 기반 테스트이므로 한 가지 흥미로운 질문이 떠오른다. greaterThan 함수를 테스트할 때 다른 흥미로운 예시가 없을까?

모든 가능한 함수 행위를 살펴보고 싶다. 그렇다면 이 함수의 가능 출력은 어떻게 될까? 다음은 그 리스트다.

- True, 첫 번째 값이 두 번째 값보다 큰 경우

- False, 첫 번째 값이 두 번째 값보다 작은 경우

하지만 그것만으로는 부족하다. 엣지 케이스를 추가해보자.

- False, 첫 번째 값이 두 번째 값과 같은 경우

그리고 가능한 오류도 잊지 말자. 전달한 값의 도메인은 어떤가? 음수 값을 전달해도 괜찮은가? 실수형 값은 어떤가? 복소수는 어떤가? 이것은 이 함수의 이해 당사자와 나눠볼 만한 흥미로운 대화 주제다.

지금은 가장 단순한 경우를 가정하자. 이 함수는 오직 유효한 정수 값만 받는다. 이것은 첫 번째 파라미터가 두 번째 파라미터보다 작고 두 파라미터가 동일한 상황을 확인하는 유닛 테스트 두 개가 추가로 필요하다는 의미다.

```
TEST_CASE("Not Greater Than when first is less than second"){
  int first = 2;
  int second = 3;

  bool result = greater<int>()(first, second);

  CHECK_FALSE(result);
}
TEST_CASE("Not Greater Than when first equals second"){
  int first = 2;

  bool result = greater<int>()(first, first);

  CHECK_FALSE(result);
}
```

7장, 함수형 연산자를 활용한 중복 제거에서 코드 유사성 및 유사성을 제거하는 방법을 논의했다. 여기에는 테스트 케이스 간 유사성이 존재한다. 이것을 제거하는 방법은 데이터 기반 테스트[DDT]를 작성하는 것이다. DDT에서는 입력과 기대되는 출력 리스트를

작성하고 각각의 모든 데이터로 테스트를 반복한다. 각 테스팅 프레임워크마다 테스트를 작성하는 방식이 다르다. 현재 doctest는 DDT 지원에 제한이 있지만 다음과 같이 작성해볼 수 있다.

```cpp
TEST_CASE("Greater than") {
  struct Data {
    int first;
    int second;
    bool expected;
  } data;

  SUBCASE("2 is greater than 1") { data.first = 2; data.second = 1;
    data.expected = true; }
  SUBCASE("2 is not greater than 2") { data.first = 2; data.second = 2;
    data.expected = false; }
  SUBCASE("2 is not greater than 3") { data.first = 2; data.second = 3;
    data.expected = false; }
  CAPTURE(data);
  CHECK_EQ(greaterThan(data.first, data.second), data.expected);
}
```

배관 코드plumbing code(Struct Data 정의와 CAPTURE 매크로 호출)를 무시하면 이 예제는 특히 순수 함수를 위한 매우 편리한 테스트를 작성하는 방식을 보여준다. 정의에 의하면 순수 함수는 동일한 입력에 동일한 출력을 반환하므로 입·출력 리스트로 테스트하는 것이 자연스럽다.

또 다른 DDT의 편의성은 리스트에 줄만 하나 추가하면 신규 테스트를 쉽게 추가할 수 있다는 것이다. 이것은 특히 순수 함수 TDD를 수행하는 데 도움이 된다.

TDD 주기

TDD는 하나의 개발 주기로 일반적으로 다음과 같이 표현한다.

- **빨간색**: 실패하는 테스트를 작성한다.

- **녹색**: 상용코드에 가능한 가장 작은 변화를 줘 테스트를 통과시킨다.
- **리팩터링**: 신규 기능을 포함해 코드를 재구성한다.

하지만 필자를 포함한 TDD 신봉자들은 TDD 주기에서의 또 다른 단계인 '생각하기'를 언급하는 데 예민하다. 간단히 말해 첫 테스트를 작성하기 전에 구현하려는 것을 이해하고 기존 코드에 새로운 기능을 넣을 만한 적합한 장소를 찾는 것이 우선이다.

이 주기는 믿을 수 없을 만큼 단순하다. 하지만 초보자는 매우 복잡한 코드를 작성하는 것뿐만 아니라 첫 번째 테스트가 어떻게 돼야 하고 첫 테스트 후에는 어떻게 돼야 하는지에 힘들어한다. 리팩터링은 그 자체로 코드 후각, 설계 원칙, 디자인 패턴 지식을 요구하는 예술이다. 전체적으로 보면 가장 큰 실수는 만들 대상과 그 테스트 코드 구조를 과도하게 생각하는 것이다.

그 대신 TDD는 마음가짐을 바꿀 것을 요구한다. 행위에서부터 작게 출발해 그 행위에 적합한 코드 구조를 발전시킨다. TDD를 잘 사용하는 사람은 이 단계를 15분보다 짧게 잡지만 TDD의 놀라움은 여기서 그치지 않는다.

TDD에서의 가장 놀라운 점은 동일한 문제에 다양한 해법 시도로 소프트웨어 설계를 가르쳐줄 수 있다는 것이다. 더 많이 시도함으로써 독자의 코드 설계 실력은 향상된다. TDD는 적당한 호기심으로 연습할 때 끊임없는 학습 경험이다.

TDD에 호기심이 생겼길 바란다. 이 주제에 학습할 것이 더 많지만 우리 목표는 TDD 자체가 아니므로 예제를 시도하는 것만으로도 충분하다. 그리고 함수형 프로그래밍을 말하고 있으므로 순수 함수를 설계하는 데 TDD를 활용할 것이다.

예시 – TDD를 활용해 순수 함수 설계하기

다시 한 번 실질적인 TDD를 보여주는 문제가 필요하다. 필자는 게임을 활용한 개발 사례 연습을 좋아하므로 Coding Dojo Katas(http://codingdojo.org/kata/PokerHands/) 리스트를 훑어보고 이번 연습으로 포커 패 문제를 골랐다.

포커 패 문제

이 문제의 설명은 다음과 같다. 포커 패를 두 개 이상 갖고 그것을 비교하고 랭킹이 더 높은 패와 승리 이유를 반환해야 한다.

각 패는 다섯 장의 카드를 갖고 일반적인 52장의 카드 덱에서 이 카드를 뽑는다. 이 덱은 클로버, 다이아몬드, 하트, 스페이드 네 벌로 돼 있다. 각 벌은 2로 시작해 에이스로 끝난다. 그리고 이것은 2, 3, 4, 5, 6, 7, 8, 9, T, J, Q, K, A(T는 10을 의미)를 뜻한다.

포커 패의 카드는 다음과 같은 포메이션을 생성한다. 한 패의 가치는 형성한 포메이션으로 결정되며 다음을 내림차순으로 따른다.

- **스트레이트 플러시**: 다섯 장의 카드가 동일한 벌이면서 연속적인 값이다. 예를 들면 2♠, 3♠, 4♠, 5♠, 6♠이다. 시작 값이 높으면 더 높은 스트레이트 플러시다.
- **포커**^{Four of a kind}: 네 장의 동일한 값의 카드다. 가장 높은 포커는 네 개의 에이스(A♣, A♠, A♦, A♥)다.
- **풀 하우스**: 동일한 값의 카드 세 장이 있고 나머지 두 장의 카드는 동일한 값이다. A♣, A♠, A♦, K♥, K♠가 가장 높은 풀 하우스다.
- **플러시**: 다섯 장의 카드 모두 동일한 벌이다. 예를 들면 2♠, 3♠, 5♠, 6♠, 9♠다.
- **스트레이트**: 다섯 장의 카드가 연속적인 값이다. 예를 들면 2♣, 3♠, 4♥, 5♣, 6♦이다.
- **트리플**^{Three of a kind}: 세 카드가 동일한 값이다. 예를 들면 2♣, 2♠, 2♥다.
- **투 페어**: 예를 들면 2♣, 2♠, 3♥, 3♣이다.
- **원 페어**^{Pair}: 두 장의 카드가 동일한 값이다. 예를 들면 2♣, 2♠다.
- **하이 카드**: 위 포메이션 중 아무 것도 해당하지 않으면 각 패에서 가장 높은 카드를 비교해 더 높은 값을 가진 사람이 승리한다. 가장 높은 값이 같으면 두 번째로 높은 카드를 비교한다. 이 같은 식으로 승자가 나올 때까지 계속 비교한다.

요구사항

우리 목표는 두 개 이상의 포커 패를 비교해 승자와 승리 이유를 반환하는 프로그램을 구현하는 것이다. 예를 들면 입력 값은 다음과 같다.

- 플레이어 1: 2♥ 4♦ 7♣ 9♠ K♦
- 플레이어 2: 2♠ 4♥ 8♣ 9♠ A♥

이 입력에 출력은 다음과 같아야 한다.

- 하이 카드 에이스를 가진 플레이어 2가 승리한다.

1단계 - 생각하기

문제를 더 자세히 들여다보자. 더 정확하게는 구현 생각을 너무 많이 하지 않고 문제를 작은 조각으로 나눠보는 것이다. 입력과 출력 예시를 살펴보고 문제를 단순화해 시작하는 것이 유용하다는 것을 알게 됐다. 문제를 단순화해 문제의 본질을 보존하면서도 최대한 빨리 구현할 수 있다.

테스트할 조합이 매우 많은 것이 분명하다. 그렇다면 테스트 케이스를 제한해 문제를 단순화하는 것이 유용할까?

한 가지 분명한 방법은 더 적은 패에서 출발하는 것이다. 다섯 장의 카드를 갖고 출발하는 대신 한 장을 가진 패를 갖고 출발할 수 있다. 여기에는 하이 카드 규칙만 적용할 수 있다. 다음 단계는 두 장이다. 여기서는 원 페어 > 하이 카드와 높은 원 페어 > 낮은 원 페어 등이 등장한다.

또 다른 방식은 다섯 장의 카드로 출발하지만 규칙을 제한한다. 하이 카드로 출발해 그 다음 원 페어를 구현하고 그 다음 투 페어를 구현하는 식이다. 또 다른 방식은 스트레이트 플러시부터 출발해 원 페어와 하이 카드로 내려오는 것이다.

TDD의 흥미로운 점은 이 모두 동일한 방식으로 동작하게 할 수 있다는 것이다. TDD의 힘 중 하나는 테스트 순서를 변형해 동일한 문제를 다양하게 설계해볼 수 있다는 것이다.

말할 필요도 없이 필자는 이 문제를 다룬 적이 있지만 한 벌의 카드 한 장에서 시작했다. 재미를 위해 다른 방식으로 시도해보자. 다섯 장의 카드를 갖고 스트레이트 플러시에서 출발한다. 단순화를 위해 지금은 플레이어 두 명만 지원할 것이고 두 플레이어의 이름을 앨리스와 밥으로 붙여줄 것이다.

예제

이 상황에서 흥미로운 예시는 무엇일까? 우선 가능한 출력을 생각해보자.

- 스트레이트 플러시로 앨리스 승리
- 스트레이트 플러시로 밥 승리
- 앨리스와 밥 똑같이 좋은 스트레이트 플러시를 가짐
- 결정되지 않음(아직 구현되지 않았기 때문에)

이 출력들의 입력 예시를 작성해보자.

경우 1: 앨리스 승리

입력:
  앨리스: 2♠, 3♠, 4♠, 5♠, 6♠
  밥: 2♣, 4♦, 7♥, 9♠, A♥

출력:
  스트레이트 플러시로 앨리스 승리

경우 2: 밥 승리

입력:
  앨리스: 2♠, 3♠, 4♠, 5♠, 9♠
  밥: 2♣, 3♣, 4♣, 5♣, 6♣

출력:
  스트레이트 플러시로 밥 승리

경우 3: 더 높은 스트레이트 플러시로 앨리스 승리

입력:
앨리스: 3♠, 4♠, 5♠, 6♠, 7♠
밥: 2♣, 3♣, 4♣, 5♣, 6♣

출력:
스트레이트 플러시로 앨리스 승리

경우 4: 무승부

입력:
앨리스: 3♠, 4♠, 5♠, 6♠, 7♠
밥: 3♣, 4♣, 5♣, 6♣, 7♣

출력:
무승부(둘 다 스트레이트 플러시)

경우 5: 미결정
입력:
앨리스: 3♠, 3♣, 5♠, 6♠, 7♠
밥: 3♣, 4♣, 6♣, 6♥, 7♣

출력:
아직 구현되지 않음

이 예시로 첫 번째 테스트를 작성할 준비가 됐다.

첫 번째 테스트

이전 분석에 근거한 첫 번째 테스트는 다음과 같다.

경우 1: 앨리스 승리

입력:
앨리스: 2♠, 3♠, 4♠, 5♠, 6♠
밥: 2♣, 4♦, 7♥, 9♠, A♥

출력:
스트레이트 플러시로 앨리스 승리

이제 작성해보자! 우리는 이 테스트가 실패할 것으로 예상한다. 그럼 이 시점에서 원하는 것은 무엇이든 할 수 있다. 두 가지 패를 위에 나온 카드들로 초기화해야 한다. 지금은 각 패를 표현하는 데 vector<string>을 사용할 것이다. 그리고 나서 어느 시점에서 두 패를 비교하는 로직을 담은 함수(아직 존재하지 않음)를 호출할 것이다. 마지막으로 앞에서 정의했던 출력 메시지가 나오는지 확인할 것이다.

```
TEST_CASE("Alice wins with straight flush"){
  vector<string> aliceHand{"2♠", "3♠", "4♠", "5♠", "6♠"};
  vector<string> bobHand{"2♣", "4♦", "7♥", "9♠", "A♥"};

  auto result = comparePokerHands(aliceHand, bobHand);

  CHECK_EQ("Alice wins with straight flush", result);
}
```

지금 이 테스트는 컴파일되지 않는다. comparePokerHands 함수를 만들지 않았기 때문이다. 앞으로 나아갈 시간이다.

첫 번째 테스트 통과하기

우선 이 함수를 작성해보자. 이 함수는 뭔가 반환해야 하므로 지금은 그냥 빈 문자열을 반환하게 한다.

```
auto comparePockerHands = [](const auto& aliceHand, const auto& bobHand){
  return "";
};
```

이 테스트를 통과하게 하는 가장 단순한 구현은 무엇일까? 여기는 TDD가 이상하게 느껴지는 지점이다. 이 테스트를 통과하게 하는 가장 단순한 구현은 기대한 결과를 하드코딩하는 것이다.

```
auto comparePockerHands = [](const auto& aliceHand, const auto& bobHand){
  return "Alice wins with straight flush";
};
```

컴파일러의 모든 경고 메시지를 켜고 모든 경고를 에러로 보고하도록 설정했기 때문에 필자의 컴파일러는 이 지점에서 불평하기 시작했다. 컴파일러는 두 개의 인자를 사용하지 않은 것을 발견하고 불평한 것이다. 이것은 유효한 불평이다. 이 인자를 곧 사용할 계획이다. C++ 언어에서는 쉽게 해결할 수 있다. 다음과 같이 파라미터의 이름을 제거하거나 주석 처리하면 된다.

```
auto comparePokerHands = [](const auto& /*aliceHand*/, const auto&
  /*bobHand*/){
    return "Alice wins with straight flush";
};
```

우리는 테스트를 실행하고 첫 번째 테스트를 통과한다. 멋지다. 뭔가 동작한다!

리팩터링

리팩터링할 만한 것이 없을까? 주석 처리한 인자 이름이 있다. 그리고 필자는 보통 주석 처리된 코드를 지운다. 잡동사니에 불과하기 때문이다. 하지만 곧 사용할 것이므로 지금은 그냥 놔둔다.

중복이 있다. 문자열 "Alice wins with straight flush"이 테스트와 구현에 모두 존재한다. 공통 변수나 상수로 빼는 것이 좋을까? 이것이 구현의 끝이라면 맞는 말이지만 필자는 이 문자열이 실제로는 승리한 플레이어의 이름과 패가 승리하게 된 규칙의 이름 등 다양한 조합으로 만들어질 것임을 알고 있다. 잠시 그대로 두려고 한다.

따라서 리팩터링할 것이 없으므로 계속 진행하자!

다시 한 번 생각하기

현재 구현은 좀 실망스럽다. 단순 하드코딩된 값을 반환하는 것은 많은 문제를 해결하지 못할 것 같다. 아닐까?

TDD를 배울 때는 마음가짐을 바꿔야 한다. 필자도 그랬다. 필자가 하려던 실망을 금치 못한 것과 이 솔루션을 비교하면서 최종 결과를 살펴봤지만 실망스러운 이 대상을 다른 시각에서 바라볼 수도 있다. 뭔가 작업을 했고 가장 간단한 구현이다. 갈 길이 여전히 멀지만 이미 이해 당사자에게 보여줄 만한 것이 있다는 것이다. 앞으로도 보겠지만 작성한 코드를 완벽히 테스트할 것이므로 견고한 토대를 만들 것이다. 이 두 가지는 믿을 수 없을 만큼 자유롭다. 단지 TDD를 해볼 때 여러분도 같은 감정을 느끼길 바랄 뿐이다.

다음에 할 것은 무엇인가? 몇 가지 선택이 있다. 첫 번째로 앨리스가 스트레이트 플러시로 승리하는 또 다른 테스트를 작성할 수 있지만 그 테스트가 현재의 구현을 바꾸지는 못할 것이다. 그 테스트는 곧바로 통과할 것이다. TDD 주기를 거역해야 할 것 같지만 마음의 안정을 위해 테스트를 추가하지 않을 이유가 없다. 분명히 유효한 선택지가 있다.

두 번째로 밥이 스트레이트 플러시로 승리하는 다음 테스트로 옮길 수 있다. 이 테스트를 통과하기 위해서는 몇 가지를 분명히 변화시켜야 한다.

두 선택지 모두 훌륭하다. 그리고 독자는 둘 중 어느 것을 골라도 상관없다. 실전 DDT를 살펴볼 것이므로 우선 더 많은 테스트를 작성해보자.

더 많은 테스트

테스트를 DDT로 바꾸고 더 많은 케이스를 추가하는 것은 꽤 쉽다. 여기서 밥의 패는 그대로 유지하면서 앨리스의 패만 바꿀 것이다. 결과는 다음과 같다.

```
TEST_CASE("Alice wins with straight flush"){
  vector<string> aliceHand;
  const vector<string> bobHand {"2♣", "4♦", "7♥", "9♠", "A♥"};

  SUBCASE("2 based straight flush"){
    aliceHand = {"2♠", "3♠", "4♠", "5♠", "6♠"};
  };
  SUBCASE("3 based straight flush"){
    aliceHand = {"3♠", "4♠", "5♠", "6♠", "7♠"};
  };
  SUBCASE("4 based straight flush"){
    aliceHand = {"4♠", "5♠", "6♠", "7♠", "8♠"};
  };
  SUBCASE("10 based straight flush"){
    aliceHand = {"T♠", "J♠", "Q♠", "K♠", "A♠"};
  };
```

```
    CAPTURE(aliceHand);

    auto result = comparePokerHands(aliceHand, bobHand);

    CHECK_EQ("Alice wins with straight flush", result);
}
```

다시 한 번 여기의 모든 테스트를 통과한다. 다음 테스트로 넘어갈 시간이다.

두 번째 테스트

앞에서 말한 두 번째 테스트는 밥이 스트레이트 플러시로 승리하는 것이다.

> **경우: 밥 승리**
>
> 입력:
>   앨리스: 2♠, 3♠, 4♠, 5♠, 9♠
>   밥: 2♣, 3♣, 4♣, 5♣, 6♣
>
> 출력:
>   스트레이트 플러시로 밥 승리

작성해보자! 이번에는 시작부터 데이터 기반 포맷 data-driven format 을 사용할 것이다.

```
TEST_CASE("Bob wins with straight flush"){
    const vector<string> aliceHand{"2♠", "3♠", "4♠", "5♠", "9♠"};
    vector<string> bobHand;

    SUBCASE("2 based straight flush"){
        bobHand = {"2♣", "3♣", "4♣", "5♣", "6♣"};
    };

    CAPTURE(bobHand);

    auto result = comparePokerHands(aliceHand, bobHand);

    CHECK_EQ("Bob wins with straight flush", result);
}
```

이 테스트를 실행하면 간단한 이유로 실패한다. 앨리스가 승리한다고 말하는 하드코딩 때문이다.

테스트 통과하기

테스트를 통과할 가장 간단한 방법을 다시 한 번 찾아야 한다. 구현이 만족스럽지 못하더라도 다음 단계에서 어지럽혀진 것을 정리해야 한다. 그렇다면 가장 간단한 구현은 무엇일까?

분명히 구현에 조건문이 등장해야 할 것이다. 문제는 무엇을 확인해야 하는가다.

또 다시 몇 가지 선택지가 있다. 선택지 중 하나는 속임수를 한 번 더 쓰는 것이다. 승리가 확실한 패와 밥의 패가 정확히 일치하는지 비교한다.

```
auto comparePokerHands = [](const vector<string>& /*aliceHand*/, const vector<string>& bobHand){
  const vector<string> winningBobHand {"2♣", "3♣", "4♣", "5♣", "6♣"};
  if(bobHand == winningBobHand){
    return "Bob wins with straight flush";
  }
  return "Alice wins with straight flush";
};
```

이 코드를 컴파일하기 위해서는 vector<string> 패의 타입을 또 만들어야 한다. 이렇게 바꾸면 테스트는 통과한다.

두 번째 선택지는 스트레이트 플러시 확인을 실제로 구현하는 것이다. 하지만 이것은 그 자체로 작은 문제이고 이것을 구현하기 위해서는 더 많은 테스트가 필요하다.

지금 당장 필자는 첫 번째 선택지를 선택할 것이다. 그리고 나서 스트레이트 플러시인지 확인하는 구현을 더 깊이 살펴보기 시작할 것이다.

리팩터링

리팩터링할 것이 없을까? 문자열에는 여전히 중복이 있다. 게다가 밥의 패를 포함한 벡터도 중복이다. 하지만 둘 다 곧 사라질 것이다.

하지만 필자를 괴롭히는 다른 하나는 어디서나 등장하는 vector<string>이다. vector<string> 타입에 Hand라는 이름을 붙여 이 중복을 제거하자.

```
using Hand = vector<string>;

auto comparePokerHands = [](const Hand& /*aliceHand*/, const Hand& bobHand){
  Hand winningBobHand {"2♣", "3♣", "4♣", "5♣", "6♣"};
  if(bobHand == winningBobHand){

    return "Bob wins with straight flush";
  }
  return "Alice wins with straight flush";
};

TEST_CASE("Bob wins with straight flush"){
  Hand aliceHand{"2♠", "3♠", "4♠", "5♠", "9♠"};
  Hand bobHand;

  SUBCASE("2 based straight flush"){
    bobHand = {"2♣", "3♣", "4♣", "5♣", "6♣"};
  };

  CAPTURE(bobHand);

  auto result = comparePokerHands(aliceHand, bobHand);

  CHECK_EQ("Bob wins with straight flush", result);
}
```

생각하기

다시 생각할 시간이다. 하드코딩된 값으로 두 가지 경우를 구현했다. 앨리스가 스트레이트 플러시로 승리하는 데는 별 문제가 없지만 밥이 다른 카드 세트를 가진 테스트 케이스라면 문제가 된다. 몇 가지 추가 테스트를 해볼 수 있지만 결국 실제로 스트레이트 플러시를 확인해야 한다. 필자 생각에 지금이 좋은 때다.

그렇다면 스트레이트 플러시란 무엇인가? 같은 별과 연속적인 값을 가진 다섯 장의 카드 세트다. 다섯 장의 카드 세트를 갖고 스트레이트 플러시라면 true를 반환하고 그렇지 않다면 false를 반환하는 함수가 필요하다. 몇 가지 예를 작성해보자.

- 입력: 2♣ 3♣ 4♣ 5♣ 6♣ => 출력: true
- 입력: 2♠ 3♠ 4♠ 5♠ 6♠ => 출력: true
- 입력: T♠ J♠ Q♠ K♠ A♠ => 출력: true
- 입력: 2♣ 3♣ 4♣ 5♣ 7♣ => 출력: false
- 입력: 2♣ 3♣ 4♣ 5♣ 6♠ => 출력: false
- 입력: 2♣ 3♣ 4♣ 5♣ => 출력: false (카드가 네 장 밖에 없다. 정확히 다섯 장이 필요하다.)
- 입력: [빈 벡터] => 출력: false (카드가 없다. 정확히 다섯 장이 필요하다.)
- 입력: 2♣ 3♣ 4♣ 5♣ 6♣ 7♣ => 출력: false (카드가 여섯 장이다. 정확히 다섯 장이 필요하다.)

또한 엣지 경우와 이상한 상황을 고려해야 한다는 것을 눈치챘을 것이다. 충분한 정보가 있으니 이제 다음 테스트를 작성해보자.

다음 테스트 – 단순 스트레이트 플러시

필자는 긍정적인 경우부터 시작하는 것을 선호한다. 구현을 더 발전시키는 경향이 있기 때문이다. 가장 간단한 것을 살펴보자.

- 입력: 2♣ 3♣ 4♣ 5♣ 6♣ => 출력: true

이 테스트는 다음과 같다.

```
TEST_CASE("Hand is straight flush"){
  Hand hand;

  SUBCASE("2 based straight flush"){
    hand = {"2♣", "3♣", "4♣", "5♣", "6♣"};
  };

  CAPTURE(hand);

  CHECK(isStraightFlush(hand));
}
```

또 다시 테스트는 컴파일되지 않는다. isStraightFlush 함수를 구현하지 않았기 때문이다. 하지만 이 테스트는 제대로 됐고 이것은 실패한다. 다음으로 넘어가보자.

테스트 통과하기

또 다시 첫 단계는 함수의 몸체를 작성하고 기대하는 하드코딩한 값을 반환하는 것이다.

```
auto isStraightFlush = [](const Hand&) {
  return true;
};
```

테스트를 실행했고 통과했다. 이제 끝마친 것이다!

더 진행하기

이 테스트가 어디로 향하는지 볼 수 있다. 올바른 스트레이트 플러시의 더 많은 입력을 추가할 수 있지만 함수 구현은 변하지 않을 것이다. 이 구현을 강화할 첫 번째 테스트는 스트레이트 플러시가 아닌 카드 세트의 첫 번째 예다.

9장의 목표를 위해 빠르게 진행할 것이다. 하지만 필자는 모든 작은 단계를 스스로 해보고 필자가 한 것과 여러분이 한 결과를 비교하길 강력히 권한다. TDD를 익히는 유일한 방법은 스스로 연습해 자기 것으로 만드는 것이다.

isStraightFlush 구현하기

우리가 해내려던 것을 다시 살펴보자. 스트레이트 플러시는 같은 벌에 연속 값을 가진 다섯 장의 카드로 정의한다. 이 세 가지 조건을 코드로 표현하면 된다.

```
auto isStraightFlush = [](const Hand& hand){
  return has5Cards(hand) &&
    isSameSuit(allSuits(hand)) &&
    areValuesConsecutive(allValuesInOrder(hand));
};
```

몇 가지 다양한 람다의 도움으로 구현했다. 첫째, 포메이션 길이를 확인하기 위해 has5Cards를 활용한다.

```
auto has5Cards = [](const Hand& hand){
  return hand.size() == 5;
};
```

그러고 나서 같은 벌로 구성됐는지 확인하기 위해 패에서 벌 값을 추출하는 allSuits를 활용한다. 두 벌을 비교하는 데 isSuitEqual을 활용하고 한 패에서 모든 벌이 같은지 확인하는 데 isSameSuit을 활용한다.

```
using Card = string;
auto suitOf = [](const Card& card){
  return card.substr(1);
};

auto allSuits = [](Hand hand){
  return transformAll<vector<string>>(hand, suitOf);
};

auto isSameSuit = [](const vector<string>& allSuits){
  return std::equal(allSuits.begin() + 1, allSuits.end(), allSuits.begin());
};
```

마지막으로 연속적인 값을 확인하기 위해 valueOf를 활용해 카드에서 값을 추출하고 패의 모든 값을 얻고 정렬하기 위해 allValuesInOrder를 활용한다. 그리고 toRange를 활용해 초기 값부터 시작하는 연속적인 값의 범위를 생성한다. 그리고 areValuesConsecutive는 패의 값이 연속적인지 확인한다.

```
auto valueOf = [](const Card& card){
  return charsToCardValues.at(card.front());
};

auto allValuesInOrder = [](const Hand& hand){
  auto theValues = transformAll<vector<int>>(hand, valueOf);
  sort(theValues.begin(), theValues.end());
  return theValues;
```

```
};

auto toRange = [](const auto& collection, const int startValue){
  vector<int> range(collection.size());
  iota(begin(range), end(range), startValue);
  return range;
};

auto areValuesConsecutive = [](const vector<int>& allValuesInOrder){
  vector<int> consecutiveValues = toRange(allValuesInOrder,
    allValuesInOrder.front());

  return consecutiveValues == allValuesInOrder;
};
```

퍼즐의 마지막 조각은 char에서 int로 향하는 맵이다. 이 맵은 T, J, Q, K, A를 포함한 카드 값을 숫자로 변환하도록 도와준다.

```
const std::map<char, int> charsToCardValues = {
  {'1', 1},
  {'2', 2},
  {'3', 3},
  {'4', 4},
  {'5', 5},
  {'6', 6},
  {'7', 7},
  {'8', 8},
  {'9', 9},
  {'T', 10},
  {'J', 11},
  {'Q', 12},
  {'K', 13},
  {'A', 14},
};
```

만들었던 테스트를 살펴보자(분명히 모두 통과한다). 첫째, 유효한 스트레이트 플러시다. 2, 3, 4, 10으로 시작하는 스트레이트 플러시를 확인하고 데이터 간격이 어떻게 변하는지 확인할 것이다.

```
TEST_CASE("Hand is straight flush"){
  Hand hand;

  SUBCASE("2 based straight flush"){
    hand = {"2♣", "3♣", "4♣", "5♣", "6♣"};
  };

  SUBCASE("3 based straight flush"){
    hand = {"3♣", "4♣", "5♣", "6♣", "7♣"};
  };

  SUBCASE("4 based straight flush"){
    hand = {"4♣", "5♣", "6♣", "7♣", "8♣"};
  };

  SUBCASE("4 based straight flush on hearts"){
    hand = {"4♥", "5♥", "6♥", "7♥", "8♥"};
  };

  SUBCASE("10 based straight flush on hearts"){
    hand = {"T♥", "J♥", "Q♥", "K♥", "A♥"};
  };

  CAPTURE(hand);

  CHECK(isStraightFlush(hand));
}
```

마지막으로 유효하지 않은 스트레이트 플러시 카드 세트 테스트다. 입력에는 대부분 스트레이트 플러시이지만 다른 별이 끼어 있거나 카드 개수가 불충분하거나 너무 많은 패를 사용할 것이다.

```
TEST_CASE("Hand is not straight flush"){
  Hand hand;

  SUBCASE("Would be straight flush except for one card from another suit"){
    hand = {"2♣", "3♣", "4♣", "5♣", "6♠"};
  };

  SUBCASE("Would be straight flush except not enough cards"){
    hand = {"2♣", "3♣", "4♣", "5♣"};
```

```
    };

    SUBCASE("Would be straight flush except too many cards"){
      hand = {"2♣", "3♣", "4♣", "5♣", "6♣", "7♠"};
    };

    SUBCASE("Empty hand"){
      hand = {};
    };

    CAPTURE(hand);

    CHECK(!isStraightFlush(hand));
  }
```

이제 메인 문제 '포커 패 비교하기'로 돌아갈 시간이다.

스트레이트 플러시 확인을 comparePokerHands와 연결하기

지금까지 여러 가지를 구현했음에도 불구하고 comparePokerHands 구현은 여전히 하드코딩돼 있다. 이 함수의 현재 상황을 떠올려보자.

```
auto comparePokerHands = [](const Hand& /*aliceHand*/, const Hand& bobHand){
  const Hand winningBobHand {"2♣", "3♣", "4♣", "5♣", "6♣"};
  if(bobHand == winningBobHand){
    return "Bob wins with straight flush";
  }
  return "Alice wins with straight flush";
};
```

하지만 이제 스트레이트 플러시를 확인할 수 있다! 우리가 구현한 것을 집어넣어 보자.

```
auto comparePokerHands = [](Hand /*aliceHand*/, Hand bobHand){
  if(isStraightFlush(bobHand)) {
    return "Bob wins with straight flush";
  }
  return "Alice wins with straight flush";
};
```

모든 테스트를 통과했다. 이제 거의 다 왔다. 뭔가 놓치지 않았는지 확인하는 차원에서 'Bob wins with straight flush' 경우에 몇 가지 테스트를 추가할 시간이다. 앨리스의 패는 대부분 스트레이트 플러시로 똑같이 가져갈 것이고 밥의 패는 2, 3, 10 기반의 스트레이트 플러시다.

```
TEST_CASE("Bob wins with straight flush"){
  Hand aliceHand{"2♠", "3♠", "4♠", "5♠", "9♠"};
  Hand bobHand;

  SUBCASE("2 based straight flush"){
    bobHand = {"2♣", "3♣", "4♣", "5♣", "6♣"};
  };

  SUBCASE("3 based straight flush"){
    bobHand = {"3♣", "4♣", "5♣", "6♣", "7♣"};
  };

  SUBCASE("10 based straight flush"){
    bobHand = {"T♣", "J♣", "Q♣", "K♣", "A♣"};
  };

  CAPTURE(bobHand);

  auto result = comparePokerHands(aliceHand, bobHand);

  CHECK_EQ("Bob wins with straight flush", result);
}
```

이전 모든 테스트를 통과했다. 앨리스와 밥 중 한 명이 스트레이트 플러시를 갖고 있고 상대방은 갖고 있지 않은 두 가지 경우를 끝냈다. 다음 경우로 넘어간다.

두 스트레이트 플러시 비교하기

이번 절을 시작할 때 논의했듯이 앨리스와 밥 둘 다 스트레이트 플러시를 가졌지만 앨리스가 더 높은 스트레이트 플러시로 승리하는 경우가 있다.

경우: 더 높은 스트레이트 플러시로 앨리스 승리

입력:
  앨리스: 3♠, 4♠, 5♠, 6♠, 7♠
  밥: 2♣, 3♣, 4♣, 5♣, 6♣

출력:
스트레이트 플러시로 앨리스 승리

테스트를 작성해 실행해보자.

```
TEST_CASE("Alice and Bob have straight flushes but Alice wins with higher straight flush"){
  Hand aliceHand;
  Hand bobHand{"2♣", "3♣", "4♣", "5♣", "6♣"};

  SUBCASE("3 based straight flush"){
    aliceHand = {"3♠", "4♠", "5♠", "6♠", "7♠"};
  };

  CAPTURE(aliceHand);

  auto result = comparePokerHands(aliceHand, bobHand);

  CHECK_EQ("Alice wins with straight flush", result);
}
```

이 테스트는 실패한다. comparePokerHands 함수는 앨리스의 승리가 아닌 밥의 승리를 반환하기 때문이다. 이것을 가장 간단한 구현으로 고쳐보자.

```
auto comparePokerHands = [](const Hand& aliceHand, const Hand& bobHand){
  if(isStraightFlush(bobHand) && isStraightFlush(aliceHand)){
    return "Alice wins with straight flush";
  }

  if(isStraightFlush(bobHand)) {
    return "Bob wins with straight flush";
  }

  return "Alice wins with straight flush";
};
```

앨리스와 밥 둘 다 스트레이트 플러시를 가졌다면 항상 앨리스가 승리하는 것으로 결정하도록 구현돼 있다. 물론 이것은 분명히 우리가 원하는 바가 아니다. 하지만 테스트는 통과한다. 그렇다면 이 구현을 더 진보시키는 테스트는 무엇일까?

생각하기

이전 분석에서 한 가지 빠뜨린 경우가 있었음이 밝혀졌다. 앨리스와 밥 둘 다 스트레이트 플러시를 가졌을 때 무슨 일이 벌어지는지 살펴보면 앨리스가 승리한다. 그런데 밥이 더 높은 스트레이트 플러시를 가졌다면 어떠할까? 예제를 작성해보자.

경우: 더 높은 스트레이트 플러시로 밥 승리

입력:
  앨리스: 3♠, 4♠, 5♠, 6♠, 7♠
  밥: 4♣, 5♣, 6♣, 7♣, 8♣

출력:
  스트레이트 플러시로 밥 승리

또 다른 실패 테스트를 작성할 시간이다.

두 스트레이트 플러시 비교하기(계속)

이 테스트를 지금쯤 작성하는 것이 분명하다.

```
TEST_CASE("Alice and Bob have straight flushes but Bob wins with higher
  straight flush"){
    Hand aliceHand = {"3♠", "4♠", "5♠", "6♠", "7♠"};
    Hand bobHand;

    SUBCASE("3 based straight flush"){
      bobHand = {"4♣", "5♣", "6♣", "7♣", "8♣"};
    };

  CAPTURE(bobHand);

  auto result = comparePokerHands(aliceHand, bobHand);
```

```
    CHECK_EQ("Bob wins with straight flush", result);
}
```

테스트는 다시 실패한다. 구현이 앨리스와 밥 둘 다 스트레이트 플러시를 갖고 있을 때 항상 앨리스의 승리를 가정하기 때문이다. 어느 것이 더 높은 스트레이트 플러시인지 확인할 시간이 된 것 같다.

그렇게 하기 위해 몇 가지 경우를 한 번 더 작성하고 TDD 주기를 거쳐야 한다. 이번에도 구현부로 빠르게 지나가겠다. 결국 다음과 같이 두 개의 스트레이트 플러시를 비교하는 헬퍼 함수를 만들어야 한다. 첫 번째 패가 더 높으면 1, 양 패가 같으면 0, 두 번째 패가 더 높으면 -1을 반환한다.

```
auto compareStraightFlushes = [](const Hand& first, const Hand& second){
  int firstHandValue = allValuesInOrder(first).front();
  int secondHandValue = allValuesInOrder(second).front();
  if(firstHandValue > secondHandValue) return 1;
  if(secondHandValue > firstHandValue) return -1;
  return 0;
};
```

그리고 구현을 수정해 테스트를 통과시킬 수 있다.

```
auto comparePokerHands = [](const Hand& aliceHand, const Hand& bobHand){
  if(isStraightFlush(bobHand) && isStraightFlush(aliceHand)){
    int whichIsHigher = compareStraightFlushes(aliceHand, bobHand);
    if(whichIsHigher == 1) return "Alice wins with straight flush";
    if(whichIsHigher == -1) return "Bob wins with straight flush";
  }

  if(isStraightFlush(bobHand)) {
    return "Bob wins with straight flush";
  }

  return "Alice wins with straight flush";
};
```

최종 경우를 남겨뒀다. 바로 무승부다. 이 테스트는 또 다시 매우 간결하다.

```
TEST_CASE("Draw due to equal straight flushes"){
  Hand aliceHand;
  Hand bobHand;

  SUBCASE("3 based straight flush"){
    aliceHand = {"3♠", "4♠", "5♠", "6♠", "7♠"};
  };

  CAPTURE(aliceHand);
  bobHand = aliceHand;

  auto result = comparePokerHands(aliceHand, bobHand);

  CHECK_EQ("Draw", result);
}
```

그리고 이 구현 수정은 매우 직관적이다.

```
auto comparePokerHands = [](Hand aliceHand, Hand bobHand){
  if(isStraightFlush(bobHand) && isStraightFlush(aliceHand)){
    int whichIsHigher = compareStraightFlushes(aliceHand, bobHand);
    if(whichIsHigher == 1) return "Alice wins with straight flush";
    if(whichIsHigher == -1) return "Bob wins with straight flush";
    return "Draw";
  }

  if(isStraightFlush(bobHand)) {
  return "Bob wins with straight flush";
  }

  return "Alice wins with straight flush";
};
```

가장 아름다운 함수는 아니지만 모든 스트레이트 플러시 비교 테스트를 통과한다. 확실히 더 작은 함수로 리팩터링할 수 있지만 TDD와 DDT를 활용해 하나가 아닌 다수의 순수 함수를 설계하는 목표를 달성했으니 여기서 멈출 것이다.

요약

9장에서는 유닛 테스트 작성하는 방법, 데이터 기반 테스트 작성하는 방법, TDD로 순수 함수 설계를 위한 데이터 기반 테스트를 활용하는 방법을 배웠다.

TDD는 효율적인 소프트웨어 개발의 핵심 사례 중 하나다. TDD는 어떤 면에서는 이상하고 비직관적으로 보일 수 있지만 매분마다 보여줄 수 있는 뭔가를 작업한다는 강력한 장점이 있다. 테스트를 통과하는 것은 데모 지점일 뿐만 아니라 저장 지점이기도 하다. 리팩터링을 시도하거나 다음 테스트를 구현하면서 잘못된 사건이 발생했을 때 마지막 세이브 포인트로 다시 되돌아갈 수 있다. 필자는 많은 것이 잘못될 수 있는 C++에서 이 사례가 훨씬 값지다는 사실을 깨달았다. 사실 **3장, 람다 파헤치기** 이후 모든 코드를 TDD 기반으로 작성했다. TDD를 통해 내 코드가 동작한다는 것을 확신할 수 있어 엄청난 도움이 됐다. 이 방법 없이 기술서적을 작성한다면 무척 어려웠을 것이다. TDD를 더 살펴보고 스스로 연습할 것을 강력히 권한다. 그것이 능숙해지는 유일한 방법이다.

함수형 언어와 TDD는 찰떡 궁합이다. TDD를 명령형 객체지향 코드에 사용하면 변형을 고려해야 하고 이것은 TDD를 더 어렵게 만든다. 순수 함수와 데이터 기반 테스트를 활용하면 더 많은 테스트를 추가하는 연습이 훨씬 간결해지고 구현에 집중할 수 있게 된다. 함수형 연산자 지원을 활용하면 여러 상황에서 테스트를 통과하는 것이 더 쉬워진다. 개인적으로 필자는 이 조합이 믿을 수 없을 만큼 값지다는 것을 알게 됐다. 여러분도 그것이 똑같이 유용하다는 것을 알게 되길 바란다.

이제 더 나아가고 소프트웨어 설계의 다른 섹션인 디자인 패턴을 다시 방문할 시간이다. 함수형 프로그래밍과 디자인 패턴이 만나면 디자인 패턴이 변경될까?(스포일러 경고 – 실제로 훨씬 더 간결해진다) 이것이 10장에서 논의할 내용이다.

3부

함수형 프로그래밍의 장점 활용하기

지금까지 함수형 프로그래밍의 빌딩 블록을 C++에서 어떻게 작성하는지와 그것을 활용한 함수 중심 설계법을 많이 배웠다. 함수형 프로그래밍과 연관성 깊은 몇 가지 특화된 주제를 살펴볼 차례다.

우선 퍼포먼스 최적화라는 거대한 주제에 뛰어들 것이다. 순수 함수와 특히 잘 맞아 떨어지는 몇 가지 최적화 기법을 배울 것이다. 예를 들어 메모이제이션, 꼬리 재귀 최적화다. 메모리 사용량 및 실행시간 최적화를 살펴볼 것이다. 그리고 다양한 측정을 수행하고 접근법을 비교할 것이다.

그리고 나서 함수형 프로그래밍을 통한 병렬과 비동기 실행을 살펴볼 것이다. 불변성이 주는 상태 공유 회피를 통해 병렬 실행 패턴을 더 간결하게 할 것이다.

함수형 프로그래밍의 더 많은 장점은 그뿐만이 아니다. 데이터 생성기와 순수 함수로 특성 기반 테스트라는 자동화 테스트 패러다임을 활용할 수도 있다. 이를 통해 더 적은 코드로 더 많은 시나리오를 확인할 수 있다. 그리고 기존에 존재하는 복잡한 코드를 리팩터링해야 하는 경우 첫 단계는 기존 코드를 순수 함수로 리팩터링하고 이 순수 함수를 위한 테스트 코드를 빠르게 작성한 후 클래스로 변환할지 그대로 놔둘지 결정하는 것이다.

마지막으로 우리는 한 단계 더 높은 수준인 불변 상태 기반의 아키텍처 패러다임으로 향할 것이다. 그러고 나서 함수형 프로그래밍과 밀접하게 연결된 이벤트 소싱을 살펴볼 것이다.

3부는 다음과 같이 구성돼 있다.

- 10장, 퍼포먼스 최적화
- 11장, 특성 기반 테스트
- 12장, 순수 함수로 리팩터링하기와 순수 함수를 통한 리팩터링하기
- 13장, 불변성과 아키텍처 – 이벤트 소싱

10
퍼포먼스 최적화

퍼포먼스는 프로젝트의 프로그래밍 언어로 C++를 선택하는 핵심 이유 중 하나다. 함수형 스타일로 코드를 구조화할 때 퍼포먼스를 향상시키는 방법을 논의할 시간이 됐다.

퍼포먼스는 한 장에서 완벽하게 다룰 수 없는 거대한 주제이지만 퍼포먼스 향상의 핵심 아이디어를 살펴볼 것이다. 순수 함수 언어가 퍼포먼스를 최적화하는 방법을 살펴보고 이 최적화를 C++에 적용하는 방법을 살펴볼 것이다.

10장에서는 다음 주제를 다룬다.

- 퍼포먼스를 전달하는 과정
- 퍼포먼스 향상을 위한 병렬·비동기 활용법
- 꼬리 재귀tail recursion가 무엇인지 이해하고 활성화시키는 방법
- 함수형 구조를 활용한 메모리 소비 개선법
- 함수형 비동기 코드

기술적 요구사항

C++ 17을 지원하는 컴파일러가 필요할 것이다. 필자는 GCC 7.3.0을 사용했다.

코드는 GitHub(https://github.com/PacktPublishing/Hands-On-Functional-Programming-with-Cpp)의 10장 폴더에서 찾을 수 있다. 여기에는 단일 헤더 오픈 소스 유닛 테스팅 라이브러리인 doctest를 포함하고 이것을 활용한다. 다음 GitHub 저장소에서 doctest를 찾을 수 있다(https://github.com/onqtam/doctest).

퍼포먼스 최적화

퍼포먼스 최적화 이야기는 피자 이야기와 비슷하다. 어떤 사람들은 피자에 파인애플을 곁들이는 것을 좋아하고 찾는다. 다른 사람들은 전통 이탈리안 피자(또는 특정 지역 피자)만 먹는다. 모든 종류의 피자를 좋아하는 사람이 있는 반면 야채피자만 먹는 사람도 있다. 요점은 퍼포먼스 최적화는 독자의 코드베이스와 제품 문맥에 달려 있다는 것이다. 어떤 종류의 퍼포먼스를 원하는가? 사용자에게 가장 중요한 퍼포먼스는 어떤 부분인가? 고려해야 할 제약사항은 무엇인가?

필자와 일하는 고객이 주제에 따라 주로 요청하는 퍼포먼스 요구사항이 있다.

- **임베디드 제품**(예를 들면 자동차, 에너지, 전기통신)은 주로 메모리 제약 조건 내에서 동작해야 한다. 스택과 힙이 종종 작으므로 수명이 긴 변수의 수를 제한한다. 증가하는 메모리에의 비용 지출을 제한할 수 있다(모든 기기에 1메가바이트 메모리를 추가하면 천만 유로 이상이 더 들어갈 거라고 말하는 고객도 있었다). 따라서 프로그래머는 가능하면 메모리 할당을 피하면서 이 제약사항 내에서 작업해야 한다. 여기에는 복사를 통한 인자 전달(특히 큰 구조체), 초기화 또는 메모리 소모가 큰 특정 알고리듬 사용을 자제해야 한다.

- **엔지니어링 애플리케이션**(예를 들면 CAD)은 매우 큰 데이터 세트에 수학, 물리, 공학 관련 특정 알고리듬을 사용해야 하며 가능하면 결과를 빨리 반환해야 한다. 이 과정은 현대 PC에서 진행된다. RAM은 상대적으로 문제가 되지 않지만 CPU는 문제가 될

수 있다. 이 과정의 일부를 맡을 수 있는 멀티코어 CPU와 특수 GPU의 등장과 강력하면서 특수화된 다수 서버간 워크로드 분산을 가능케 하는 클라우드 기술의 등장으로 개발자의 역할은 종종 병렬과 비동기 세상에서의 속도 최적화가 돼가고 있다.

- **데스크톱 게임과 게임 엔진**은 특수한 고려사항이 있다. 그래픽은 가능하면 우아해 보여야 하는 동시에 중간 또는 저사양 기계에서는 우아하게 스케일 다운하면서 랙을 피해야 한다. 게임은 종종 게임을 실행하는 기계를 장악한다. 시스템 애플리케이션(백신이나 방화벽 같은), 운영체제, 자원을 두고 다퉈야 한다. GPU, CPU, RAM의 특정 수준을 가정한다. 최적화는 결국 매끄러운 게임 플레이 경험을 위한 병렬화(다중 코어를 가정하기 때문에)와 낭비를 피하는 것으로 귀결된다.

- **게임 서버**는 또 다른 짐승이다. 블리자드의 배틀넷(필자는 스타크래프트 II 플레이어를 즐긴다)과 같은 서비스는 엄청난 스트레스에도 빠른 반응이 필수적이다. 클라우드 컴퓨팅 시대에 서버 수와 서버 능력은 문제가 되지 않는다. 클라우드에서 스케일 업이나 스케일 다운[1]일 수 있다. I/O 워크로드에 가능하면 빨리 반응하는 것이 주요 관심사다.

- **미래는 흥미롭다.** 게임에서는 저사양 기계에서도 게이머가 플레이할 수 있도록 서버로 처리를 옮기는 경향이 있다. 이것은 미래 게임에 놀라운 기회를 선사할 것이다(1GPU 대신 10GPU, 100GPU로 무엇을 할 수 있을까?). 이것도 서버사이드, 다중기계, 병렬처리 게임 엔진의 최적화로 귀결될 것이다. 게임뿐만 아니라 IoT 산업에는 임베디드 소프트웨어와 확장 가능한 서버사이드 처리의 더 많은 기회가 열려 있다.

이 모든 가능성을 염두에 두고 코드베이스에서 퍼포먼스를 전달하기 위해 무엇을 할 수 있을까?

퍼포먼스 전달 과정

지금까지 살펴봤듯이 퍼포먼스 최적화는 여러분이 성취하려는 것에 많이 의존한다. 다음 단계는 다음과 같이 빠르게 요약할 수 있다.

---

[1] 서버의 로드밸런싱 – 옮긴이

1. 측정치와 측정법을 포함한 퍼포먼스의 명확한 목표를 정의한다.
2. 퍼포먼스용 몇 가지 코딩 가이드라인을 정의한다. 코드의 특정 부분에 가이드라인을 명확히 유지하고 재단한다.
3. 코드가 동작하도록 만든다.
4. 필요한 곳을 측정해 퍼포먼스를 향상시킨다.
5. 모니터링하고 개선한다.

각 단계를 더 자세히 살펴보기 전에 퍼포먼스 최적화의 함정을 이해하는 것이 중요하다. 두 가지 최적화가 있다. 첫째, 깨끗한 설계와 깨끗한 코드에서 오는 최적화다. 예를 들면 코드에서 특정 타입의 유사성을 제거해 실행 파일 크기를 줄일 수 있을 것이다. 따라서 데이터를 저장할 더 많은 공간을 활용할 수 있고 코드에서 이 데이터는 더 적게 이동할 것이다. 따라서 무의미한 복사와 우회는 줄어들 것이다. 또는 컴파일러가 코드를 더 잘 이해하게 돼 최적화할 수도 있을 것이다. 경험상 간단한 설계로의 코드 리팩터링은 종종 퍼포먼스를 개선했다.

퍼포먼스를 개선하는 두 번째 방법은 포인트 최적화를 활용하는 것이다. 이것은 매우 특수한 방법으로 종종 특정 컴파일러나 플랫폼에서 코드가 빠르게 동작하거나 더 적은 메모리를 사용하도록 하나의 함수나 흐름을 재작성할 수 있다. 이 최종 코드는 영리해 보이지만 이해하기 어렵고 바꾸기도 어렵다.

포인트 최적화는 변경하기 쉽고 유지·보수하기 쉬운 코드 작성하기와 본질적으로 상충한다. '미성숙한 최적화는 만악의 근원이다'라는 도널드 크누스의 명언으로 귀결된다. 이것은 거대한 컬렉션을 복사로 전달하는 것과 같이 느린 코드를 작성해야 한다는 말이 아니다. 변경 가능성에 맞춘 설계 최적화를 우선 진행하고 퍼포먼스를 측정한 후 그것을 최적화해야 한다는 의미다. 플랫폼 특수문구, 특정 컴파일러 버전, 라이브러리 등은 종종 포인트 최적화가 필요할 수도 있다. 그것들을 분리한 상태로 유지하고 거의 사용하지 않아야 한다.

이제 퍼포먼스 최적화 과정을 살펴보자.

측정치와 측정법을 포함한 퍼포먼스의 명확한 목표 정의하기

어디로 갈지 모른다면 우리가 가는 방향은 문제가 되지 않는다. 〈이상한 나라의 앨리스〉에 나온 대사를 바꿔 말한 것이다. 우리가 어디로 가는지 알아야 한다. 제품에 걸맞은 퍼포먼스 측정치 리스트가 필요하다. 부가적으로 각 퍼포먼스 측정치마다 좋은 값과 수용 가능한acceptable 값의 범위가 필요하다. 몇 가지 예를 살펴보자.

메모리가 4MB인 기계의 임베디드 제품을 만든다고 가정해보자. 여기서 측정치는 다음과 같을 것이다.

- 메모리 소모
    - 우수: 1~3MB
    - 양호: 3~4MB
- 기기 부팅 시간
    - 우수: 1초 이내
    - 양호: 1~3초

건물 설계를 통해 음파를 모델링하는 데스크톱 CAD 애플리케이션을 작성한다고 가정하면 측정치는 흥미로울 것이다.

음파 모델링 소요시간 계산:

- 작은 방
    - 우수: 1분 이내
    - 양호: 5분 이내
- 중간 크기 방
    - 우수: 2분 이내
    - 양호: 10분 이내

이 수치는 예시에 불과하다. 독자의 제품에서는 자신만의 측정치를 찾아야 할 것이다.

이 측정치와 우수·양호 범위 내에 들면 신규 기능을 추가한 후 퍼포먼스를 측정하고 그에 따른 최적화를 할 수 있다. 그것을 통해 비즈니스 관계자나 이해 당사자에게 제품 퍼포먼스를 간단히 설명할 수 있게 된다.

퍼포먼스용 몇 가지 코딩 가이드라인 정의하기와 코드의 특정 부분에 가이드라인을 명확히 유지하고 재단하기

50명의 C++ 프로그래머에게 퍼포먼스 최적화 팁을 질문한다면 곧 이 조언에 압도될 것이다. 그 조언을 조사하기 시작하면 일부는 시간이 꽤 지난 것이고 일부는 매우 특수한 사례이고 다른 일부는 엄청날 것이다.

퍼포먼스용 코딩 가이드라인을 만드는 것은 매우 중요하지만 여기에는 함정이 있다. C++ 코드베이스는 수년간 개발된 것이므로 거대해지는 경향이 있다. 코드베이스를 비판적으로 바라본다면 코드의 극히 일부만 퍼포먼스 병목현상을 야기한다는 사실을 깨달을 것이다. 예를 들면 수학적 연산에서 1ms의 개선은 이 연산이 매우 많이 수행되는 경우에만 의미가 있다. 이 연산이 한두 번 또는 거의 불리지 않는다면 최적화할 필요가 없다. 사실 차기 버전의 컴파일러나 CPU가 독자보다 최적화를 더 잘할 것이다.

이 사실 때문에 코드의 어느 부분이 정의한 퍼포먼스 기준에서 결정적 역할을 하는지 알아야 한다. 어떤 설계가 코드의 특정 조각에 가장 잘 맞는지 알아내 명확한 가이드라인을 갖고 그것을 따라야 한다. 모든 곳에 const&을 사용하는 것은 유용할 수도 있지만 매우 작은 컬렉션을 단 한 번만 정렬해 개발자의 시간낭비를 막을 수 있다.

코드가 동작하도록 만들기

이 가이드라인을 마음에 새긴 상태에서 신규 기능을 구현할 때 항상 첫 단계는 코드가 동작하도록 만드는 것이다. 또한 제약 조건 내에서 쉽게 변경할 수 있도록 구조화해야 한다. 여기서는 퍼포먼스 최적화를 하면 안 된다. 다시 말하지만 컴파일러와 CPU가 여러분보다 더 영리하게 기대보다 더 잘 할 것이다. 최적화해야 하는 경우인지 알아내는 유일한 방법은 퍼포먼스를 측정하는 것이다.

필요한 곳을 측정해 퍼포먼스 향상시키기

코드가 동작하고 여러분의 가이드라인에 따라 구조화되고 변화에 최적화됐다. 최적화의 몇 가지 가정을 작성하고 테스트할 시간이다.

여러분은 명확한 퍼포먼스 측정치가 있으므로 측정치를 검증하기는 상대적으로 쉽다. 물론 여기에는 올바른 인프라와 적당한 측정 프로세스가 필요하다. 그것으로 퍼포먼스 측정치에 따른 측정을 할 수 있다.

"이 코드를 이 같은 식으로 재구조화하면 X 척도^{indicator}가 향상될 것으로 예측한다."와 같은 추가적인 가설이 필요할 때가 있고 가설을 계속 테스트할 수도 있다. 브랜치[2]를 생성하고 코드를 변경하고 제품을 만들고 퍼포먼스 측정치를 측정한 후 결과를 살펴본다. 당연한 말이지만 실제로는 말보다 훨씬 복잡하다. 다른 버전의 컴파일러로 빌드가 필요하거나 다른 최적화 옵션을 사용해야 하거나 통계를 내야 할 수도 있다. 제대로 된 결정$^{an\ informed\ decision}$을 하려면 이 모든 것이 필요하다. 코드를 변경하거나 이해하기 더 어려워질 때마다 측정치에 시간을 투자하는 것이 좋다. 그렇지 않으면 결국 오랫동안 신경써야 할 기술적 빚으로 남는다.

하지만 포인트 최적화를 해야 한다면 특별한 해결 방법이 없다. 포인트 최적화를 가능하면 상세하게 확실하게 문서화해야 한다. 가설을 테스트하기 전에 많은 것을 작성해야 할 것이다.

모니터링 및 개선

퍼포먼스 측정치를 정의함으로써 이 반복을 시작했다. 이제 이 반복을 끝낼 시간이다. 이 측정치(그리고 가능한 다른 것들)를 모니터링하고 간격을 조절하고 우리가 배운 것에 기반해 가이드라인을 코딩해야 한다. 대상 기기도 진화하므로 퍼포먼스 최적화는 지속적인 과정이다.

지금까지 퍼포먼스 전달 과정을 살펴봤다. 이것은 함수형 프로그래밍과 어떤 관련이 있

---

[2] GIT의 브랜치 – 옮긴이

을까? 어떤 활용 경우가 함수형 코드 구조를 빛내고 어떤 활용 경우가 제대로 동작하지 않을까? 이제 코드 구조를 깊이 살펴볼 시간이다.

병렬론 – 불변성의 장점 활용하기

소프트웨어 개발에서 병렬로 수행되는 코드를 작성하는 것은 극심한 고통의 원천이었다. 멀티스레드, 멀티프로세스, 멀티서버 환경에서 발생하는 문제는 본질적으로 해결하기 어렵다. 데드락Deadlocks, 기아starvation, 데이터 경합data races, 락locks, 디버깅 멀티스레드 코드는 그것들을 본 적이 있는 여러분이 다시 만나는 것을 두려워하게 만드는 용어다. 하지만 여러분은 멀티코어 CPU, GPU, 다중서버 때문에 결국 병렬 코드를 만나야 한다. 함수형 프로그래밍이 여기에 도움을 줄 수 있을까?

이것은 특별히 불변성에서 파생된 함수형 프로그래밍의 강점 중 하나라는 데 모두 동의한다. 데이터가 절대로 변하지 않는다면 락은 더이상 필요없고 동기화는 매우 간단히 일반화될 수 있다. 순수 함수와 함수형 변환(물론 I/O를 제외한)만 사용한다면 거의 공짜나 다름없이 병렬화할 수 있다.

사실 STL 고차원 함수 실행 정책을 포함한 C++ 17 표준에서는 단 하나의 파라미터로 순차적 알고리듬을 병렬적으로 변환할 수 있다. 벡터에서 모든 숫자가 5보다 큰지 병렬로 확인해보자. all_of의 실행 정책으로 execution::par를 사용해야 한다.

```
auto aVector = {1, 2, 3, 4, 5, 6, 7, 8, 9, 10};
auto all_of_parallel = [&aVector](){
  return all_of(execution::par, aVector.begin(), aVector.end(),
    [](auto value){return value > 5;});
};
```

그리고 나서 다음과 같이 chrono 네임스페이스의 고해상도 타이머를 활용해 알고리듬의 순차 버전과 병렬 버전의 차이를 측정할 수 있다.

```
auto measureExecutionTimeForF = [](auto f){
  auto t1 = high_resolution_clock::now();
  f();
  auto t2 = high_resolution_clock::now();
  chrono::nanoseconds duration = t2 - t1;
  return duration;
};
```

보통 필자는 실험에 기반한 실행을 통해 차이점을 보여주려고 하지만 안타깝게도 여기서는 그럴 수 없다. 이것을 작성할 때 실행 정책이 구현된 컴파일러는 MSVC와 인텔 C++ 밖에 없다. 게다가 두 컴파일러 모두 표준을 충족시키지 못했다. 하지만 다음 코드 조각^{snippet} 같이 parallelExecution.cpp에 코드를 작성했다. 여러분의 컴파일러가 표준을 지원한다면 주석 한 줄을 해제해 활성화할 수 있다.

```
// 이 파일을 작성할 때는 MSVC에만 실행 정책이 구현돼 있었다.
// 독자는 이 파일을 미래에 볼 것이므로 다음 줄의 주석을 해제해 병렬 실행 코드를 활성화할 수 있다.
// #define PARALLEL_ENABLED
```

이 코드를 실행하면 다음과 같이 all_of의 순차적, 병렬적 실행 시간을 비교해 보여줄 것이다.

```
TEST_CASE("all_of with sequential execution policy"){
  auto aVector = {1, 2, 3, 4, 5, 6, 7, 8, 9, 10};

  auto all_of_sequential = [&aVector](){
    return all_of(execution::seq, aVector.begin(), aVector.end(),
      [](auto value){return value > 5;});
  };

  auto sequentialDuration = measureExecutionTimeForF(all_of_sequential);
    cout << "Execution time for sequential policy:" <<
      sequentialDuration.count() << " ns" << endl;

  auto all_of_parallel = [&aVector](){
    return all_of(execution::par, aVector.begin(), aVector.end(),
      [](auto value){return value > 5;});
  };
```

```
    auto parallelDuration = measureExecutionTimeForF(all_of_parallel);
    cout << "Execution time for parallel policy:" << parallelDuration.count()
         << " ns" << endl;
}
```

실행 데이터를 여기서 분석했다면 좋았겠지만 그럴 수 없는 입장에서 이게 최선이었다. 10장에서 가장 중요한 메시지는 측정, 측정, 측정, 그리고 나서야 최적화이기 때문이다. 때가 왔을 때 스스로 측정해보길 바란다.

C++ 17 표준은 sort, find, copy, transform, reduce를 포함한 다양한 STL 함수의 실행 정책을 지원한다. 이 함수들을 연결하고 순수 함수를 사용한다면 병렬 실행을 위해 모든 호출에(또는 고차원 함수를 바인딩) 부가적인 파라미터를 전달만 하면 된다는 뜻이다. 필자는 스레드를 관리하고 이상한 동기화 문제를 디버깅하느라 고생하는 사람들을 위한 마법이라고 말하고 싶다. 실제로 이전 장에서 작성한 틱택토와 포커 패의 모든 코드를 C++ 17 표준을 완벽히 지원하는 컴파일러로 쉽게 병렬 실행되도록 전환할 수 있다.

하지만 이것은 어떻게 동작할까? 다중 스레드에서 all_of를 실행하는 것은 매우 쉽다. 각각 컬렉션의 특정 원소를 대상으로 술어 논리를 실행한다. 불린 값이 반환되며 이 과정은 첫 번째 술어 논리가 False를 반환할 때 멈춘다. 이것은 오직 이 술어 논리가 순수 함수일 때만 가능하다. 결과를 수정하거나 벡터를 수정하면 경합 조건race condition이 생성된다. 문서는 특히 프로그래머에게 술어 함수를 순수 함수로 유지할 책임이 있다고 기술하고 있다. 여기에 경고 메시지나 컴파일 에러는 아무 것도 없다. 순수 함수 조건에 덧붙여 이 술어 논리에는 원소가 취급되는 순서를 가정하지 않는다.

병렬 실행 정책을 시작할 수 없는 경우(예를 들면 자원 부족 때문에) 이 실행은 순차적 호출로 되돌아갈 것이다. 기대치보다 결과가 훨씬 낮다면 프로그램이 병렬로 수행될 수 있는지 먼저 확인하라는 것을 퍼포먼스를 측정할 때 기억하면 좋다.

이 옵션은 다중 CPU를 활용하는, 계산량이 과도한 애플리케이션에 유용하다. 여러분이 메모리 히트memory hit에 관심이 있다면 메모리 히트를 측정해야 할 것이다. 여러분이 사용하는 컴파일러와 표준 라이브러리에 의존하기 때문이다.

메모이제이션

순수 함수는 흥미로운 특성이 있다. 동일한 입력에는 동일한 출력을 반환한다. 입력 인자와 그에 상응하는 모든 출력 조합이 들어 있는 큰 테이블과 동치다. 계산하는 것보다 일부를 기억하는 것이 더 빠를 때가 있는데 이 기술을 메모이제이션이라고 한다.

파이썬과 그루비 같은 언어뿐만 아니라 순수 함수형 프로그래밍 언어에는 특정 함수 호출에 메모이제이션을 활용하는 방법이 있다. 즉, 언어 차원에서 고차원 컨트롤을 제공한다. 안타깝게도 C++에는 이 기능이 없으므로 우리 스스로 작성해야 한다.

메모이제이션 구현하기

구현을 시작하기 위해서는 이상적으로 값비싼 계산 함수가 필요하다. 여기서는 power 함수를 선택해보자. 단순한 구현은 다음 코드에서 보듯이 표준 pow 함수를 그냥 한 번 감싸는 것이다.

```cpp
function<long long(int, int)> power = [](auto base, auto exponent){
  return pow(base, exponent);
};
```

메모이제이션 구현을 어떻게 시작할 수 있을까? 핵심은 메모이제이션은 캐싱이라는 점이다. 처음 함수를 호출할 때마다 이 함수는 평범하게 동작하지만 또한 입력과 출력의 조합을 저장한다. 이후 호출에서 함수는 값이 캐시돼 있는지 알아보기 위해 맵을 통해 탐색한다. 캐시돼 있다면 캐시된 값을 반환한다.

파라미터를 키로 하고 계산 결과를 값으로 하는 캐시가 필요하다는 뜻이다. 이 파라미터들을 묶기 위해 튜플ª tuple이나 페어ª pair를 간단히 활용할 수 있다.

```cpp
tuple<int, int> parameters
```

따라서 캐시는 다음과 같다.

```
map<tuple<int, int>, long long> cache;
```

이 캐시를 사용하도록 power 함수를 변경해보자. 결과를 위해 우선 캐시를 살펴봐야 한다.

```
function<long long(int, int)> memoizedPower = [&cache](int base,
  int exponent){
    tuple<int, int> parameters(base, exponent);
    auto valueIterator = cache.find(parameters);
```

아무 것도 찾지 못했다면 결과를 계산하고 결과를 캐시에 저장한다. 뭔가를 찾았다면 그 값을 반환한다.

```
if(valueIterator == cache.end()){
  result = pow(base, exponent);
  cache[parameters] = result;
} else{
  result = valueIterator -> second;
}
return result;
```

이 메서드가 제대로 동작하는지 확인하기 위해 몇 가지 테스트를 수행해보자.

```
CHECK_EQ(power(1, 1), memoizedPower(1, 1));
CHECK_EQ(power(3, 19), memoizedPower(3, 19));
CHECK_EQ(power(2, 25), memoizedPower(2, 25));
```

모든 것이 제대로 동작한다. 이제 다음 코드에서 메모이제이션을 활용한 버전과 메모이제이션을 활용하지 않은 버전의 지수승을 비교해보자.

```
function<long long(int, int)> power = [](int base, int exponent){
    return pow(base, exponent);
};

map<tuple<int, int>, long long> cache;
```

```
function<long long(int, int)> memoizedPower = [&cache](int base,
  int exponent){
    tuple<int, int> parameters(base, exponent);
    auto valueIterator = cache.find(parameters);
    long long result;
    if(valueIterator == cache.end()){
      result = pow(base, exponent);
      cache[parameters] = result;
    } else{
      result = valueIterator -> second;
    }
    return result;
};
```

먼저 살펴볼 것은 볼드체 줄을 원래 power 함수를 호출하는 것으로 치환할 수 있다는 점이다.

```
function<long long(int, int)> memoizedPower = [&cache](int base,
  int exponent){
    tuple<int, int> parameters(base, exponent);
    auto valueIterator = cache.find(parameters);
    long long result;
    if(valueIterator == cache.end()){
      result = power(base, exponent);
      cache[parameters] = result;
    } else{
      result = valueIterator -> second;
    }
    return result;
};
```

메모이제이션하는 도중 호출해야 할 함수를 전달한다면 더 일반적인 솔루션을 얻을 수 있다.

```
auto memoize = [&cache](int base, int exponent, auto functionToMemoize){
  tuple<int, int> parameters(base, exponent);
  auto valueIterator = cache.find(parameters);
  long long result;
  if(valueIterator == cache.end()){
    result = functionToMemoize(base, exponent);
```

```
      cache[parameters] = result;
    } else{
      result = valueIterator -> second;
    }
    return result;
};

CHECK_EQ(power(1, 1), memoize(1, 1, power));
CHECK_EQ(power(3, 19), memoize(3, 19, power));
CHECK_EQ(power(2, 25), memoize(2, 25, power));
```

메모이제이션 함수를 반환하면 더 멋지지 않을까? memoize 함수를 수정해 함수를 받아 최초 함수와 동일한 파라미터를 받는 메모이제이션이 적용된 함수를 반환하도록 수정할 수 있다.

```
auto memoize = [](auto functionToMemoize){
  map<tuple<int, int>, long long> cache;
  return [&](int base, int exponent) {
    tuple<int, int> parameters(base, exponent);
    auto valueIterator = cache.find(parameters);
    long long result;
    if(valueIterator == cache.end()){
      result = functionToMemoize(base, exponent);
      cache[parameters] = result;
    } else{
      result = valueIterator -> second;
    }
    return result;
    };
};
auto memoizedPower = memoize(power);
```

이 변경은 최초에는 동작하지 않는다. 필자는 세그멘테이션 폴트가 나왔다. 람다 내부의 캐시를 변경하고 있기 때문이다. 그것이 동작하게 만들려면 람다를 변형으로 만들고 값에 의한 캡처를 해야 한다.

```
auto memoize = [](auto functionToMemoize){
  map<tuple<int, int>, long long> cache;
```

```
    return [=](int base, int exponent) mutable {
      tuple<int, int> parameters(base, exponent);
      auto valueIterator = cache.find(parameters);
      long long result;
      if(valueIterator == cache.end()){
          result = functionToMemoize(base, exponent);
          cache[parameters] = result;
      } else{
          result = valueIterator -> second;
      }
      return result;
    };
};
```

정수가 두 개인 파라미터를 가진 어떤 함수에 메모이제이션을 적용할 수 있는 함수를 만들었다. 몇 가지 타입 인자를 활용하면 일반적으로 더 쉽게 만들 수 있다. 반환 값의 타입, 첫 번째 인자의 타입, 두 번째 인자의 타입이 필요하다.

```
template<typename ReturnType, typename FirstArgType, typename
  SecondArgType>
auto memoizeTwoParams = [](function<ReturnType(FirstArgType,
SecondArgType)> functionToMemoize){
  map<tuple<FirstArgType, SecondArgType>, ReturnType> cache;
  return [=](FirstArgType firstArg, SecondArgType secondArg) mutable {
    tuple<FirstArgType, SecondArgType> parameters(firstArg, secondArg);
    auto valueIterator = cache.find(parameters);
    ReturnType result;
    if(valueIterator == cache.end()){
      result = functionToMemoize(firstArg, secondArg);
      cache[parameters] = result;
    } else{
      result = valueIterator -> second;
    }
    return result;
  };
};
```

두 개의 인자를 가진 모든 함수에 메모이제이션을 적용할 수 있게 됐다. 이보다 더 잘 할 수도 있다. C++에서는 타입 인자의 개수를 명시하지 않고도 템플릿을 활용할 수 있다.

이것을 베리어딕^{variadic} 템플릿이라고 부른다. 이 마법을 활용해 인자의 개수와 상관없이 모든 함수에 메모이제이션이 동작하도록 구현할 수 있다.

```
template<typename ReturnType, typename... Args>
function<ReturnType(Args...)> memoize(function<ReturnType(Args...)> f){
  map<tuple<Args...>, ReturnType> cache;
  return ([=](Args... args) mutable {
    tuple<Args...> theArguments(args...);
    auto cached = cache.find(theArguments);
    if(cached != cache.end()) return cached -> second; auto result = f(args...);
    cache[theArguments] = result;
    return result;
  });
};
```

이 함수는 모든 함수에 캐싱을 적용하는 데 유용하지만 한 가지 알아둘 점이 있다. 지금까지 랩핑한 power 구현을 사용했다. 이 함수를 스스로 구현한다면 다음과 같을 것이다.

```
function<long long(int, int)> power = [&](auto base, auto exponent)
{
  return (exponent == 0) ? 1 : base * power(base, exponent - 1);
};
```

이 함수의 메모이제이션은 최종 결과만 캐시할 것이다. 이 함수는 재귀 함수이고 memoize 함수는 재귀의 중간 결과를 메모이즈하지 않을 것이다. 중간 결과를 메모이즈하기 위해서는 메모이제이션이 적용된 power 함수에게 power 함수를 호출하지 말고 메모이제이션이 적용된 power 함수를 호출하게 해야 한다.

안타깝게도 그렇게 하는 것이 쉽지 않다. 재귀적으로 호출할 함수를 인자로 전달할 수 있지만 그렇게 되면 구현 이슈로 원래의 함수 시그니처를 변경하거나 메모이제이션의 장점을 취하기 위해 함수를 재작성해야 한다. 하지만 아직 매우 훌륭한 솔루션이 있다. 이제 테스트해보자.

메모이제이션 활용하기

power 함수에 다양한 호출을 하는 데 걸리는 시간을 측정하기 위해 measureExecutionTimeForF 함수를 사용해보자. 우리가 기대하는 결과를 생각해봐야 한다. 반복되는 호출 값을 캐시한다. 하지만 이 캐시의 매 함수 호출마다 처리 과정과 메모리가 필요하므로 이것은 도움이 되거나 안 될 수 있다. 실제로 해보기 전에는 알 수 없다.

```cpp
TEST_CASE("Pow vs memoized pow"){
  function<int(int, int)> power = [](auto first, auto second){
    return pow(first, second);
  };

  cout << "Computing pow" << endl;
  printDuration("First call no memoization: ",  [&](){ return power(5, 24);});
  printDuration("Second call no memoization: ", [&](){return power(3, 1024);});
  printDuration("Third call no memoization: ", [&](){return power(9, 176);});
  printDuration("Fourth call no memoization (same as first call): ",
    [&](){return power(5, 24);});

  auto powerWithMemoization = memoize(power);
  printDuration("First call with memoization: ", [&](){ return
    powerWithMemoization(5, 24);});
  printDuration("Second call with memoization: ", [&](){return
    powerWithMemoization(3, 1024);});
  printDuration("Third call with memoization: ", [&](){return
    powerWithMemoization(9, 176);});
  printDuration("Fourth call with memoization (same as first call):
    ", [&](){return powerWithMemoization(5, 24);});
  cout << "DONE computing pow" << endl;

  CHECK_EQ(power(5, 24),  powerWithMemoization(5, 24));
  CHECK_EQ(power(3, 1024),  powerWithMemoization(3, 1024));
  CHECK_EQ(power(9, 176),  powerWithMemoization(9, 176));
}
```

이 코드는 동일한 값으로 power 함수를 호출하고 있다. 마지막 호출은 첫 번째 호출과 동일하다. 그리고 나서 메모이제이션이 적용된 버전의 power를 생성한 후 동일하게 호출한다. 마지막으로 정합성을 확인한다. power 함수의 결과와 메모이제이션이 적용된 power 함수의 결과를 비교해 memoize 함수에 버그가 없는지 확인한다.

문제는 메모이제이션이 일련의 호출에서 마지막 호출의 실행시간 개선을 가져왔는가다. 일련의 호출에서 첫 번째 함수와 정확히 동일할까? 필자의 설정에서는 결과가 다음과 같이 뒤섞였다.

```
Computing pow
First call no memoization: 26421 ns
Second call no memoization: 5207 ns
Third call no memoization: 2058 ns
Fourth call no memoization (same as first call): 179 ns
First call with memoization: 2380 ns
Second call with memoization: 2207 ns
Third call with memoization: 1539 ns
Fourth call with memoization (same as first call): 936 ns
DONE computing pow
```

정리하면 다음과 같다(메모이제이션이 없는 호출이 앞이다).

```
First call: 26421 ns > 2380 ns
Second call: 5207 ns > 2207 ns
Third call: 2058 ns > 1539 ns
Fourth call: 179 ns < 936 ns
```

전체적으로 첫 번째 호출을 반복했을 때를 제외하면 메모이제이션으로 호출한 함수가 더 낫다. 물론 테스트를 반복 수행하면 결과는 변한다. 단순히 캐싱을 사용해서는 퍼포먼스 개선이 쉽지 않다는 것을 보여준다. 과연 뒤에서는 무슨 일이 벌어지고 있을까? 필자의 의견으로 가장 그럴 듯한 설명은 또 다른 CPU나 다른 것의 캐싱 메커니즘이다.

어쨌든 이것은 측정의 중요성을 증명하고 있다. CPU와 컴파일러가 최적화의 매우 많은 부분을 차지한다는 사실은 별로 놀랍지 않고 코드에서만 최적화할 수 있다.

재귀적 메모이제이션은 어떠할까? 재귀적 메모이제이션 활용을 위한 power 함수를 재작성해 재귀 호출과 함께 캐싱을 뒤섞었다. 다음은 그 코드다.

```
map<tuple<int, int>, long long> cache;
function<long long(int, int)> powerWithMemoization = [&](auto base,
    auto exponent) -> long long{
```

```
    if(exponent == 0) return 1;
    long long value;

    tuple<int, int> parameters(base, exponent);
    auto valueIterator = cache.find(parameters);
    if(valueIterator == cache.end()){
      value = base * powerWithMemoization(base, exponent - 1); cache
      [parameters] = value;
    } else {
      value = valueIterator->second;
    };
    return value;
  };
```

이 코드를 실행하면 결과는 다음과 같다.

```
Computing pow
First call no memoization: 1761 ns
Second call no memoization: 106994 ns
Third call no memoization: 8718 ns
Fourth call no memoization (same as first call): 1395 ns
First call with recursive memoization: 30921 ns
Second call with recursive memoization: 2427337 ns
Third call with recursive memoization: 482062 ns
Fourth call with recursive memoization (same as first call): 1721 ns
DONE computing pow
```

이것을 정리하면 다음과 같다(메모이제이션이 없는 호출이 앞이다).

```
First call: 1761 ns < 30921 ns
Second call: 106994 ns < 2427337 ns
Third call: 8718 ns < 482062 ns
Fourth call: 1395 ns < 1721 ns
```

결과에서 볼 수 있듯이 캐시를 만드는 시간은 엄청나다. 이것은 반복적인 호출로 만회할 수 있지만 이 경우 여전히 CPU와 컴파일러의 최적화를 이기지는 못했다.

그렇다면 메모이제이션이 도움이 될까? 더 복잡한 함수를 활용한다면 도움이 된다. 다음에는 두 수의 팩토리얼을 계산할 때의 차이를 살펴보자. 팩토리얼의 순진한 구현을 사용하고 메모이제이션을 적용한 팩토리얼 함수를 시도한 후 차이를 계산하는 함수를 실행할 것이다. 일관성을 위해 이전과 동일한 숫자 쌍을 활용할 것이다. 다음 코드를 살펴보자.

```cpp
TEST_CASE("Factorial difference vs memoized"){
    function<int(int)> fact = [&fact](int n){
        if(n == 0) return 1;
        return n * fact(n-1);
    };

    function<int(int, int)> factorialDifference = [&fact](auto first,
        auto second){
            return fact(second) - fact(first);
    };
    cout << "Computing factorial difference" << endl;
    printDuration("First call no memoization: ",  [&](){ return
        factorialDifference(5, 24);});
    printDuration("Second call no memoization: ", [&](){return
        factorialDifference(3, 1024);});
    printDuration("Third call no memoization: ", [&](){return
        factorialDifference(9, 176);});
    printDuration("Fourth call no memoization (same as first call): ",
        [&](){return factorialDifference(5, 24);});

    auto factWithMemoization = memoize(fact);
    function<int(int, int)> factorialMemoizedDifference=
        [&factWithMemoization](auto first, auto second){
            return factWithMemoization(second) - factWithMemoization(first);
    };
    printDuration("First call with memoized factorial: ",  [&](){ return
        factorialMemoizedDifference(5, 24);});
    printDuration("Second call with memoized factorial: ", [&](){return
        factorialMemoizedDifference(3, 1024);});
    printDuration("Third call with memoized factorial: ", [&](){return
        factorialMemoizedDifference(9, 176);});
    printDuration("Fourth call with memoized factorial (same as first call): ",
        [&](){return factorialMemoizedDifference(5, 24);});

    auto factorialDifferenceWithMemoization = memoize(factorialDifference);
```

```
    printDuration("First call with memoization: ",  [&](){ return
      factorialDifferenceWithMemoization(5, 24);});
    printDuration("Second call with memoization: ", [&](){return
      factorialDifferenceWithMemoization(3, 1024);});
    printDuration("Third call with memoization: ", [&](){return
      factorialDifferenceWithMemoization(9, 176);});
    printDuration("Fourth call with memoization (same as first call): ",
      [&](){return factorialDifferenceWithMemoization(5, 24);});

    cout << "DONE computing factorial difference" << endl;

    CHECK_EQ(factorialDifference(5, 24),
      factorialMemoizedDifference(5, 24));
    CHECK_EQ(factorialDifference(3, 1024),
      factorialMemoizedDifference(3, 1024));
    CHECK_EQ(factorialDifference(9, 176),
      factorialMemoizedDifference(9, 176));

    CHECK_EQ(factorialDifference(5, 24),
      factorialDifferenceWithMemoization(5, 24));
    CHECK_EQ(factorialDifference(3, 1024),
      factorialDifferenceWithMemoization(3, 1024));
    CHECK_EQ(factorialDifference(9, 176),
      factorialDifferenceWithMemoization(9, 176));
}
```

결과는 어떤가? 먼저 일반 함수와 메모이제이션을 적용한 팩토리얼 함수의 차이를 살펴보자.

```
Computing factorial difference
First call no memoization: 1727 ns
Second call no memoization: 79908 ns
Third call no memoization: 8037 ns
Fourth call no memoization (same as first call): **1539 ns**
First call with memoized factorial: 4672 ns
Second call with memoized factorial: 41183 ns
Third call with memoized factrorial: 10029 ns
Fourth call with memoized factorial (same as first call): **1105 ns**
```

하나씩 다시 한 번 비교해보자.

```
First call: 1727 ns < 4672 ns
Second call: 79908 ns > 41183 ns
Third call: 8037 ns < 10029 ns
Fourth call: 1539 ns > 1105 ns
```

다른 호출에서는 결과가 뒤섞여 있지만 캐시 값을 히트했을 때 메모이제이션을 적용한 함수가 메모이제이션을 적용하지 않은 함수보다 20%까지 개선됐다. 팩토리얼이 재귀적이어서 그것은 작은 개선처럼 보인다. 이론상 메모이제이션은 엄청나게 유용하지만 우리는 재귀 함수에 메모이제이션을 적용하지 않았다. 그 대신 이 함수는 여전히 재귀적인 메모이제이션이 적용되지 않은 호출을 한다. 다시 이것을 살펴볼 것이다. 지금은 factorialDifference 함수에 메모이제이션을 적용했을 때 무슨 일이 벌어지는지 확인하자.

```
First call no memoization: 1727 ns
Second call no memoization: 79908 ns
Third call no memoization: 8037 ns
Fourth call no memoization (same as first call): 1539 ns
First call with memoization: 2363 ns
Second call with memoization: 39700 ns
Third call with memoization: 8678 ns
Fourth call with memoization (same as first call): 704 ns
```

하나하나씩 결과를 살펴보자.

```
First call: 1727 ns < 2363 ns
Second call: 79908 ns > 39700 ns
Third call: 8037 ns < 8678 ns
Fourth call: 1539 ns > 704 ns
```

캐시된 값에서 메모이제이션을 적용한 버전이 메모이제이션을 적용하지 않은 버전보다 두 배 빠르다! 이것은 엄청나지만 캐시된 값이 없을 때 이 퍼포먼스 개선에 많은 것을 지불했다. 또한 두 번째 호출에서는 이상한 일이 벌어졌다. 캐싱과 관련된 뭔가가 결과를 방해한 것일 수 있다.

팩토리얼 함수의 모든 재귀 호출을 최적화해 더 좋게 만들 수 있을까? 살펴보자. 각 호출에 캐시가 적용되도록 팩토리얼 함수를 변경해야 한다. 이렇게 하기 위해 다음과 같이 일반 팩토리얼 함수를 호출하는 대신 재귀적으로 메모이제이션을 적용한 팩토리얼 함수를 호출해야 한다.

```cpp
map<int, int> cache;
function<int(int)> recursiveMemoizedFactorial =
  [&recursiveMemoizedFactorial, &cache](int n) mutable{
  auto value = cache.find(n);
  if(value != cache.end()) return value->second;
  int result;

  if(n == 0)
    result = 1;
  else
    result = n * recursiveMemoizedFactorial(n-1);

  cache[n] = result;
  return result;
};
```

팩토리얼에 재귀적으로 메모이제이션을 적용하는 다른 함수를 사용했다.

```cpp
function<int(int, int)> factorialMemoizedDifference =
  [&recursiveMemoizedFactorial](auto first, auto second){
    return recursiveMemoizedFactorial(second) -
      recursiveMemoizedFactorial(first);
};
```

메모이제이션이 없는 초기 함수와 동일한 데이터의 위 함수를 각각 실행하면 다음과 같은 출력을 얻을 수 있다.

```
Computing factorial difference
First call no memoization: 1367 ns
Second call no memoization: 58045 ns
Third call no memoization: 16167 ns
Fourth call no memoization (same as first call): 1334 ns
```

```
First call with recursive memoized factorial: 16281 ns
Second call with recursive memoized factorial: 890056 ns
Third call with recursive memoized factorial: 939 ns
Fourth call with recursive memoized factorial (same as first call): 798 ns
```

이 출력을 하나하나씩 살펴볼 수 있다.

```
First call: 1367 ns < 16281 ns
Second call: 58045 ns < 890056 ns
Third call: 16167 ns > 939 ns
Fourth call: 1334 ns > 798 ns
```

위 결과에서 보듯이 캐시가 생성되면 첫 번째 큰 계산에 엄청난 양의 페널티가 부과된다. 두 번째 호출에서는 1024가 포함돼 있다! 하지만 이후 호출은 캐시 히트 덕분에 훨씬 빠르다.

결론적으로 메모이제이션은 충분한 양의 메모리가 있을 때 반복되는 복잡한 계산 속도를 개선하는 데 유용하다고 할 수 있다. 캐시 사이즈와 캐시 히트는 함수 호출 횟수와 재호출 횟수에 의존하므로 어느 정도 꼼수가 필요하다. 따라서 메모이제이션을 무조건 신뢰하면 안 된다. 측정하고 측정하고 또 측정해야 한다.

꼬리 재귀 최적화

재귀 알고리듬은 함수형 프로그래밍에서 매우 일반적이다. 사실 대부분의 명령형 루프를 순수 함수를 활용한 재귀 알고리듬으로 다시 작성할 수 있다.

하지만 명령형 프로그래밍에서 재귀의 인기는 별로 많지 않다. 재귀에 몇 가지 문제가 있기 때문이다. 첫째, 개발자는 재귀형 알고리듬보다 명령형 루프 알고리듬에 더 익숙한 경향이 있다. 재귀 호출은 기본적으로 스택에 쌓인다. 너무 많은 재귀 호출은 보기 싫은 에러와 함께 무시무시한 스택 오버플로우를 유발한다.

다행히 컴파일러는 영리하다. 재귀 함수를 최적화해주는 동시에 이 문제를 해결하는 데 도움을 줄 수 있다. 꼬리 재귀 최적화로 들어가보자.

간단한 재귀 함수를 살펴보자. 이전 절의 팩토리얼을 다음과 같이 재활용할 것이다.

```
function<int(int)> fact = [&fact](int n){
  if(n == 0) return 1;
  return n * fact(n-1);
};
```

일반적으로 각 호출은 스택에 쌓일 것이므로 이 스택은 호출할 때마다 증가할 것이다. 이것을 시각화해보자.

```
Stack content
fact(1024)
1024 * fact(1023)
1023 * fact(1022)
...
1 * fact(0)
fact(0) = 1 => 스택이 해제된다.
```

코드를 재작성해 스택 사용을 피할 수 있다. 재귀 호출은 코드 끝에서 이뤄지므로 이 함수를 다음 의사코드와 비슷한 함수로 다시 작성할 수 있다.

```
function<int(int)> fact = [&fact](int n){
  if(n == 0) return 1;
  return n * (n-1) * (n-1-1) * (n-1-1-1) * ... * fact(0);
};
```

요약하면 이것은 올바른 최적화 플래그를 활성화하면 컴파일러가 해주는 작업이다. 호출할 때 소모하는 메모리 양을 줄여줄 뿐만 아니라 스택 오버플로우도 막아주고 빠르다.

지금까지 필자를 포함해 누군가의 주장을 측정없이 그대로 믿으면 안 된다는 것을 알아야 한다. 그럼 이 가설을 확인해보자. 우선 여러 개의 팩토리얼 함수를 호출하는 데 걸리는 시간을 측정하는 테스트가 필요하다. 테스트 수행에 필요한 몇 가지 값을 골랐다.

```
TEST_CASE("Factorial"){
  function<int(int)> fact = [&fact](int n){
    if(n == 0) return 1;
    return n * fact(n-1);
  };

  printDuration("Duration for 0!: ", [&](){return fact(0);});
  printDuration("Duration for 1!: ", [&](){return fact(1);});
  printDuration("Duration for 10!: ", [&](){return fact(10);});
  printDuration("Duration for 100!: ", [&](){return fact(100);});
  printDuration("Duration for 1024!: ", [&](){return fact(1024);});
}
```

그러고 나서 이 함수를 각각 활성화 및 비활성화된 최적화로 컴파일해야 한다. GNU 컴파일러 컬렉션[GCC]의 꼬리 재귀 최적화 플래그는 -foptimize-sibling-calls다. 이 이름 자체가 시블링[sibling] 호출과 꼬리 호출 둘 다 최적화하는 플래그라는 사실을 말한다. 시블링 호출 최적화를 자세히 말하지는 않겠다. 다만 이 시블링 호출 최적화는 지금 이 테스트에 영향을 미치지 않는다.

두 프로그램을 실행할 시간이다. 먼저 첫 번째 출력을 살펴보자.

- 최적화하지 않은 프로그램이다.

```
0! 소요시간: 210 ns
1! 소요시간: 152 ns
10! 소요시간: 463 ns
100! 소요시간: 10946 ns
1024! 소요시간: 82683 ns
```

- 최적화한 프로그램이다.

```
0! 소요시간: 209 ns
1! 소요시간: 152 ns
10! 소요시간: 464 ns
100! 소요시간: 6455 ns
1024! 소요시간: 75602 ns
```

결과를 하나하나씩 살펴보자. 최적화하지 않았을 때 걸린 시간이 왼쪽이다.

```
0! 소요시간: 210 ns > 209 ns
1! 소요시간: 152 ns  = 152 ns
10! 소요시간: 463 ns < 464 ns
100! 소요시간: 10946 ns > 6455 ns
1024! 소요시간: 82683 ns > 75602 ns
```

큰 값에는 최적화가 효과가 있어 보인다. 이것은 퍼포먼스 문제에서 측정치의 중요성을 다시 한 번 입증한다. 다음 절에서는 코드를 다양한 방식으로 실험해 결과를 측정해볼 것이다.

완전 최적화한 호출

필자는 호기심에 안전한 모든 최적화 플래그를 켜 동일한 프로그램을 실행하기로 결심했다. GCC에서 이 옵션은 -O3이다. 그야말로 결과는 매우 충격적이다.

```
0! 소요시간: 128 ns
1! 소요시간: 96 ns
10! 소요시간: 96 ns
100! 소요시간: 405 ns
1024! 소요시간: 17249 ns
```

꼬리 재귀 최적화만 활성화한 결과와 모든 최적화 플래그를 활성화한 결과를 비교해보자.

```
0! 소요시간: 209 ns > 128 ns
1! 소요시간: 152 ns > 96 ns
10! 소요시간: 464 ns > 96 ns
100! 소요시간: 6455 ns > 405 ns
1024! 소요시간: 75602 ns > 17249 ns
```

보다시피 충격적인 차이다. 결론적으로 꼬리 최적화는 유용하지만 CPU 캐시 히트를 비롯한 컴파일러의 혜택과 함께 사용하면 훨씬 유용하다.

if 문을 사용할 때와 삼항(?:) 연산자를 사용할 때 다르게 동작할까?

If와 삼항 연산자 비교

호기심에 다음과 같이 if 구문 대신 ?: 삼항 연산자를 써보기로 했다.

```
function<int(int)> fact = [&fact](int n){
  return (n == 0) ? 1 : (n * fact(n-1));
};
```

어떤 결과가 나올지 예상할 수 없었는데 결과는 매우 흥미로웠다. 출력을 살펴보자.

- 최적화 플래그 비활성화

```
0! 소요시간: 633 ns
1! 소요시간: 561 ns
10! 소요시간: 1441 ns
100! 소요시간: 20407 ns
1024! 소요시간: 215600 ns
```

- 꼬리 재귀 플래그 활성화

```
0! 소요시간: 277 ns
1! 소요시간: 214 ns
10! 소요시간: 578 ns
100! 소요시간: 9573 ns
1024! 소요시간: 81182 ns
```

결과 비교를 살펴보자. 왼쪽이 최적화 플래그를 비활성화한 소요시간이다.

```
0! 소요시간: 633 ns > 277 ns
1! 소요시간: 561 ns > 214 ns
10! 소요시간: 1441 ns > 578 ns
100! 소요시간: 20407 ns > 9573 ns
1024! 소요시간: 75602 ns > 17249 ns
```

두 버전 간 차이는 엄청나다. 예상하지 못한 결과다. 항상 그랬지만 이것은 GCC 컴파일러 때문일 확률이 높다. 여러분 스스로 테스트해보길 권한다. 하지만 컴파일러의 꼬리 최적화는 이 버전이 더 낫다. 굳이 말하면 매우 놀라운 결과다.

이중 재귀

꼬리 재귀는 이중 재귀에도 통할까? 이것을 확인하기 위해서는 함수에서 함수로 재귀를 전달하는 예를 생각해봐야 한다. 필자는 재귀적으로 서로 호출해주는 f1과 f2 함수를 작성했다. f1은 현재 파라미터와 f2(n-1)을 곱하고 f2는 f1(n)과 f1(n-1)을 더한다. 다음은 해당 코드다.

```
function<int(int)> f2;
function<int(int)> f1 = [&f2](int n){
return (n == 0) ? 1 : (n * f2(n-1));
};

f2 = [&f1](int n){
  return (n == 0) ? 2 : (f1(n) + f1(n-1));
};
```

f1에 0부터 8까지의 값으로 호출하고 각각 걸리는 시간을 재보자.

```
printDuration("Duration for f1(0): ", [&](){return f1(0);});
printDuration("Duration for f1(1): ", [&](){return f1(1);});
printDuration("Duration for f1(2): ", [&](){return f1(2);});
printDuration("Duration for f1(3): ", [&](){return f1(3);});
printDuration("Duration for f1(4): ", [&](){return f1(4);});
printDuration("Duration for f1(5): ", [&](){return f1(5);});
printDuration("Duration for f1(6): ", [&](){return f1(6);});
printDuration("Duration for f1(7): ", [&](){return f1(7);});
printDuration("Duration for f1(8): ", [&](){return f1(8);});
```

얻은 결과는 다음과 같다.

- 꼬리 호출 최적화 비활성화

```
f1(0) 소요시간: 838 ns
f1(1) 소요시간: 825 ns
f1(2) 소요시간: 1218 ns
f1(3) 소요시간: 1515 ns
f1(4) 소요시간: 2477 ns
f1(5) 소요시간: 3919 ns
```

```
f1(6) 소요시간: 5809 ns
f1(7) 소요시간: 9354 ns
f1(8) 소요시간: 14884 ns
```

- 호출 최적화 활성화

```
f1(0) 소요시간: 206 ns
f1(1) 소요시간: 327 ns
f1(2) 소요시간: 467 ns
f1(3) 소요시간: 642 ns
f1(4) 소요시간: 760 ns
f1(5) 소요시간: 1155 ns
f1(6) 소요시간: 2023 ns
f1(7) 소요시간: 3849 ns
f1(8) 소요시간: 4986 ns
```

결과를 하나하나씩 살펴보자. 꼬리 최적화를 하지 않았을 때의 호출 소요시간이 왼쪽이다.

```
f1(0): 838 ns > 206 ns
f1(1): 825 ns > 327 ns
f1(2): 1218 ns > 467 ns
f1(3): 1515 ns > 642 ns
f1(4): 2477 ns > 760 ns
f1(5): 3919 ns > 1155 ns
f1(6): 5809 ns > 2023 ns
f1(7): 9354 ns > 3849 ns
f1(8): 14884 ns > 4986 ns
```

차이는 정말 엄청나다. 코드가 엄청나게 최적화됐음을 보여준다. 여기서는 현재 GCC의 -foptimize-sibling-calls를 사용하고 있다. 이 플래그는 꼬리 호출과 시블링 호출 두 가지 최적화를 수행한다. 시블링 호출은 동일한 크기의 반환 타입과 동일한 크기의 파라미터 리스트를 가진 함수를 호출하는 것이므로 컴파일러는 시블링 호출을 꼬리 호출과 비슷하게 다룰 수 있게 된다. 이 경우 두 최적화 모두 적용될 확률이 높다.

▶ 비동기 코드를 통한 실행 시간 최적화하기

다수의 스레드를 갖고 있을 때 실행 시간을 최적화하는 데 두 개의 가까운 기술(병렬 실행과 비동기 실행)을 활용할 수 있다. 이전 절에서 병렬 실행이 어떻게 동작하는지 봤다. 그렇다면 비동기 호출은 어떠할까?

먼저 비동기 호출이 무엇인지 생각해보자. 호출하고 싶을 때 메인 스레드에서 호출하고 미래 어느 시점에 결과를 돌려받는다. 필자에게 이것은 함수에게 완벽한 것으로 들린다. 우리는 단지 함수를 호출해 실행되도록 내버려두고 시간이 조금 지난 후 함수와 다시 소통하면 된다.

미래 이야기를 했으니 이제 C++의 future 구조 이야기를 해보자.

퓨처

병렬 수행이 필요하거나 다른 스레드에서 결과를 얻는 데 긴 비동기 과정이 필요한 경우와 같은 매우 특별한 작업이 아니라면 프로그램에서 스레드 관리를 웬만하면 하지 않는 것이 이상적이라고 말했다. 전형적인 예는 자체 스레드를 만들어 수행하지 않는 이상 메인 스레드를 블록하는 긴 연산이다. 계산이 완료됐는지 어떻게 알 수 있고 계산 결과는 어떻게 얻을 수 있을까?

1976, 1977년 컴퓨터 과학에 이 문제를 단순화하는 솔루션으로 두 가지 개념이 등장했다. 바로 퓨처futures와 프로미스promises다. 이 개념을 자주 혼용하지만 C++에서는 각각 특별한 의미가 있다.

- 퓨처는 동기화에 신경쓰면서 제공자로부터 값을 가져올 수 있다.
- 프로미스는 퓨처를 위한 값을 저장한다. 더구나 동기화 지점을 제공한다.

퓨처의 본질 때문에 C++에서의 퓨처 객체에 제약이 있다. 퓨처는 복사할 수 없고 이동만 가능하고 공유 상태와 관련 있을 때만 유효하다. 이것은 async나 promise.get_future()나 packaged_task.get_future()를 호출해야만 유효한 퓨처 객체를 만들 수 있다는 뜻이다.

프로미스와 퓨처는 자체적으로 구현한 스레드 라이브러리를 활용한다는 것도 기억해두면 좋으므로 다른 라이브러리에 대한 의존성을 추가해야 한다. 필자의 시스템(우분투 18.04, 64비트)에서 g++로 컴파일할 때 pthread 라이브러리 의존성 링크를 추가해야 했다. 독자가 mingw나 cygwin 설정의 g++을 사용하는 경우 동일한 과정이 필요할 것이다.

우선 future와 promise를 조합해 활용하는 방법을 살펴보자. 먼저 비밀 메시지용 프로미스를 만든다.

```
promise<string> secretMessagePromise;
```

그리고 나서 퓨처를 생성하고 퓨처를 활용한 신규 스레드를 시작하자. 이 스레드는 비밀 메시지를 간단하게 출력하는 람다를 사용할 것이다.

```
future<string> secretMessageFuture = secretMessagePromise.get_future();
thread isPrimeThread(printSecretMessage, ref(secretMessageFuture));
```

future 복사를 피해야 한다는 점에 주목하자. 여기서는 퓨처를 감싼 레퍼런스 랩퍼를 활용한다. 지금 우리는 이 스레드에 매달리고 프로미스를 실현fulfill할 것이다. 즉, 값을 할당할 것이다.

```
secretMessagePromise.set_value("It's a secret");
isPrimeThread.join();
```

한편 다른 스레드는 뭔가를 하고 나서 프로미스 유지를 요청하고 프로미스 값을 요청할 것이다. 그리고 이 요청은 join()이 호출될 때까지 블록된다.

```
auto printSecretMessage = [](futrue<string>& secretMessageFuture){
    string secretMessage = secretMessageFuture.get();
    cout << "The secret message: " << secretMessage << '\n';
};
```

눈치챘겠지만 이 메서드에서 값을 계산하는 책임이 메인 스레드에 부과됐다. 보조 스레드가 이것을 수행하게 하려면 어떡해야 할까? 단순히 async를 사용하면 된다.

숫자가 소수^{prime number}인지 확인하고 싶다고 가정하자. 우선 2부터 x-1까지 각 수마다 약수가 될 수 있는지 확인하는 단순한 방식으로 소수인지 확인하는 람다를 작성한다. x가 여기 아무 수로도 나눠지지 않는다면 소수다.

```
auto is_prime = [](int x) {
  auto xIsDivisibleBy = bind(isDivisibleBy, x, _1);
  return none_of_collection(rangeFrom2To(x - 1), xIsDivisibleBy)
  ;
};
```

몇 가지 람다의 도움을 받았다. 그중 하나는 다음과 같이 범위를 생성하는 것이다.

```
auto rangeFromTo = [](const int start, const int end){
  vector<int> aVector(end);
  iota(aVector.begin(), aVector.end(), start);
  return aVector;
};
```

이 함수를 특수화해 2부터 시작하는 범위를 생성할 수 있다.

```
auto rangeFrom2To = bind(rangeFromTo, 2, _1);
```

그리고 두 수가 나눠 떨어지는지 확인하는 술어 논리다.

```
auto isDivisibleBy = [](auto value, auto factor){
  return value % factor == 0;
};
```

이 함수를 메인 스레드가 아닌 별도 스레드에서 실행하기 위해서는 async를 활용해 퓨처 선언을 해야 한다.

```
future<bool> futureIsPrime(async(is_prime, 2597));
```

async의 두 번째 인자는 우리 함수의 입력 인자다. 다수의 인자를 넣을 수도 있다. 그러고 나서 다른 일을 할 수도 있고 마지막으로 결과를 요청한다.

```
TEST_CASE("Future with async"){
  future<bool> futureIsPrime(async(is_prime, 7757));
  cout << "doing stuff ..." << endl;
  bool result = futureIsPrime.get();

  CHECK(result);
}
```

보조 스레드로부터 결과를 받기 위해 메인 스레드가 멈추는 지점을 굵게 표시했다.

한 개 이상의 퓨처를 사용할 수도 있다. 다음 예제에서는 아래에서 보듯이 is_prime의 네 가지 버전을 네 가지 스레드에서 실행할 것이다.

```
TEST_CASE("more futures"){
  future<bool> future1(async(is_prime, 2));
  future<bool> future2(async(is_prime, 27));
  future<bool> future3(async(is_prime, 1977));
  future<bool> future4(async(is_prime, 7757));

  CHECK(future1.get());
  CHECK(!future2.get());
  CHECK(!future3.get());
  CHECK(future4.get());
}
```

함수형 비동기 코드

스레드의 가장 간단한 구현인 람다를 살펴봤지만 훨씬 많이 할 수 있다. 각각 다른 값을 갖고 동일한 연산을 비동기적으로 하는 데 다수의 스레드를 사용한 마지막 예제를 함수형 고차원 함수로 변환할 수 있다.

몇 가지 단순한 루프로 시작해보자. 우선 입력 값과 기대되는 결과를 벡터로 변환해보자.

```
vector<int> values{2, 27, 1977, 7757};
vector<bool> expectedResults{true, false, false, true};
```

그리고 나서 퓨처를 생성하는 for 루프가 필요하다. 여기서는 future 생성자를 호출하면 안 된다. 새로 생성된 future 객체를 컨테이너로 복사하려는 시도로 실패할 것이기 때문이다. 그 대신 컨테이너에 async()의 결과를 직접 추가해야 한다.

```
vector<future<bool>> futures;
for(auto value : values){
  futures.push_back(async(is_prime, value));
}
```

그리고 나서 스레드로부터 결과를 받아야 한다. 다시 한 번 future 복사가 일어나지 않도록 해야 한다. 따라서 반복에 참조를 활용할 것이다.

```
vector<bool> results;
for(auto& future : futures){
  results.push_back(future.get());
}
```

전체 테스트를 살펴보자.

```
TEST_CASE("more futures with loops"){
  vector<int> values{2, 27, 1977, 7757};
  vector<bool> expectedResults{true, false, false, true};

  vector<future<bool>> futures;
  for(auto value : values){
    futures.push_back(async(is_prime, value));
  }

  vector<bool> results;
  for(auto& future : futures){
    results.push_back(future.get());
  }

  CHECK_EQ(results, expectedResults);
}
```

이것을 몇 가지 transform 호출로 바꿀 수 있는 것은 분명하지만 여기서도 퓨처 복사를 피하는 데 각별한 주의가 필요하다. 먼저 퓨처 생성을 도와주는 람다를 생성한다.

```
auto makeFuture = [](auto value){
  return async(is_prime, value);
};
```

첫 for 루프를 transformAll 호출로 변환한다.

```
vector<future<bool>> futures = transformAll<vector<future<bool>>>
  (values, makeFuture);
```

두 번째 부분은 예상보다 까다롭다. transformAll은 여기서 동작하지 않으므로 transform 인라인을 대신 호출해야 한다.

```
vector<bool> results(values.size());
transform(futures.begin(), futures.end(), results.begin(), []
  (future<bool>& future){ return future.get();});
```

다음 테스트를 완성했고 이 테스트를 통과한다.

```
TEST_CASE("more futures functional"){
  vector<int> values{2, 27, 1977, 7757};

  auto makeFuture = [](auto value){
    return async(is_prime, value);
  };

  vector<future<bool>> futures = transformAll<vector<future<bool>>>
    (values, makeFuture);
  vector<bool> results(values.size());
  transform(futures.begin(), futures.end(), results.begin(), []
    (future<bool>& future){ return future.get();});

  vector<bool> expectedResults{true, false, false, true};
```

```
    CHECK_EQ(results, expectedResults);
}
```

솔직히 말해 이 코드는 지금까지 제대로 구현하기 가장 어려운 코드였다. 퓨처로 작업하다 보면 많은 것이 잘못될 수 있고 그 정확한 원인을 알기 어렵다. 적어도 필자의 g++ 버전에서 에러 메시지는 별로 유용하지 않았다. 그것을 극복한 유일한 방법은 이번 절에서 보여줬듯이 한 단계 한 단계 밟아나가는 것이었다.

하지만 이 예제 코드는 중요한 사실을 보여준다. 심오한 사고와 퓨처 사용에 테스트를 활용해 고차원 함수를 병렬화할 수 있다. 따라서 더 나은 성능이 필요하거나 멀티코어를 활용할 수 있거나 병렬 실행 정책 표준 구현을 기다릴 수 없다면 이것은 가능한 해결책이다. 필자 생각에 그 이유만으로도 필자의 노력은 헛되지 않은 것이다.

비동기 호출 이야기를 했으니 리액티브 프로그래밍 세계도 빨리 살펴볼 수 있을 것이다.

리액티브 프로그래밍 맛보기

리액티브 프로그래밍은 데이터 스트림을 처리하는 데 중점을 두는 코드를 작성하는 패러다임이다. 온도 값의 스트림을 분석해야 하는데 자율주행차에 박힌 센서로부터 값이 들어오거나 특정 회사와 값을 공유한다고 가정해보자. 리액티브 프로그래밍에서는 연속적인 데이터 스트림을 받고 데이터를 분석하는 함수를 실행한다. 신규 데이터는 스트림을 통해 예측 불가능한 방식으로 도착할 수 있으므로 프로그래밍 모델은 비동기적이어야 한다. 즉, 메인 스레드는 지속적으로 신규 데이터를 기다리고 데이터가 도착하면 데이터 처리는 보조 스트림으로 위임한다. 또한 이 결과는 대부분 비동기적으로 수집된다. 사용자 인터페이스로 푸시되거나 데이터 스토어에 저장되거나 다른 데이터 스트림으로 전달된다.

함수형 프로그래밍의 주요 관심사가 데이터라는 것을 봐왔으니 함수형 프로그래밍이 실시간 데이터 스트림을 처리할 좋은 후보라는 사실은 전혀 놀랍지 않다. `map`, `reduce`, `filter`와 같은 고차원 함수의 모듈 가용성에 병렬처리 가능성이 더해져 리액티브 프로그래밍에서 함수형 스타일 설계는 훌륭한 솔루션이 된다.

리액티브 프로그래밍을 너무 깊이 다루지는 않을 것이다. 보통 이 데이터 흐름 처리를 구현한 특정 라이브러리나 프레임워크를 사용하지만 지금까지 만든 요소로 작은 예제를 작성할 수 있다.

여기에는 몇 가지가 필요하다. 첫 번째는 데이터 스트림이고 두 번째는 데이터를 받자마자 프로세싱 파이프라인으로 전달하는 메인 스레드이고 세 번째는 출력을 얻는 방법이다.

이번 예제의 목적을 위해 입력 스트림으로 단순히 표준 입력을 사용할 것이다. 키보드로 숫자를 입력하고 리액티브 형식으로 이 숫자가 소수인지 확인할 것이다. 따라서 메인 스레드의 응답성을 지속적으로 유지할 것이다. 키보드로 입력한 각 숫자마다 async 함수를 활용해 future를 생성할 것이다. 출력은 출력 스트림에 간단하게 쓸 것이다.

이전과 동일한 is_prime 함수를 활용하겠지만 값이 소수인지 아닌지 표준 출력으로 프린트하는 또 다른 함수를 추가할 것이다.

```
auto printIsPrime = [](int value){
  cout << value << (is_prime(value) ? " is prime" : " is not prime") << endl;
};
```

main 함수는 새로운 값이 들어올 때마다 입력 스트림으로부터 데이터를 읽고 future를 시작하는 것을 무한 반복한다.

```
int main(){
  int number;

  while(true){
    cin >> number;
    async(printIsPrime, number);
  }
}
```

이 코드를 실행하고 임의적으로 타이핑한 결과를 출력하면 다음과 같다.

```
23423
23423 is not prime
453576
453576 is not prime
53
53 is prime
2537
2537 is not prime
364544366
5347
54
534532
436
364544366 is not prime
5347 is prime
54 is not prime
534532 is not prime
436 is not prime
```

결과에서 보듯이 결과가 바로바로 나오지만 프로그램에는 항상 신규 데이터가 나올 수 있다.

10장의 코드를 컴파일할 때마다 반복을 피하기 위해 리액티브 예제를 make reactive로 실행해 컴파일할 수 있도록 했다. 이 프로그램은 무한 루프이므로 인터럽트[3]를 통해 멈춰야 한다.

이것은 매우 기본적인 리액티브 프로그래밍 예제다. 데이터가 더 많아지거나 파이프라인이 복잡하거나 파이프라인 간 병렬화가 필요한 경우 분명히 더 복잡해질 것이다. 하지만 이번 절의 목적은 달성했다. 리액티브 프로그래밍 맛보기를 했고 리액티브 프로그래밍이 동작하도록 함수형 구조체와 비동기 호출을 사용하는 방법도 배웠다.

더 빠른 퍼포먼스를 내는 데 도움이 될 만한 다양한 방법을 살펴보면서 실행시간 최적화 논의를 많이 했다. 이제 프로그램의 메모리 사용량을 줄여야 하는 상황을 살펴볼 시간이다.

---

[3] control+C – 옮긴이

메모리 사용 최적화하기

지금까지 논의한 코드를 함수형 방식으로 구조화하는 방법에는 불변형으로 취급되는 컬렉션을 여러 번 전달하는 것이 포함된다. 이 결과는 컬렉션 복사를 초래한다. 모든 벡터 요소를 증가시키는 데 transform을 사용하는 간단한 코드 예를 살펴보자.

```cpp
template<typename DestinationType>
auto transformAll = [](const auto source, auto lambda){
  DestinationType result;
  transform(source.begin(), source.end(), back_inserter(result), lambda);
  return result;
};

TEST_CASE("Memory"){
  vector<long long> manyNumbers(size);
  fill_n(manyNumbers.begin(), size, 1000L);

  auto result = transformAll<vector<long long>>(manyNumbers, increment);

  CHECK_EQ(result[0], 1001);
}
```

이 구현에서는 많은 양의 메모리 할당이 일어난다. 우선 manyNumbers 벡터는 transformAll로 복사된 후 result.push_back()이 자동 호출되며 잠재적으로 메모리 할당이 일어난다. 마지막으로 result가 반환되지만 초기 manyNumbers 벡터가 여전히 할당돼 있다.

이 문제 중 일부는 즉시 개선 가능하지만 다른 가능한 최적화 방법과 비교해 논의할 가치가 있다.

이 테스트를 실행하기 위해 대형 컬렉션으로 작업해야 하고 프로세스의 메모리 할당량을 측정하는 방법이 필요하다. 우선 첫 번째 문제는 쉽다. 단순히 많은 양의 64비트(필자의 컴파일러에는 long 타입) 값을 할당한다. 1GB RAM을 할당하면 충분하다.

```
const long size_1GB_64Bits = 125000000;
TEST_CASE("Memory"){
  auto size = size_1GB_64Bits;
  vector<long long> manyNumbers(size);
  fill_n(manyNumbers.begin(), size, 1000L);

  auto result = transformAll<vector<long long>>(manyNumbers, increment);

  CHECK_EQ(result[0], 1001);
}
```

두 번째 문제는 좀 더 어렵다. 다행히 필자의 우분투 18.04 시스템에는 /proc/PID/status 의 프로세스 파일에서 메모리를 감시할 수 있다. 여기서 PID는 프로세스 ID다. 배쉬의 마법을 빌려 다음과 같이 0.1초마다 메모리 값을 파일로 출력하는 makefile 레시피[recipe] 를 생성할 수 있다.

```
memoryConsumptionNoMoveIterator: .outputFolder
  g++ -DNO_MOVE_ITERATOR -std=c++17 memoryOptimization.cpp -Wall -Wextra
    -Werror -o out/memoryOptimization
  ./runWithMemoryConsumptionMonitoring memoryNoMoveIterator.log
```

-DNO_MOV_ITERATOR 인자를 봤을 것이다. 이것은 컴파일 지시문[a compilation directive]으로 다양한 솔루션의 메모리 흔적을 확인하기 위해 다른 목적으로 동일한 파일을 컴파일할 수 있게 해준다. 이것은 #if NO_MOVE_ITERATOR 지시문 내부에 이전 테스트를 작성했음을 의미한다.

여기에 함정이 있다. 필자는 출력을 생성하는 데 배쉬의 watch 명령어를 사용했기 때문에 make memoryConsumptionNoMoveIterator뿐만 아니라 다른 메모리 로그 레시피를 실행할 때마다 키 하나를 눌러야 한다.

이 설정으로 transformAll이 메모리를 덜 사용하도록 개선해보고 출력을 살펴보자. 다음과 같이 레퍼런스 타입을 사용해야 하고 앞부분에 결과를 저장할 때는 메모리를 할당해야 한다.

```
template<typename DestinationType>
auto transformAll = [](const auto& source, auto lambda){
  DestinationType result;
  result.resize(source.size());
  transform(source.begin(), source.end(), result.begin(), lambda);
  return result;
};
```

기대대로 개선한 결과는 최대 메모리 할당량이 0.99GB에서 1.96GB로 거의 두 배 뛰었다는 것이다.

이 컨텍스트에 이 값을 넣어야 한다. 우선 간단한 for 루프가 무엇을 할 수 있는지 측정해보고 transform으로 구현한 동일한 알고리듬 결과와 비교해보자.

단순 루프 메모리 측정하기

for 루프 솔루션은 매우 간단하다.

```
TEST_CASE("Memory"){
  auto size = size_1GB_64Bits;
  vector<long long> manyNumbers(size);
  fill_n(manyNumbers.begin(), size, 1000L);

  for(auto iter = manyNumbers.begin(); iter != manyNumbers.end(); ++iter){
    ++(*iter);
  };

  CHECK_EQ(manyNumbers[0], 1001);
}
```

메모리를 측정해보면 전체 프로세스 동안 측정 결과는 0.99GB를 유지한다. transform도 이 결과를 달성할 수 있을까? 컬렉션이 제자리^{in place}에 있도록 수정하는 transform 버전이 있다. 테스트에 이것을 넣어보자.

인플레이스 transform의 메모리 측정하기

인플레이스 transform을 사용하기 위해 다음과 같이 도착 반복자^{the destination iterator} 파라미터를 제공해야 한다.

```
auto increment = [](const auto value){
  return value + 1;
};

auto transformAllInPlace = [](auto& source, auto lambda){
  transform(source.begin(), source.end(), source.begin(), lambda);
};

TEST_CASE("Memory"){
  auto size = size_1GB_64Bits;
  vector<long long> manyNumbers(size);

  fill_n(manyNumbers.begin(), size, 1000L);

  transformAllInPlace(manyNumbers, increment);

  CHECK_EQ(manyNumbers[0], 1001);
}
```

문서에 따르면 이 코드는 동일한 컬렉션을 변형해야 하므로 여기서는 어떤 추가적 메모리 할당도 일어나지 않아야 한다. 기대한 대로 간단한 for 루프와 동일하게 동작한다. 프로그램이 돌아가는 동안 메모리 사용량은 0.99GB를 유지한다.

하지만 복사가 일어나지 않도록 하기 위해 값을 반환하지 않았다. 필자는 transform-to-return 값을 좋아하지만 다른 선택지가 있다. 무브 시멘틱을 활용하는 것이다.

```
template<typename SourceType>
auto transformAllInPlace = [](auto& source, auto lambda) -> SourceType&& {
  transform(source.begin(), source.end(), source.begin(), lambda);
  return move(source);
};
```

이 호출을 컴파일하기 위해 transformAllInPlace를 호출할 때 소스 타입을 전달해야 하므로 우리 테스트 코드는 다음과 같이 변경된다.

```
TEST_CASE("Memory"){
  auto size = size_1GB_64Bits;
  vector<long long> manyNumbers(size);
  fill_n(manyNumbers.begin(), size, 1000L);

  auto result = transformAllInPlace<vector<long long>>(manyNumbers,
    increment);

  CHECK_EQ(result[0], 1001);
}
```

이 무브 시멘틱이 실제로 도움이 됐는지 측정해보자. 결과는 기대한 대로였다. 메모리 사용량은 전체 실행시간 동안 0.99GB를 유지한다.

재미있는 아이디어가 떠오른다. transform을 호출하는 데 무브 시멘틱을 사용하면 어떠할까?

무브 반복자를 활용한 transform

다음과 같이 무브 반복자를 활용하도록 transform 함수를 재작성할 수 있다.

```
template<typename DestinationType>
auto transformAllWithMoveIterator = [](auto& source, auto lambda){
  DestinationType result(source.size());
  transform(make_move_iterator(source.begin()),
    make_move_iterator(source.end()), result.begin(), lambda);
  source.clear();
  return result;
};
```

이론상 값을 복사하는 대신 이동해야 하므로 메모리 사용량이 낮게 유지돼야 할 것이다. 이것을 테스트하기 위해 메모리 사용을 기록하는 동안 동일한 테스트를 실행한다.

```cpp
TEST_CASE("Memory"){
  auto size = size_1GB_64Bits;
  vector<long long> manyNumbers(size);
  fill_n(manyNumbers.begin(), size, 1000L);

  auto result = transformAllWithMoveIterator<vector<long long>>
    (manyNumbers, increment);

  CHECK_EQ(result[0], 1001);
}
```

결과는 예상 밖이다. 메모리 사용량은 0.99GB에서 시작해 1.96GB로 증가했다(아마도 transform 호출 이후일 것이다). 그리고 나서 다시 0.99로 돌아갔다(source.clear()의 결과인 것 같다). 이 현상을 막기 위해 여러 가지 변형을 시도했지만 0.99GB의 메모리 사용을 유지하는 해결책을 찾지 못했다. 이것은 무브 반복자 구현과 관련된 문제처럼 보인다. 제대로 동작하는지 알아보기 위해 여러분의 컴파일러에서 테스트해볼 것을 권한다.

솔루션 비교하기

인플레이스나 무브 시멘틱을 활용하는 솔루션은 소스 데이터에 추가적인 계산이 들어가지 않았을 때만 동작한다. 다른 계산에 데이터를 재사용하려는 계획이 있다면 초기 컬렉션을 보존할 방법은 없다. 게다가 이 호출이 병렬적으로 제대로 동작할 수 있는지도 불분명하므로 이것을 여러분의 숙제로 남겨두겠다.

메모리 사용량을 줄이기 위해 함수형 프로그래밍 언어는 무슨 일을 할까? 그 답은 매우 흥미롭다.

불변형 데이터 구조

순수한 함수형 프로그래밍 언어는 불변형 데이터 구조체의 조합과 가비지 컬렉션을 사용한다. 데이터 구조체를 수정하는 각 호출은 한 개 원소가 변경돼도 초기 데이터 구조체의 복사본을 생성한다. 어쨌든 초기 구조체는 영향을 받지 않는다. 여기에 포인터를 활용한다. 기본적으로 신규 데이터 구조체는 변경된 값의 포인터를 제외하면 초기 것과 동일하다. 초기 컬렉션을 버리는 순간 더 이상 사용하지 않는 옛날 값은 가비지 컬렉터에 의해 메모리에서 자동으로 제거된다.

이 메커니즘은 C++에는 불가능한 최적화를 하면서도 불변성의 모든 장점을 취한다. 게다가 이 구현은 주로 재귀적이므로 꼬리 재귀 최적화의 장점도 취한다.

하지만 이 데이터 구조를 C++에서 구현하는 것은 불가능하다. 한 예로 immer라는 라이브러리가 있다. 이 라이브러리는 GitHub(https://github.com/arximboldi/immer)에서 찾을 수 있다. Immer는 수많은 불변형 컬렉션을 구현한다. 이 immer::vector를 살펴볼 것이다(push_back과 같은). 일반적인 벡터를 수정하는 연산을 수행할 때마다 immer::vector는 새로운 컬렉션을 반환한다. 반환된 각 값은 절대로 변하지 않으므로 상수다. 10장 코드에서 immer 0.5.0을 사용해 immer::vector의 용례를 보여주는 작은 테스트를 작성했는데 다음과 같다.

```
TEST_CASE("Check immutable vector"){
  const auto empty = immer::vector<int>{};
  const auto withOneElement = empty.push_back(42);

  CHECK_EQ(0, empty.size());
  CHECK_EQ(1, withOneElement.size());
  CHECK_EQ(42, withOneElement[0]);
}
```

불변형 데이터 구조체와 관련해 더 자세히 들어가지는 않겠다. 하지만 immer 웹사이트(https://sinusoid.es/immer/introduction.html)의 문서를 살펴보고 라이브러리를 사용해볼 것을 권한다.

요약

퍼포먼스 최적화는 매우 복잡한 주제라는 것을 살펴봤다. C++ 프로그래머로서 코드에서 퍼포먼스에 대한 강점이 있다. 10장에서 질문한 것은 함수형 스타일로 작성한 코드를 최적화하는 것이 가능한가였다. 대답은 '측정하고 명확한 목표가 있다면 그렇다'다.

특정 연산을 더 빨리 해야 하는가? 메모리 사용량을 줄여야 하는가? 퍼포먼스를 최대한 끌어올려야 하는 애플리케이션 영역은 어디인가? 다음 버전의 컴파일러, 라이브러리, 플랫폼으로 재작성해야 할 수도 있는 묘한 지점의 최적화를 어느 정도까지 진행할 것인가? 코드를 최적화하기 전에 이 질문에 먼저 답해야 할 것이다. 함수형 프로그래밍이 컴퓨터의 모든 코어를 사용할 수 있는 곳에서 큰 장점이 있는 것을 살펴봤다. 고차원 함수의 병렬 수행 표준이 구현되길 기다리는 동안 자신만의 병렬 알고리듬을 작성해 불변성의 장점을 누릴 수도 있다. 재귀는 함수형 프로그래밍의 또 다른 도구이며 재귀를 사용하면 꼬리 재귀 최적화의 장점을 누릴 수 있다. 서드파티 라이브러리에 구현된 불변형 데이터 구조와 목표에 따라 사용 가능하고 세심하게 최적화된 고차원 함수를 통해 코드의 단순성을 유지하면서 메모리 소모와 관련된 도움을 받을 수 있다. 소스 컬렉션을 신경쓰고 싶지 않다면 무브 시멘틱을 사용할 수 있지만 이것이 병렬 수행에서 제대로 동작하는지 확인해야 한다. 퍼포먼스 최적화에서는 무엇보다 측정이 가장 중요하다는 점을 기억하길 바란다. 결국 내가 어디 있는지, 어디로 갈지 모른다면 여행을 계획할 수 없다. 테스트용 데이터 생성기를 사용하면서 함수형 프로그래밍과 함께 여정을 계속할 것이다. 이제 특성 기반 테스트를 살펴볼 시간이다.

11
특성 기반 테스트

순수 함수에 중요한 특성property 하나가 있다는 것을 살펴봤다. 순수 함수는 동일한 입력에 동일한 출력을 반환한다. 이 특성을 바탕으로 예제 기반의 순수 함수의 유닛 테스트를 쉽게 작성할 수 있을 뿐만 아니라 다양한 입·출력에 테스트 함수의 재활용을 가능케 하는 데이터 주도 테스트를 작성할 수 있다는 것도 봤다.

우리는 지금까지 한 것보다 더 잘 할 수 있다. 긴 데이터 기반 테스트를 작성하는 것 대신 또는 여기에 덧붙여 순수 함수의 수학적 특성을 활용할 수 있다. 이 테크닉은 함수형 프로그래밍을 통한 데이터 생성기 덕분에 가능하다. 이 테스트를 특성 기반 테스트라고 한다. 이 이름은 클래스나 객체에 구현된 특성에서 온 것이 아니라 순수 함수의 수학적 특성에서 따온 것이라는 사실을 기억해야 한다.

11장에서는 다음 주제를 다룬다.

- 특성 기반 테스트의 아이디어 이해하기
- 생성기를 작성해 활용하는 방법

- 예제 기반 테스트에서 특성 기반 테스트를 만드는 방법
- 좋은 특성을 작성하는 방법

기술적 요구사항

C++ 17을 지원하는 컴파일러가 필요하다. 필자는 GCC 7.4.0을 사용했다.

코드는 GitHub(https://github.com/PacktPublishing/Hands-On-Functional-Programming-with-Cpp)의 11장 폴더에서 찾을 수 있다. 그리고 여기에는 단일 헤더 오픈 소스 유닛 테스팅 라이브러리인 doctest를 포함하고 있고 이것을 활용한다. 다음의 GitHub 저장소에서 doctest를 찾을 수 있다(https://github.com/onqtam/doctest).

특성 기반 테스트

유닛 테스트는 매우 유용한 소프트웨어 개발 기술이다. 훌륭한 유닛 테스트 한 벌로 다음을 할 수 있다.

- 회귀 테스트regression testing의 지겨운 부분을 자동화해 개발 속도를 향상시킨다.
- 전문 테스터가 동일한 테스트를 계속 실행하지 않고도 숨은 문제를 찾게 해준다.
- 버그를 개발 과정 초기 단계에서 제거할 수 있어 버그를 찾아 고치는 비용이 절약된다.
- 개발자가 테스트 코드의 피드백을 어떻게 살펴보고 해석하는지 안다는 가정하에 테스트 자체가 코드 구조체의 첫 번째 고객으로서 피드백을 제공해 소프트웨어 설계를 향상시킨다(테스트가 복잡하다면 여러분의 설계가 복잡할 확률이 높다).
- 코드 신뢰도를 향상시키므로 더 많은 변화를 수용할 수 있어 리팩터링이 쉬워지고 개발 속도가 빨라지고 코드 리스크를 없애준다.

필자는 유닛 테스트 작성을 사랑한다. 흥미로운 테스트 케이스를 만드는 것을 사랑하고 **9장, 함수형 프로그래밍의 테스트 주도 개발**에서 본 것과 같이 테스트를 활용해 코드를 만들어가는 것을 사랑한다. 동시에 더 좋은 테스트를 작성하는 방법을 항상 갈구한다. 개발 과정 속도를 향상시킬 수 있다면 매우 좋은 일이기 때문이다.

9장, 함수형 프로그래밍의 테스트 주도 개발에서 다음을 살펴봤다. 순수 함수는 테스트 케이스 정의에 의해 쉽게 식별할 수 있다. 순수 함수의 정의에 따라 순수 함수 출력은 제한적이기 때문이다. 순수 함수 관련 수학적 특징을 탐구해본다면 이보다 더 나아갈 수 있다.

여러분이 어느 정도 유닛 테스트를 작성해봤다면 어떤 테스트에 중복성이 있다고 느꼈을 것이다. 특정 간격 값에서의 입력을 위해 기대 출력이 특정한 특성을 가져야 한다는 식으로만 테스트를 작성했다면 더 그 같은 느낌을 받았을 것이다. 데이터 생성기와 몇 가지 추상적인 생각으로 이것을 해결할 수 있다.

접근법을 비교해보자.

예제 기반 테스트와 특성 기반 테스트 비교

power 함수의 예를 살펴보자.

```
function<int(int, int)> power = [](auto first, auto second){
  return pow(first, second);
};
```

예제 기반 테스트를 활용한다면 어떤 식으로 테스트할까? 첫 번째와 두 번째를 조합한 몇 가지 관심 값을 선정해야 한다. 이번 연습의 목적상 범위를 양의 정수로 제한할 것이다. 일반적으로 정수의 관심 값으로 0, 1, 큰 수, 최댓값이 있다. 이것으로 다음과 같은 가능한 경우의 수를 정리했다.

- 0^0 -> 정의되지 않음(C++에서의 pow 구현은 특정 에러를 활성화하지 않은 경우 1을 반환한다)
- $0^{0부터\ 최대까지의\ 정수}$ -> 0
- $1^{모든\ 정수}$ -> 1
- $(0을\ 제외한\ 모든\ 정수)^0$ -> 1
- 2^2 -> 4
- $2^{오버플로우를\ 일으키지\ 않는\ 가장\ 큰\ 정수}$ -> 값이 계산될 것이다.
- 10^5 -> 100000
- $10^{오버플로우를\ 일으키지\ 않는\ 가장\ 큰\ 정수}$ -> 값이 계산될 것이다.

이 리스트는 결코 완벽하지 않지만 이 문제의 흥미로운 분석법을 보여준다. 위 테스트를 작성해보자.

```cpp
TEST_CASE("Power"){
  int maxInt = numeric_limits<int>::max();
  CHECK_EQ(1, power(0, 0));
  CHECK_EQ(0, power(0, 1));
  CHECK_EQ(0, power(0, maxInt));
  CHECK_EQ(1, power(1, 1));
  CHECK_EQ(1, power(1, 2));
  CHECK_EQ(1, power(1, maxInt));
  CHECK_EQ(1, power(2, 0));
  CHECK_EQ(2, power(2, 1));
  CHECK_EQ(4, power(2, 2));
  CHECK_EQ(maxInt, power(2, 31) -1);
  CHECK_EQ(1, power(3, 0));
  CHECK_EQ(3, power(3, 1));
  CHECK_EQ(9, power(3, 2));
  CHECK_EQ(1, power(maxInt, 0));
  CHECK_EQ(maxInt, power(maxInt, 1));
}
```

이것은 분명히 제곱근 함수가 동작하는 것을 확인하는 데 필요한 전체 테스트 리스트는 아니지만 좋은 출발점이다. 이 리스트를 살펴보면서 궁금해졌다. 여러분이라면 테스트를 더 작성할 것인가? 덜 작성할 것인가? 필자는 물론 더 작성하고 싶지만 이 과정에서 의욕을 잃었다. 물론 여러 문제 중 하나는 코드를 작성한 후 이 테스트를 작성했다는 점이다. 필자는 테스트 주도 개발^{TDD}을 통해 코드를 작성하는 동안 테스트 코드를 작성하는 것이 훨씬 더 동기부여된다. 더 나은 방법이 있겠지?

잠시 전혀 다르게 생각해보자. 기대 출력의 일부와 전부를 테스트할 수 있는 특성이 있지 않을까? 리스트를 작성해보자.

- 0^0 -> 정의되지 않음(C++에서 pow 함수의 기본 값은 1)
- $0^{[1 ..\ 정수\ 최대]}$ -> 0
- 값: $[1 ..\ 정수\ 최대]^0$ -> 1
- 값: $[0 ..\ 정수\ 최대]^1$ -> 값

몇 가지 분명한 특성이 있지만 이 특성은 값의 극히 일부만 커버한다. 여전히 x와 y 모두 0과 1이 아닌 x^y의 일반적인 경우를 커버해야 한다. 여기서 어떤 특성을 찾을 수 있을까? 정수의 제곱의 수학적 정의를 생각해보자. 이것은 곱을 반복하는 것이므로 1보다 큰 어떤 x, y에서는 다음 추론이 가능하다.

$$X^Y = X^{y-1} \times X$$

계산에 오버플로우가 발생할 수도 있어 경계 값 문제가 있다. x^y가 정수 최대보다 작게 나오도록 x, y값을 선별해야 한다. 이 문제를 다루는 한 가지 방식은 우선 x를 고르고 y를 y=2와 maxy=floor(log_xmaxInt) 사이에서 고르는 것이다. 경계에 최대한 가까이 다가가기 위해 maxy 값을 고르는 것이 좋겠다. 오버플로우 경우를 확인하기 위해 x의 maxy+1 제곱이 오버플로우됐는지 테스트하면 된다.

물론 이전 접근법은 표준 라이브러리의 로그함수 결과를 신뢰하는 것을 가정한다. 테스트에 대한 여러분의 강박관념이 필자보다 심하다면 2부터 maxInt가 밑이고 값으로 maxInt

를 갖는 검증된 로그 테이블을 활용하길 권한다. 하지만 필자는 STL 로그함수를 사용할 것이다.

이제 지수함수의 수학적 특성 리스트가 있다. 앞에서 본 것과 같이 이 리스트를 구현하고자 한다. 쉬면서 말이다. 정말 그럴 수 있을까? 데이터 생성기로 들어가자.

생성기

생성기는 함수형 프로그래밍 언어의 핵심 기능 중 하나다. 코드를 다음과 같이 해 람다의 조합과 느긋한 계산법을 통해 구현한다.

```
// 의사코드
vector<int> values = generate(1, maxInt, [](){/*generator Code*/}).pick(100)
```

생성기 함수는 보통 무한한 값을 생성하지만 느긋한 계산법을 활용하므로 100개의 값은 pick이 호출될 때 실제화된다.

C++는 아직 느긋한 계산법과 데이터 생성기를 표준으로 지원하지 않으므로 자신만의 생성기를 구현해야 한다. C++ 20에서는 표준에 이 두 기능을 활성화하는 놀라운 범위 ranges 라이브러리가 포함되니 참고하길 바란다. 11장의 목표 관계상 현재 사용 가능한 표준을 고수하겠지만 16장에서 범위 라이브러리의 기본적인 사용법을 확인할 수 있을 것이다.

우선 데이터를 어떻게 생성할 수 있을까? STL은 uniform_int_distribution 클래스를 활용한, 균일하게 분포한 임의의 정수를 생성하는 멋진 방법을 제공한다. 우선 코드를 살펴보자. 발생하는 사건을 설명하는 코멘트를 달아놨다.

```
auto generate_ints = [](const int min, const int max){
  random_device rd; // 씨드를 생성하는 데 사용한다.
  mt19937 generator(rd()); // 의사 난수를 생성하는 데 사용한다.
  uniform_int_distribution<int> distribution(min, max);
  // min과 max 사이에서 균일하게 분포된 수를 생성하는 데 사용한다.
```

```
    auto values = transformAll<vector<int>>(range(0, 98),
    // [0..98] 범위를 생성한다.
      [&distribution, &generator](auto){
        return distribution(generator); // 난수를 생성한다.
      });
    values.push_back(min); // 최소값과 최대값이 포함되는 것을 보장한다.
    values.push_back(max);
    return values;
};
```

이 함수는 `min`부터 `max`에 이르는 균일하게 분포된 수를 생성할 것이다. 필자는 범위의 끝수를 포함하는 것을 선호한다. 그 값은 테스트에서 항상 관심 값이기 때문이다.

처음 본 `range` 함수를 활용했다. 이 함수는 더 간단히 변환할 수 있도록 `minValue`부터 `maxValue`까지의 값으로 벡터를 채우는 역할을 한다. 다음과 같다.

```
auto range = [](const int minValue, const int maxValue){
  vector<int> range(maxValue - minValue + 1);
  iota(range.begin(), range.end(), minValue);
  return range;
};
```

함수형 프로그래밍 언어에서 범위는 보통 메모리 사용량을 크게 절약해주는 느긋한 계산법을 활용한다는 사실을 기억하면 좋다. 느긋한 계산법을 활용하지는 않지만 이 예제는 목적에 맞게 동작한다.

이전 `generator` 함수를 통해 테스트의 입력 데이터(균일하게 분포한 1부터 정수 최대 값 사이 범위)를 생성할 수 있다. 간단한 바인드를 활용하면 된다.

```
auto generate_ints_greater_than_1 = bind(generate_ints, 1,
numeric_limits<int>::max());
```

이것을 특성 기반 테스트에 활용해보자.

테스트에 특성 넣기

확인하고 싶은 특성을 다시 나열해보자.

- 0^0 -> 정의되지 않음(C++에서 pow 함수의 기본 값은 1)
- $0^{[1 .. \text{정수 최대}]}$ -> 0
- 값: $[1 .. \text{정수 최대}]^0$ -> 1
- 값: $[0 .. \text{정수 최대}]^1$ -> 값
- $x^y = x^{y-1} * x$

각 특성을 차례대로 구현할 것이다. 모든 특성마다 일반적인 예제 기반 테스트나 generate_ints_greater_than_1 함수를 활용한 데이터 생성기를 활용할 것이다. 가장 간단한 특성부터 시작해보자. 0^0은 정의되지 않음이나 표준 구현에서와 같이 1이 돼야 한다.

0^0이 정의되지 않음이 되는 특성

첫 번째 특성은 일반적인 예제 기반 테스트를 활용하므로 구현이 매우 단순하다. 일관성을 위해 함수로 이것을 추출할 것이다.

```
auto property_0_to_power_0_is_1 = []({
  return power(0, 0) == 1;
};
```

이 테스트에서 전달력 있는 출력을 구하기 위해 특성을 기술할 것이다.

```
TEST_CASE("Properties"){
  cout << "Property: 0 to power 0 is 1" << endl;
  CHECK(property_0_to_power_0_is_1);
}
```

실행하면 결과는 테스트를 통과하고 다음과 같을 것이다.

```
g++ -std=c++17 propertyBasedTests.cpp -o out/propertyBasedTests
./out/propertyBasedTests
[doctest] doctest version is "2.0.1"
[doctest] run with "--help" for options
Property: 0 to power 0 is 1
===============================================================================
[doctest] test cases:      1 |      1 passed |      0 failed |      0 skipped
[doctest] assertions:      1 |      1 passed |      0 failed |
[doctest] Status: SUCCESS!
```

이번 특성은 쉬웠다! 이제 특성 기반 테스트의 기본 구조를 갖췄다. 다음 테스트는 데이터 생성기가 필요할 것이다. 데이터 생성기는 이미 갖고 있다. 0을 제외한 어떤 지수 제곱을 하더라도 0이 나오는 특성에 어떻게 적용하는지 살펴보자.

$0^{[1 .. maxInt]}$이 0이 되는 특성

1부터 maxInt까지의 숫자 생성기가 필요하고 이것은 이미 구현했다. 0에 1부터 maxInt까지의 어떤 수를 지수 제곱하더라도 0이 나오는 것을 확인하는 특성 함수가 필요하다. 이 코드는 작성하기 매우 쉽다.

```cpp
auto prop_0_to_any_nonzero_int_is_0= [](const int exponent){
    CHECK(exponent > 0); // 조건을 확인한다.
    return power(0, exponent) == 0;
};
```

다음은 이 특성을 확인해야 한다. 생성된 값의 리스트가 있으므로 all_of 함수를 활용해 모든 리스트 값이 해당 특성을 만족하는지 확인할 수 있다. 정보전달의 편의성을 위해 사용하는 값의 리스트를 표시할 것이다.

```
auto printGeneratedValues = [](const string& generatorName, const auto& values){
  cout << "Check generator " << generatorName << endl;
  for_each(values.begin(), values.end(), [](auto value) { cout << value << ", ";});
  cout << endl;
};

auto check_property = [](const auto& generator, const auto& property, const
string& generatorName){
  auto values = generator();
  printGeneratedValues(generatorName, values);

  CHECK(all_of_collection(values, property));
};
```

마지막으로 테스트를 작성한다. 테스트 직전에 특성 이름을 한 번 더 표시한다.

```
TEST_CASE("Properties"){
  cout << "Property: 0 to power 0 is 1" << endl;
  CHECK(property_0_to_power_0_is_1);

  cout << "Property: 0 to [1..maxInt] is 0" << endl;
  check_property(generate_ints_greater_than_1,
    prop_0_to_any_nonzero_int_is_0, "generate ints");
}
```

이 테스트를 돌려보면 다음과 같은 출력이 나온다.

```
Property: 0 to power 0 is 1
Property: 0 to [1..maxInt] is 0
Check generator generate ints
1073496375, 263661517, 1090774655, 590994005, 168796979, 1988143371,
1411998804, 1276384966, 252406124, 111200955, 775255151, 1669887756,
1426286501, 1264685577, 1409478643, 944131269, 1688339800, 192256171,
1406363728, 1624573054, 2654328, 1025851283, 1113062216, 1099035394,
624703362, 1523770105, 1243308926, 104279226, 1330992269, 1964576789,
789398651, 453897783, 1041935696, 561917028, 1379973023, 643316376,
1983422999, 1559294692, 2097139875, 384327588, 867142643, 1394240860,
2137873266, 2103542389, 1385608621, 2058924659, 1092474161, 1071910908,
1041001035, 582615293, 1911217125, 1383545491, 410712068, 1161330888,
1939114509, 1395243657, 427165959, 28574042, 1391025789, 224683120,
1222884936, 523039771, 1539230457, 2114587312, 2069325876, 166181790,
```

```
  1504124934, 1817094271, 328329837, 442231460, 2123558414, 411757963,
  1883062671, 1529993763, 1645210705, 866071861, 305821973, 1015936684,
  2081548159, 1216448456, 2032167679, 351064479, 1818390045, 858994762,
  2073835547, 755252854, 2010595753, 1882881401, 741339006, 1080861523,
  1845108795, 362033992, 680848942, 728181713, 1252227588, 125901168,
  1212171311, 2110298117, 946911655, 1, 2147483647,
===============================================================================
[doctest] test cases:      1 |      1 passed |      0 failed |      0 skipped
[doctest] assertions:    103 |    103 passed |      0 failed |
[doctest] Status: SUCCESS!
```

위에서 보듯이 여러 가지 임의의 수를 테스트에 활용했고 마지막 두 개의 값은 1과 maxInt다.

잠시 멈추고 회상할 시간이다. 이 테스트는 이상하다. 유닛 테스트의 핵심 아이디어 중 하나는 반복 가능한 테스트를 만드는 것이지만 여기서는 임의의 값 다발을 갖고 있다. 이것은 유효한가? 하나의 값이 실패하면 무엇을 해야 하는가?

훌륭한 질문이다! 우선 특성 기반 테스트는 예제 기반 테스트를 배제하지 않는다. 사실 두 가지를 섞은 것이다. 0^0은 특성으로 보기보다 예제이므로 상황에 따라 특정 값을 확인하는 것을 주저할 필요없다.

둘째, 특성 기반 테스트를 지원하는 라이브러리는 실패하는 특정 값의 컬렉션과 자동으로 다시 테스트하는 것을 허용한다. 이것은 매우 간단하다. 실패가 있을 때마다 그 값을 어딘가에 저장하고 테스트를 다시 실행할 때 그 값을 다음 생성에 포함시킨다. 이 기능은 테스트를 더 견고하게 만들 뿐만 아니라 코드 양상을 더 쉽게 파악하도록 해준다.

따라서 예제 기반 테스트와 특성 기반 테스트를 상호보완적 테크닉으로 바라봐야 한다. 예제 기반 테스트는 테스트 주도 개발[TDD]을 활용한 코드 작성과 관심있는 경우를 확인하는 데 도움이 된다. 특성 기반 테스트는 고려하지 못한 경우를 찾아내고 똑같은 실수를 다시 테스트하는 데 도움을 준다. 두 기술 모두 다른 방식으로 유용하다.

특성 작성하기로 다시 돌아가자. 다음 특성은 어떤 수에 0의 승수가 1이 나오는 것이다.

[1 .. maxInt]^{0}이 1이 되는 특성

모든 것이 제대로 준비됐다. 작성만 하면 된다.

```
auto prop_anyIntToPower0TIs1 = [](const int base){
  CHECK(base > 0);
  return power(base, 0) == 1;
};
```

테스트는 다음과 같이 작성할 수 있다.

```
TEST_CASE("Properties"){
  cout << "Property: 0 to power 0 is 1" << endl;
  CHECK(property_0_to_power_0_is_1);

  cout << "Property: 0 to [1..maxInt] is 0" << endl;
  check_property(generate_ints_greater_than_1,
    prop_0_to_any_nonzero_int_is_0, "generate ints");

  cout << "Property: any int to power 0 is 1" << endl;
  check_property(generate_ints_greater_than_1,
    prop_anyIntToPower0Is1, "generate ints");
}
```

이 테스트를 실행해보면 다음과 같은 결과가 나온다(간결함을 위해 몇 줄은 생략했다).

```
Property: 0 to power 0 is 1
Check generator generate ints
1673741664, 1132665648, 342304077, 936735303, 917238554, 1081591838,
743969276, 1981329112, 127389617,
...
1, 2147483647,
Property: any int to power 0 is 1
Check generator generate ints
736268029, 1304281720, 416541658, 2060514167, 1695305196, 1479818034,
699224013, 1309218505, 302388654, 765083344, 430385474, 648548788,
1986457895, 794974983, 1797109305, 1131764785, 1221836230, 802640954,
...
1543181200, 1, 2147483647,
===============================================================
```

```
[doctest] test cases: 1 | 1 passed | 0 failed | 0
skipped
[doctest] assertions: 205 | 205 passed | 0 failed |
[doctest] Status: SUCCESS!
```

1부터 maxInt 사이의 실제 임의의 수로 구성된 앞의 예제를 볼 수 있다. 점점 익숙해지고 있다. 다음은 어떤 값에 1제곱을 하면 다시 그 값이 나오는 특성이다.

[0 .. maxInt]의 어떤 값에 1제곱을 하면 그 값이 나오는 특성

0부터 시작하는 또 다른 생성기가 필요하다. 필요한 결과를 얻기 위해서는 바인드 마법을 다시 활용하면 된다.

```
auto generate_ints_greater_than_0 = bind(generate_ints, 0,
numeric_limits<int>::max());
```

이 특성은 작성하기 쉽다.

```
auto prop_any_int_to_power_1_is_the_value = [](const int base){
  return power(base, 1) == base;
};
```

이 테스트는 분명하다.

```
TEST_CASE("Properties"){
  cout << "Property: 0 to power 0 is 1" << endl;
  CHECK(property_0_to_power_0_is_1);

  cout << "Property: 0 to any non-zero power is 0" << endl;
  check_property(generate_ints_greater_than_1,
    prop_0_to_any_nonzero_int_is_0, "generate ints");

  cout << "Property: any int to power 0 is 1" << endl;
  check_property(generate_ints_greater_than_1,
    prop_anyIntToPower0Is1, "generate ints");
```

```
    cout << "Property: any int to power 1 is the value" << endl;
    check_property(generate_ints_greater_than_0,
      prop_any_int_to_power_1_is_the_value, "generate ints");
}
```

테스트를 실행하면 또 다시 통과한다. 다시 회상하는 시간을 가져보자.

- 얼마나 많은 값을 확인했는가? 답은 301이다.
- 테스트 코드는 몇 줄인가? 이 테스트 코드는 23줄이다. 테스트에 재사용한 라이브러리 함수는 약 40줄 코드다.

이제 이 테스트를 어떻게 하는지 알고 있다. 이 예제에서 가장 복잡한 특성 차례다. 어떤 수에 y승은 그 수의 $y-1$승에 다시 그 수를 곱한 것과 같다.

특성: $x^y = x^{y-1} * x$

$x^y < maxInt$인 x와 y 두 쌍의 값이 필요하다. 데이터 생성기에 조금 귀찮은 작업이 필요하다. x가 $\sqrt{maxInt}$보다 크면 $y=1$인 경우에만 테스트할 수 있으므로 필자는 두 개의 생성기를 사용할 것이다. 첫 번째 생성기는 2와 $\sqrt{maxInt}$ 사이의 수만 생성하고 두 번째 생성기는 $\sqrt{maxInt}$보다 크고 maxInt보다 작은 수만 생성한다.

```
auto generate_ints_greater_than_2_less_sqrt_maxInt = bind(generate_ints, 2,
  sqrt(numeric_limits<int>::max()));
```

특성의 첫 번째 부분은 다음과 같다.

```
cout << "Property: next power of x is previous power of x multiplied by
  x" << endl;
check_property(generate_ints_greater_than_2_less_sqrt_maxInt,
  prop_nextPowerOfXIsPreviousPowerOfXMultipliedByX, "generate greater
  than 2 and less than sqrt of maxInt");
```

이 특성을 구현하기 위해서는 x가 밑인 지수를 생성해야 하므로 다음과 같이 특성을 작성할 수 있다.

```
auto prop_nextPowerOfXIsPreviousPowerOfXMultipliedByX = [](const int x){
  auto exponents = bind(generate_exponent_less_than_log_maxInt, x);
  return check_property(exponents, [x](auto y){ return power(x, y) ==
    power(x, y - 1) * x;}, "generate exponents for " + to_string(x));
};
```

생성기 함수 이름에서 알 수 있듯이 1과 $log_x maxInt$ 사이의 수를 생성해야 한다. 이 값을 넘는 수는 x^y을 계산할 때 오버플로우를 발생시킬 것이다. STL에 일반적인 로그함수를 제공하지 않으므로 하나를 구현해야 한다. $log_x maxInt$를 구현하기 위해 수학적 동치를 활용하면 된다.

```
auto logMaxIntBaseX = [](const int x) -> int{
  auto maxInt = numeric_limits<int>::max();
  return floor(log(maxInt) / log(x));
};
```

생성기 함수는 다음과 같다.

```
auto generate_exponent_less_than_log_maxInt = [](const int x){
  return generate_ints(1, logMaxIntBaseX(x));
};
```

이것으로 테스트를 수행할 수 있다. 다음은 출력의 일부다.

```
Check generator generate exponents for 43740
1, 2,
Check generator generate exponents for 9320
1, 2,
Check generator generate exponents for 2
1, 2, 3, 4, 5, 6, 7, 8, 9, 10, 11, 12, 13, 14, 15, 16, 17, 18, 19, 20, 21,
22, 23, 24, 25, 26, 27, 28, 29, 30,
Check generator generate exponents for 46340
1, 2,
```

테스트의 마지막 부분은 $\sqrt{maxInt}+1$부터 maxInt 범위를 추가하는 것이다.

```
check_property(generate_ints_greater_than_sqrt_maxInt,
  prop_nextPowerOfXIsPreviousPowerOfXMultipliedByX, "generate greater
  than sqrt of maxInt");
```

몇 가지 엣지 케이스를 지원하기 위해 생성 함수를 업데이트해야 한다. 다음 코드에서 주석 설명을 참고하길 바란다.

```
auto generate_ints = [](const int min, const int max){
  if(min > max) { // 범위 중 최대값이 최소값보다 작으면 빈 벡터를 반환한다.
     return vector<int>();
  }
  if(min == max){ // 최대와 최소가 같으면 최소를 반환한다.
     return range(min, min);
  }

  if(max - min <= 100){ // 범위 내 값이 충분하지 않으면 범위 내 값 전체를 반환한다.
     return range(min, max);
  }
  ...
}
```

이것으로 마지막 특성 구현을 완료했다.

결론

코드 몇 줄로 다음을 모두 확인했다.

- 0^0 -> 정의되지 않음(C++에서 pow 함수의 기본 값은 1)
- $0^{[1 .. 정수\ 최대]}$ -> 0
- 값: $[1 .. 정수\ 최대]^0$ -> 1
- 값: $[0 .. 정수\ 최대]^1$ -> 값
- $x^y = x^{y-1} * x$

이것을 일반적으로 사용하는 예제 기반 테스트 접근과 어떻게 비교할까? 더 적은 코드로 더 많은 테스트를 수행했다. 코드에 숨은 문제를 찾아낼 수 있지만 예제보다 특성을 구분하는 것이 더 어렵다. 또한 특성 기반 테스트가 예제 기반 테스트와 잘 동작한다는 사실도 확인했다.

특성을 찾아내는 문제도 재확인해보자. 여기에는 몇 가지 분석이 필요하다. 데이터 주도 테스트를 통해 예제로 특성을 고안하는 실질적인 방법을 살펴볼 것이다.

예제로부터 데이터 주도 테스트와 특성까지

특성 기반 테스트를 처음 들었을 때 두 가지 문제가 있었다. 첫째, 특성 기반 테스트는 예제 기반 테스트를 대체하는 수단이라고 생각했고 이제 여러분은 그것이 잘못된 생각이라는 것을 알 것이다. 이 두 가지 기술을 나란히 사용하면 된다. 둘째, 필자는 좋은 특성을 이끌어내는 방법을 몰랐다.

하지만 좋은 예시를 만들었고 테스트 간 중복을 없앨 좋은 생각이 떠올랐다. 지수 제곱 함수의 좋은 예제를 떠올리는 예를 살펴봤다. 다시 상기해보면

- 0^0 -> 정의되지 않음(C++에서의 pow 구현은 특정 에러를 활성화하지 않은 경우 1을 반환한다)
- $0^{0부터\ 최대까지의\ 정수}$ -> 0
- $1^{모든\ 정수}$ -> 1
- $(0을\ 제외한\ 모든\ 정수)^0$ -> 1
- 2^2 -> 4
- $2^{오버플로우를\ 일으키지\ 않는\ 가장\ 큰\ 정수}$ -> 값이 계산될 것이다.
- 10^5 -> 100000
- $10^{오버플로우를\ 일으키지\ 않는\ 가장\ 큰\ 정수}$ -> 값이 계산될 것이다.

이 상황의 예제 기반 테스트를 작성하는 것이 별로 어렵지 않다는 것을 봤다.

```
TEST_CASE("Power"){
  int maxInt = numeric_limits<int>::max();
  CHECK_EQ(1, power(0, 0));
  CHECK_EQ(0, power(0, 1));
  CHECK_EQ(0, power(0, maxInt));
  CHECK_EQ(1, power(1, 1));
  CHECK_EQ(1, power(1, 2));
  CHECK_EQ(1, power(1, maxInt));
  CHECK_EQ(1, power(2, 0));
  CHECK_EQ(2, power(2, 1));
  CHECK_EQ(4, power(2, 2));
  CHECK_EQ(maxInt, power(2, 31) - 1);
  CHECK_EQ(1, power(3, 0));
  CHECK_EQ(3, power(3, 1));
  CHECK_EQ(9, power(3, 2));
  CHECK_EQ(1, power(maxInt, 0));
  CHECK_EQ(maxInt, power(maxInt, 1));
}
```

이 예제는 코드 유사성을 보여준다. 0, 1, 2, 3이 밑이면서 숫자는 여러 번 반복된다. **9장, 함수형 프로그래밍의 테스트 주도 개발**에서 봤듯이 다수의 입력 값을 명시한 데이터 주도 테스트를 활용해 이 유사성을 없앨 수 있다.

```
TEST_CASE("1 raised to a power is 1"){
  int exponent;

  SUBCASE("0"){
    exponent = 0;
  }
  SUBCASE("1"){
    exponent = 1;
  }
  SUBCASE("2"){
    exponent = 1;
  }
  SUBCASE("maxInt"){
    exponent = maxInt;
  }
```

```
  CAPTURE(exponent);
  CHECK_EQ(1, power(1, exponent));
}
```

필자는 이 유사성을 어느 정도 없애는 작업 후 특성을 살펴보기 시작한다. 이 경우 매우 분명하다. 특정한 예 대신 임의의 입력을 활용해 동일한 수학적 특성을 확인하는 테스트를 추가할 수 있다. 이전 절에서 이것을 작성했는데 다음과 같다.

```
cout << "Property: any int to power 1 is the value" << endl;
check_property(generate_ints_greater_than_0,
  prop_any_int_to_power_1_is_the_value, "generate ints");
```

따라서 필자의 조언은 다음과 같다. 몇 분 동안 문제를 들여다보고 확인해야 하는 수학적 특성을 찾는다면 완벽하다(특성 기반 테스트를 작성하고 예외 없이 모든 상황을 다룬다고 생각할 만큼 많은 예제 기반 테스트를 추가하라)! 특성을 찾지 못했더라도 걱정할 필요없다. 예제 기반 테스트를 계속 추가하고 데이터 주도 테스트를 활용해 테스트간 중복을 없애면 되며 결국 특성을 찾게 될 것이다. 그리고 나서 특성 기반 테스트를 추가하고 기존 예제 기반 테스트를 어떻게 할지 결정하면 된다.

좋은 특성, 나쁜 특성

특성은 예제보다 더 높은 수준의 추상화 레벨이므로 혼동되고 불분명한 방식으로 구현하기 쉽다. 여러분은 이미 예제 기반 테스트에 많은 주의를 기울여야 했을 것이다. 이제 그 노력을 특성 기반 테스트와 관련 있는 곳으로 돌려야 한다.

무엇보다 좋은 특성은 좋은 유닛 테스트와 같으므로 좋은 특성은 다음과 같다.

- 작다.
- 적절하고 명확한 이름
- 실패할 때 명확한 메시지 전달

- 빠름

- 반복 가능

특성 기반 테스트에서 빠지기 쉬운 함정이 있다. 임의의 수를 사용하므로 임의의 실패를 기대해야 하지 않을까? 특성 기반 테스트가 실패할 경우 코드에 대해 뭔가 새로운 사실을 배우는 것이므로 축하할 일이지만 시간이 지나면서 실패 횟수가 줄고 버그를 없애야 한다. 여러분이 작성한 특성 기반 테스트가 매일 실패한다면 분명히 뭔가 잘못된 것이다. 특성이 너무 크거나 구현에 구멍이 많을 것이다. 특성 기반 테스트가 종종 실패하고 테스트 코드에서의 버그 가능성을 보여준다면 제대로 돌아가는 것이다.

특성 기반 테스트의 어려운 점 중 하나는 생성기와 특성을 확인하는 데 버그 없이 유지하기 어렵다는 것이다. 이것은 마찬가지로 코드이며 모든 코드는 버그가 있을 가능성이 있다. 예제 기반 테스트에서는 유닛 테스트를 실수하기 거의 불가능한 수준으로 단순화해 이 문제를 처리했다. 특성은 더 복잡하다는 사실을 알아야 하므로 더 많은 주의가 필요하다. '단순함을 유지하라keep it simple, stupid'라는 오래된 격언이 특성 기반 테스트에서 빛을 더 발하므로 큰 특성보다 작은 특성을 추구하고 이름과 구현을 스스로 분석한 후 코드를 동료와 리뷰하자.

구현에 관한 몇 가지 조언

11장에서 C++ 17 표준 코드를 유지하기 위해 데이터 생성기를 구현하는 데 커스텀 함수 세트를 사용했지만 이 함수는 상용이 이닌 기술을 익히는 데 초점이 맞춰져 있다. 메모리 사용량이나 퍼포먼스에 최적화돼 있지 않다는 것을 이미 확인했다. 앞에서 반복자를 개선했지만 더 좋은 방법이 있다.

범위 라이브러리를 활용하거나 C++ 20로 테스트를 컴파일할 수 있다면(느긋한 계산법을 활용해) 무한 데이터 생성기를 구현하는 것은 매우 쉽다. 특성 기반 테스트 라이브러리나 생성기 라이브러리를 찾아보길 권한다. 몇 가지 생성기는 다른 사람들이 이미 작성했다. 개념을 이해하기만 하면 여러분의 코드에 빨리 적용할 수 있을 것이다.

요약

수년간 사용해온 예제 기반 테스트와 더불어 특성 기반 테스트도 인기가 많다. 고려하지 않은 상황을 찾아내 중복을 없애는 데 약간의 분석과 데이터 생성을 어떻게 조합하는지 보여준다.

특성 기반 테스트는 순수 함수를 활용해 매우 쉽게 구현할 수 있는 데이터 생성기로 활성화된다. 앞으로 나올 C++ 20이나 범위 라이브러리에 있는 느긋한 계산법으로 더 쉽게 구현할 수 있을 것이다.

특성 기반 테스트의 핵심기술은 특성 식별이다. 그 두 가지 방법을 살펴봤다. 하나는 예제를 분석하는 것이고 다른 하나는 중복을 없애면서 예제 기반 테스트를 작성해 데이터 기반 테스트로 변환한 후 데이터 묶음을 특성으로 치환하는 것이었다.

마지막으로 특성 기반 테스트는 코드이며 깔끔하게 작성하고 변경하고 이해하기 쉽도록 작성해야 한다는 사실을 기억해야 한다. 가능하면 작은 특성을 선호하고 이름을 명확히 지어 이해하기 매우 쉽게 만들어야 한다.

12장에서는 순수 함수를 활용해 리팩터링하는 수고를 더는 방법과 디자인 패턴을 함수로 구현하는 방법을 살펴본다.

12

순수 함수로 리팩터링하기와
순수 함수를 통한 리팩터링하기

프로그래머는 변경하기 두려운 코드를 종종 만난다. 커링과 합성을 활용하고 컴파일러의 도움으로 순수 함수를 추출함으로써 더 안전한 방식으로 기존 코드를 리팩터링할 수 있다. 순수 함수를 통한 리팩터링의 예를 살펴본 후 몇 가지 디자인 패턴과 함수형 프로그래밍에서 디자인 패턴을 적용하는 방법과 리팩터링에서 디자인 패턴을 활용하는 방법을 살펴볼 것이다.

12장에서는 다음 주제를 다룬다.

- 레거시 코드를 대하는 자세
- 컴파일러와 순수 함수를 활용한 의존성 식별 및 분리 방법
- 코드 조각에서 람다를 추출하는 방법
- 커링, 합성, 클래스로 묶기를 활용한 람다간 중복 제거
- 함수를 활용한 몇 가지 디자인 패턴(전략 패턴, 명령 패턴, 의존성 주입 패턴) 구현 방법
- 리팩터링에 함수 기반 디자인 패턴 사용법

기술적 요구사항

C++ 17을 지원하는 컴파일러가 필요하다. 필자는 GCC 7.4.0을 사용했다.

코드는 GitHub(https://github.com/PacktPublishing/Hands-On-Functional-Programming-with-Cpp)의 12장 폴더에서 찾을 수 있다. 그리고 여기에는 단일 헤더 오픈 소스 유닛 테스팅 라이브러리인 doctest를 포함하고 있고 이것을 활용한다. 다음의 GitHub 저장소에서 doctest를 찾을 수 있다(https://github.com/onqtam/doctest).

순수 함수로 리팩터링하기와 순수 함수를 통한 리팩터링하기

리팩터링은 소프트웨어 개발에서 중요하고 지속적인 부분이다. 우리가 만드는 애플리케이션 주변환경 변화로 인한 요구사항의 지속적인 변화가 주된 이유다. 우리의 클라이언트는 제품이 동작하는 생태계를 지속적으로 배우고 클라이언트가 마주치는 새로운 현실로 우리가 이 제품에 적응하길 원한다. 그 결과, 완벽히 만들었더라도 우리의 코드는 우리가 해결하는 문제의 현재 상황보다 항상 뒤처져 있다.

또한 코드를 완벽히 구조화하는 것은 결코 쉬운 일이 아니다. 프로그래머는 인간이므로 종종 실수하고 집중력을 잃고 최적의 해결책을 찾는 데 실패한다. 이 복잡한 상황을 처리할 유일한 방법은 무자비한 리팩터링이다. 즉, 우선 동작하게 만들고 제약 조건하에서 코드가 최대한 좋아질 때까지 코드 구조를 개선하는 것이다.

테스트를 작성하고 일찍 리팩터링한다면 이것은 쉽지만 테스트가 없는 코드베이스를 물려받는 경우는 어떠할까? 어떡하면 될까? 우리는 레거시 코드를 리팩터링하는 데 순수 함수를 활용하는 좋은 아이디어와 함께 이 문제를 살펴볼 것이다.

리팩터링이란?

리팩터링은 업계에서 범용적으로 사용하지만 많은 오해를 불러일으키는 용어 중 하나다. 이 용어는 안타깝게도 큰 설계 변경을 정당화하는 데 주로 사용한다. 프로젝트와 관련된 다음의 일반적인 이야기를 고려해보자.

- 프로젝트가 시작되면 기능이 매우 빠른 속도로 추가된다.
- 곧(수 개월, 1년, 심지어 수 주 만에) 속도는 느려지지만 수요는 동일하다.
- 몇 년 후 신규 기능을 추가하기 매우 어려워져 클라이언트는 괴로워하고 팀은 압박받는다.
- 마지막으로 전체 코드 구조 변경 후 속도가 빨라질 거라는 희망으로 전체 코드 구조를 재작성하거나 변경하는 최종 결정이 내려진다.
- 6개월 이후 재작성, 재설계는 (보통) 실패하고 경영진은 재설계에 힘써야 할지, 프로젝트를 다시 해야 할지, 다른 뭔가를 해야 할지 혼동스러운 불가능한 상황에 직면한다.

이 주기의 큰 재설계 단계를 안타깝게도 리팩터링이라고 부르지만 리팩터링이 아니다.

리팩터링의 진정한 의미를 알기 위해 코드베이스를 변경하는 것이 무엇인지 생각하면서 출발해보자. 일반적으로 이 변경을 다음과 같은 범주로 분류할 수 있다.

- 신규 요구사항 구현하기
- 버그 수정하기
- 다양한 방식을 통한 코드 재구조화 – 리팩터링, 리엔지니어링, 리디자인, 리아키텍처링

이 변경을 다음과 같이 두 가지 큰 범주로 대략 분류할 수 있다.

- 코드 행위에 영향을 미치는 변경
- 코드 행위에 영향을 미치지 않는 변경

코드 행위^{behavior}를 말하는 것은 "유저 인터페이스^{UI} 폼에 이 값을 넣고 이 버튼을 클릭하면 이 출력을 볼 수 있고 입력한 것이 저장된다"와 같이 입·출력을 말하는 것이다. 행위 중 퍼포먼스, 확장성, 보안성과 같은 교차 기능^{cross-functional} 사항은 일반적으로 포함시키지 않는다.

이 용어를 명확히 하면 리팩터링을 정의할 수 있다. 리팩터링은 간단히 말해 프로그램의 외부 행위에 영향을 미치지 않으면서 코드 구조를 변화시키는 것이다.

대규모 재설계와 재작성이 이 정의에 부합하는 경우는 드물다. 일반적으로 대규모 재설계를 실행하는 팀은 재설계의 결과물이 원래 코드와 동일한 행위를 하는 것을 보장하지 못하기 때문이다(알려진 버그를 포함한다. 누군가는 알려진 버그에 의존적일 수 있기 때문이다).

프로그램 행위를 수정하는 프로그램 변경은 리팩터링이 아니다. 버그를 고치고 기능을 추가하는 것도 여기에 포함되지만 이 변경은 두 단계로 나눌 수 있다. 변경을 위해 공간을 확보하는 리팩터링과 그 다음 행위를 변경하는 것이다.

이 정의는 다음과 같은 몇 가지 의문점을 낳는다.

- 행위를 변경하지 않았는지 어떻게 입증하는가? 이것을 알아내는 유일한 방법은 자동화된 회귀 테스트다. 신뢰하는 자동화된 테스트 한 벌이 충분히 빠르다면 테스트를 변경하지 않고도 코드를 쉽게 변경할 수 있으며 테스트를 통과하는지 알 수 있다.
- 리팩터링은 얼마나 작은가? 프로그래머는 실수하는 인간이므로 변경 규모가 클수록 코드 변경이 행위에 영향을 미치지 않았다는 것을 입증하는 것은 더 어렵다. 우리는 리팩터링에서 크기가 더 작은 단계를 선호한다. 행위를 보존하는 작은 크기의 몇 가지 코드 변경 예는 다음과 같다. 이름 변경, 함수에 파라미터 추가, 함수의 파라미터 순서 변경, 구문 그룹의 함수 추출 등이다. 각각의 작은 변경은 쉽게 할 수 있고 테스트를 수행해 행위 변경이 이뤄지지 않았다는 것을 입증할 수 있다. 더 큰 리팩터링을 해야 할 때마다 일련의 작은 변경으로 바꿔 수행하면 된다.
- 테스트가 없는 경우 코드 행위에 변화가 없음을 입증하는 방법은 무엇인가? 레거시 코드와 레거시 코드의 딜레마를 말할 때다.

레거시 코드의 딜레마

레거시라는 단어가 부정적인 뉘앙스로 사용되는 유일한 도메인은 프로그래밍일 것이다. 다른 문맥에서 레거시는 누군가가 남겨둔 뭔가를 뜻하며 그 누군가는 그 뭔가를 보통 자랑스러워한다. 프로그래밍에서 레거시 코드는 우리가 이어받은 배타적 코드이며 유지·보수하는 데 고통스러운 코드를 가리킨다.

많은 프로그래머가 레거시 코드는 피할 수 없고 손댈 수 없다고 생각하지만 할 수 있는 것이 많다. 첫째, 레거시 코드로 우리가 의도하는 것을 명확히 하는 것이다. 마이클 C. 페더스는 저서『레거시 코드 활용 전략』(에이콘, 2018)에서 레거시 코드를 테스트 코드가 없는 코드로 정의했다. 여기에 더 일반적인 정의를 하고자 한다. 변경하기 두려운 코드. 변경하기 두려운 코드는 독자를 느리게 만들고 옵션을 줄이고 끔찍한 개발 경험을 선사하지만 이것을 피할 방법이 없는 것은 아니다. 레거시 코드는 변경할 수 있으며 그 방법을 살펴볼 것이다.

둘째, 레거시 코드의 딜레마를 아는 것이다. 변화의 두려움을 줄이기 위해서는 레거시 코드를 리팩터링해야 하고 그러려면 테스트를 작성해야 한다. 테스트 코드를 작성하기 위해서는 레거시 코드를 테스트할 수 있도록 변경해야 한다. 이것은 무한반복처럼 보인다. 레거시 코드를 바꾸기 위해 레거시 코드를 바꿔야 한다니 말이다! 레거시 코드를 바꾸기 두렵다면 우선 어떻게 할 수 있을까?

다행히 이 딜레마는 해결책이 있다. 코드에 안전한 변경만 한다면 이 변경의 오류 확률은 매우 낮을 것이고 코드를 테스트할 수 있게 할 것이다. 그러면 속도는 느리지만 분명히 코드를 개선할 수 있을 것이다. 실제로 이 변경이 리팩터링이지만 리팩터링 단계보다 훨씬 작고 안전하다. 여기서 주요 목표는 코드에서 디자인 요소간 의존성을 쪼개 테스트를 작성할 수 있게 해 이후 리팩터링을 계속 할 수 있게 하는 것이다.

그러므로 우리의 관심사는 코드 리팩터링을 위한 순수 함수와 함수형 구조를 활용하는 것이다. 기술 리스트 전체를 들여다보지는 않을 것이다. 추출하고 오버라이드하기 extract and override라는 간단한 예를 들어볼 것이다. 매우 큰 함수의 테스트를 작성해야 한다고 가정해보자.

함수의 작은 부분만을 위한 테스트를 작성할 수 있다면 이상적일 것이다. 그 방법은 테스트할 부분만 다른 함수로 코드를 추출하는 것이지만 이 신규 함수는 옛 코드에 의존하므로 모든 의존성을 파악하기는 힘들 것이다. 이 문제를 해결하기 위해 함수의 모든 의존성을 오버라이드한 상속 클래스를 더미 함수와 함께 생성할 수 있다. 유닛 테스트에서는 이것을 파셜 목$^{a\ partial\ mock}$이라고 부른다. 이것으로 해당 클래스의 모든 부분이 제대로 동작한다는 가정하에 추출한 함수의 모든 코드를 테스트와 커버할 수 있다. 이 부분을 통과하면 리팩터링으로 넘어갈 수 있다. 그 결과, 보통 완전히 가상 객체화^{mocked}되거나 가상 인터페이스화^{stubbed}된 신규 클래스가 생성된다.

이 기술은 함수형 프로그래밍이 널리 퍼지기 이전에 작성됐다. 이제 안전한 코드 리팩터링을 위해 순수 함수의 장점을 취할 수 있지만 그러려면 코드를 테스트하고 변경하는 데 의존성이 어떤 영향을 미치는지 알아야 한다.

종속성과 변경

사용자와 고객은 프로젝트가 성공할 수 있는 범위 내에서 더 많은 기능을 원하지만 코드는 시간이 갈수록 유연성을 잃는 경향이 있으므로 종종 실패한다. 신규 기능 추가는 시간이 갈수록 느려지고 기능이 추가될 때마다 새로운 버그가 튀어나온다.

이것은 수만 가지 의문을 낳는다. 무엇이 코드를 변경하기 어렵게 만드는가? 변화 속도를 유지하는 심지어 더 빠르게 하는 코드를 어떻게 작성할 것인가?

이것은 다양한 측면의 다양한 해결책이 있는 매우 복잡한 문제다. 종속성은 개발 속도를 늦추는 경향이 있으며 업계에서 근본적으로 인정하는 사실 중 하나다. 더 적은 종속성을 가질 코드 구조는 일반적으로 변경하기 쉬우므로 기능 추가를 더 쉽게 한다.

다양한 수준의 종속성을 살펴볼 수 있다. 고수준에서는 다른 실행 가능한^{executable} 것에 의존하는 실행 가능한 것을 말할 수 있다. 예를 들면 다른 웹 서비스를 직접 호출하는 웹 서비스 같은 것이다. 이 수준에서 의존성을 줄이는 방법은 직접 호출하는 대신 이벤트 기반 시스템을 사용하는 것이다. 저수준에서는 OS 루틴이나 라이브러리 의존성을 말할 수 있다. 예를 들면 특정 라이브러리 버전이나 특정 폴더의 존재에 의존하는 웹 서비스 같은 것이다.

모든 수준의 의존성도 흥미롭지만 우리의 목적상 클래스와 함수 수준에 집중할 것이다. 특히 함수와 클래스가 서로 어떻게 의존하는지에 집중할 것이다. 모든 복잡한 코드에서 의존성을 피하기는 불가능하므로 그 대신 의존성의 세기에 집중할 것이다.

필자가 작성한 작은 코드 조각을 예시로 사용할 것이다. 이 코드는 역할, 경력, 근속연수, 보너스 수준과 같은 파라미터와 직원 명부로 급여 계산을 한다. CSV 파일에서 직원 명부를 읽고 몇 가지 규칙으로 급여 계산을 하고 계산된 급여 리스트를 출력한다. 코드의 첫 번째 버전은 메인 함수만 사용해 단순하게 작성해 다음과 같이 파일 하나에 모두 넣었다.

```cpp
#include <iostream>
#include <fstream>
#include <string>
#include <cmath>

using namespace std;

int main(){
  string id;
  string employee_id;
  string first_name;
  string last_name;
  string seniority_level;
  string position;
  string years_worked_continuously;
  string special_bonus_level;

  ifstream employeesFile("./Employees.csv");
  while (getline(employeesFile, id, ',')){
    getline(employeesFile, employee_id, ',');
    getline(employeesFile, first_name, ',');
    getline(employeesFile, last_name, ',');
    getline(employeesFile, seniority_level, ',');
    getline(employeesFile, position, ',');
    getline(employeesFile, years_worked_continuously, ',');
    getline(employeesFile, special_bonus_level);
    if (id == "id") continue;

    int baseSalary;
    if (position == "Tester") baseSalary = 1500;
    if (position == "Analyst") baseSalary = 1600;
    if (position == "Developer") baseSalary = 2000;
    if (position == "Team Leader") baseSalary = 3000;
    if (position == "Manager") baseSalary = 4000;
    double factor;
```

```
        if (seniority_level == "Entry") factor = 1;
        if (seniority_level == "Junior") factor = 1.2;
        if (seniority_level == "Senior") factor = 1.5;

        double continuityFactor;
        int continuity = stoi(years_worked_continuously);
        if (continuity < 3) continuityFactor = 1;
        if (continuity >= 3 && continuity < 5) continuityFactor = 1.2;
        if (continuity >= 5 && continuity < 10) continuityFactor = 1.5;
        if (continuity >= 10 && continuity <= 20) continuityFactor = 1.7;
        if (continuity > 20) continuityFactor = 2;

        int specialBonusLevel = stoi(special_bonus_level);
        double specialBonusFactor = specialBonusLevel * 0.03;

        double currentSalary = baseSalary * factor * continuityFactor;
        double salary = currentSalary + specialBonusFactor * currentSalary;

        int roundedSalary = ceil(salary);

        cout << seniority_level << position << " " << first_name << "
          " << last_name << "(" << years_worked_continuously << "yrs)" << ",
          " << employee_id << ", has salary (bonus level " <<
          special_bonus_level << ") " << roundedSalary << endl;
    }
}
```

입력 파일은 특수 툴을 사용해 임의의 값으로 생성했으며 다음과 같다.

```
id, employee_id, First_name, Last_name, Seniority_level, Position,
Years_worked_continuously, Special_bonus_level
1, 51ef10eb-8c3b-4129-b844-542afaba7eeb, Carmine, De Vuyst, Junior, Manager, 4, 3
2, 171338c8-2377-4c70-bb66-9ad669319831, Gasper, Feast, Entry, Team Leader, 10, 5
3, 807e1bc7-00db-494b-8f92-44acf141908b, Lin, Sunley, Medium, Manager, 23, 3
4, c9f18741-cd6c-4dee-a243-00c1f55fde3e, Leeland, Geraghty, Medium, Team Leader, 7, 4
5, 5722a380-f869-400d-9a6a-918beb4acbe0, Wash, Van der Kruys, Junior, Developer, 7, 1
6, f26e94c5-1ced-467b-ac83-a94544735e27, Marjie, True, Senior, Tester, 28, 1
```

프로그램을 실행하면 각 사원마다 급여가 계산되며 출력은 다음과 같다.

```
JuniorManager Carmine De Vuyst (4yrs), 51ef10eb-8c3b-4129-b844-542afaba7eeb,
has salary (bonus level 3) 6279
EntryTeam Leader Gasper Feast (10yrs), 171338c8-2377-4c70-bb66-9ad669319831,
has salary (bonus level 5) 5865
MediumManager Lin Sunley (23yrs), 807e1bc7-00db-494b-8f92-44acf141908b,
has salary (bonus level 3) 8720
MediumTeam Leader Leeland Geraghty (7yrs),
c9f18741-cd6c-4dee-a243-00c1f55fde3e, has salary (bonus level 4) 5040
JuniorDeveloper Wash Van der Kruys (7yrs),
5722a380-f869-400d-9a6a-918beb4acbe0, has salary (bonus level 1) 3708
SeniorTester Marjie True (28yrs), f26e94c5-1ced-467b-ac83-a94544735e27,
has salary (bonus level 1) 4635
EntryAnalyst Muriel Dorken (10yrs), f4934e00-9c01-45f9-bddc-2366e6ea070e,
has salary (bonus level 8) 3373
SeniorTester Harrison Mawditt (17yrs),
66da352a-100c-4209-a13e-00ec12aa167e, has salary (bonus level 10) 4973
```

그렇다면 이 코드는 의존성이 있는가? 그렇다. 숨어 있을 뿐이다.

의존성을 찾는 한 가지 방법은 생성자 호출부나 전역 변수를 살펴보는 것이다. 여기서는 다음과 같이 ifstream 생성자를 호출했고 cout을 한 번 사용했다.

```
ifstream employeesFile("./Employees.csv");
cout << seniority_level << position << " " << first_name << " " <<
  last_name << "(" << years_worked_continuously << "yrs)" << ", "
  << employee_id << ", has salary (bonus level " <<
  special_bonus_level << ") " << roundedSalary << endl;
```

의존성을 식별하는 다른 방법은 상상하는 것이다. 어떤 요구사항에 이 코드가 변경될지 상상해보자. 몇 가지가 있다. 사원 리스트를 데이터베이스로 사용하기로 결정했다면 데이터를 읽는 방식을 변경해야 할 것이다. 파일로 출력하기로 했다면 급여를 출력하는 코드 몇 줄을 바꿔야 할 것이다. 급여 계산 규칙을 바꾸기로 했다면 급여를 계산하는 줄을 바꿔야 할 것이다.

두 방법 모두 똑같은 결론에 이른다. 파일 시스템과 표준 출력에 의존한다. 표준 출력에 초점을 맞추고 질문을 하나 해보자. 표준 출력과 파일 모두 급여를 출력하도록 하려면 코드를 어떻게 변경해야 할까? 정답은 매우 쉽다. 표준 템플릿 라이브러리STL 스트림의 다형성 덕분에 출력 스트림만 받아 데이터를 쓰는 함수를 추출하면 된다. 함수가 어떻게 될지 살펴보자. 단순함을 위해 다음과 같이 필요한 모든 필드를 포함한 Employee라는 구조체를 도입했다.

```
void printEmployee(const Employee& employee, ostream& stream, int
  roundedSalary){
    stream << employee.seniority_level << employee.position <<
    " " << employee.first_name << " " << employee.last_name <<
    " (" << employee.years_worked_continuously << "yrs)" << ","
    << employee.employee_id << ", has salary (bonus level " <<
    employee.special_bonus_level << ") " << roundedSalary << endl;
}
```

이 함수는 더 이상 표준 출력에 의존하지 않는다. 의존성 관점에서 직원 출력과 표준 출력 사이의 의존성을 깼다고 할 수 있다. 어떻게 그럴 수 있었는지 살펴보자. 호출에서 cout 스트림을 함수의 인자로 전달했다.

```
printEmployee(employee, cout, roundedSalary);
```

사소해 보이는 변경이 이 함수를 다형성이 있도록 만들었다. 이제 printEmployee를 호출하는 데서 함수 내부의 코드를 변경하지 않고도 함수의 출력을 조절한다.

게다가 파일 시스템을 건드리지 않고도 printEmployee 함수 테스트를 작성할 수 있다. 이것은 매우 중요한데 파일 시스템 접근은 느리고 테스팅 도중 디스크 용량 부족이나 섹터 손상과 같은 이유로 에러 발생 가능성이 있기 때문이다. 이 테스트를 어떻게 작성할 수 있을까? 메모리 내부의 스트림을 활용해 함수를 호출하면 된다. 그리고 나서 메모리 내부의 스트림에 적힌 출력과 기대를 비교한다.

그러므로 이 의존성을 깨는 것은 코드 변경성과 테스트 용이성의 큰 향상을 가져온다. 이 메커니즘은 매우 유용하게 널리 쓰인다. 이것을 의존성 주입(DI, Dependency Injection)이라고 부른다. 여기서는 printEmployee 함수 호출부(메인 함수, 테스트 함수 또는 다른 미래 호출부) 출력 스트림 의존성을 함수로 주입하므로 코드 행위를 조절한다.

분명히 짚고 넘어갈 점은 DI는 라이브러리가 아닌 디자인 패턴이라는 것이다. 수많은 현대 라이브러리와 MVC 프레임워크는 DI를 활용한다. 의존성 주입에는 외부 의존성이 필요 없다. 독자는 생성자, 속성, 함수 인자로 의존성을 전달만 하면 모든 것이 끝난다.

순수 함수와 프로그램의 구조

몇 년 전 필자는 리팩터링에서 순수 함수를 활용하는 방법을 연구하는 계기가 된 컴퓨터 프로그램의 기본적인 법칙을 배웠다.

> 하나는 I/O를 담당하고 나머지 하나는 순수 함수로 구성된 두 가지 함수·클래스 타입으로 모든 컴퓨터 프로그램을 만들 수 있다.

이후 비슷한 아이디어를 찾다가 개리 번하트의 함축적concise 명명법을 발견했다. 함수형 코어functional core, 명령형 쉘imperative shell (https://www.destroyallsoftware.com/screencasts/catalog/functional-core-imperative-shell) 이것을 뭐라고 부르든 리팩터링에서 이 아이디어의 결론은 본질적이다. 어떤 프로그램을 두 가지로 구별된 클래스·함수 타입으로 작성할 수 있다면 하나는 불변형이고 다른 하나는 I/O다. 이렇게 구성하면 레거시 코드를 리팩터링하는 데 이 속성의 이점을 누릴 수 있다. 고수준에서 이 절차는 다음과 같을 것이다.

- 순수 함수를 추출한다(종속성을 식별하는 이 단계를 살펴볼 것이다).
- 테스트하고 리팩터링한다.
- 고응집 원칙으로 순수 함수를 클래스로 다시 묶는다.

이 법칙에 공리를 추가하고자 한다. 이것을 순수 I/O가 담긴 코드 묶음을 제외한 함수, 클래스, 코드 묶음, 클래스 그룹, 전체 모듈 같이 어떤 수준 코드에도 적용할 수 있다고 확신한다. 다른 말로 하면 이 법칙은 프랙탈fractal이다. 가장 기본적인 것을 제외하면 어떤 수준의 코드에도 적용할 수 있다.

이 공리는 엄청나게 중요하다. 이것이 의미하는 것은 이전에 묘사한 동일한 방법을 가장 기본적인 수준을 제외한 어떤 수준의 코드에도 적용할 수 있다는 것이다. 다른 말로 하면 이 방법은 어디에서도 잘 동작하므로 이 방법을 어디서부터 적용할지는 상관없다는 뜻이다.

다음 절에서는 이 방법의 각 단계를 살펴본다. 우선 순수 함수를 추출해보자.

컴파일러와 순수 함수를 활용한 종속성 식별

독자가 알지 못하고 테스트가 없는 코드의 변경을 시도하는 것이 위험하다고 느낄 수 있다. 실수는 곧바로 눈살을 찌푸리게 하는 버그를 낳을 수 있고 모든 변화는 실수를 낳을 수 있다.

다행히 컴파일러와 순수 함수의 도움으로 이 종속성을 밝혀낼 수 있다. 순수 함수가 무엇인지 기억해보자. 동일한 입력에 동일한 출력을 반환하는 함수다. 그 정의에 따르면 이 의미는 순수 함수의 모든 종속성은 눈에 보이고 파라미터, 전역 변수, 캡처한 변수를 통해 전달된다.

이것은 코드에서 종속성을 식별하는 간단한 방식으로 인도한다. 코드 몇 줄을 골라 함수로 추출한다. 순수 함수로 만든다. 컴파일러가 종속성이 무엇인지 알려주게 한다. 추가로 종속성이 주입돼야 할 것이다. 이제 테스트할 수 있는 함수를 만들 수 있게 된다.

몇 가지 예를 살펴보자. 다음 코드 줄은 직책을 토대로 기본 급여를 계산한 것이다.

```
int baseSalary;
if (position == "Tester") baseSalary = 1500;
if (position == "Analyst") baseSalary = 1600;
if (position == "Developer") baseSalary = 2000;
if (position == "Team Leader") baseSalary = 3000;
if (position == "Manager") baseSalary = 4000;
```

이것을 순수 함수로 추출해보자. 지금 이름은 중요하지 않으므로 이 함수를 임시로 doesSomething이라고 명명할 것이다. 이전 함수에서 코드를 없애지 않은 채 신규 함수에 코드 몇 줄을 복사하거나 붙여넣기할 것이며 다음과 같을 것이다.

```
auto doesSomething = [] (){
        int baseSalary;
        if (position == "Tester") baseSalary = 1500;
        if (position == "Analyst") baseSalary = 1600;
        if (position == "Developer") baseSalary = 2000;
        if (position == "Team Leader") baseSalary = 3000;
        if (position == "Manager") baseSalary = 4000;
};
```

필자의 컴파일러는 직책이 정의돼 있지 않다고 곧바로 불평해 의존성 식별이 제대로 동작한 것이다. 다음 예제와 같이 인자를 추가해보자.

```
auto doesSomething = [] (const string& position){
        int baseSalary;
        if (position == "Tester") baseSalary = 1500;
        if (position == "Analyst") baseSalary = 1600;
        if (position == "Developer") baseSalary = 2000;
        if (position == "Team Leader") baseSalary = 3000;
        if (position == "Manager") baseSalary = 4000;
};
```

이 함수는 뭔가 빠져 있다. 순수 함수는 항상 출력 값을 갖는데 이 함수는 그렇지 않다. 다음 코드 예제와 같이 return 구문을 추가해보자.

```
auto doesSomething = [] (const string& position){
        int baseSalary;
        if (position == "Tester") baseSalary = 1500;
        if (position == "Analyst") baseSalary = 1600;
        if (position == "Developer") baseSalary = 2000;
        if (position == "Team Leader") baseSalary = 3000;
        if (position == "Manager") baseSalary = 4000;
        return baseSalary;
};
```

이 함수는 이제 고립 테스트를 할 수 있을 만큼 단순해졌지만 우선 이 함수에 .h 파일을 분리하고 적합한 이름을 부여해야 한다. baseSalaryForPosition이 좋겠다. 이 함수의 테스트인 다음 코드를 살펴보자.

```
TEST_CASE("Base salary"){
  CHECK_EQ(1500, baseSalaryForPosition("Tester"));
  CHECK_EQ(1600, baseSalaryForPosition("Analyst"));
  CHECK_EQ(2000, baseSalaryForPosition("Developer"));
  CHECK_EQ(3000, baseSalaryForPosition("Team Leader"));
  CHECK_EQ(4000, baseSalaryForPosition("Manager"));
  CHECK_EQ(0, baseSalaryForPosition("asdfasdfs"));
}
```

이 테스트는 작성하기 매우 간단하다. 위치 문자열과 급여 값을 포함해 많은 것이 함수에 중복돼 있다. 이 코드를 정리하는 더 나은 방식이 있지만 이 중복은 레거시 코드에서 왔으므로 지금은 최초 코드를 테스트할 수 있다는 데 만족하자. 또한 도메인 전문가에게 이 테스트를 보여주면 코드가 제대로 동작하는지 확인할 수 있다. 하지만 리팩터링이 먼저다. 다음과 같이 메인 함수에서 신규 함수를 호출한다.

```
while (getline(employeesFile, id, ',')) {
  getline(employeesFile, employee_id, ',') ;
  getline(employeesFile, first_name, ',') ;
  getline(employeesFile, last_name, ',') ;
  getline(employeesFile, seniority_level, ',') ;
  getline(employeesFile, position, ',') ;
  getline(employeesFile, years_worked_continuously, ',') ;
  getline(employeesFile, special_bonus_level);
  if(id == "id") continue;

  int baseSalary = baseSalaryForPosition(position);
  double factor;
  if(seniority_level == "Entry") factor = 1;
  if(seniority_level == "Junior") factor = 1.2;
  if(seniority_level == "Senior") factor = 1.5;
  ...
}
```

이 예는 간단한 경우이지만 다음과 같이 기본적인 절차를 보여주고 있다.

- 코드 몇 줄을 고른다.
- 고른 코드를 함수로 추출한다.

- 함수를 순수 함수로 만든다.
- 모든 의존성을 주입한다.
- 신규 순수 함수를 위한 테스트를 작성한다.
- 행위를 검증한다.
- 전체 코드가 테스트로 커버될 때까지 반복한다.

이 과정을 따르면 버그 발생 확률이 매우 낮아진다. 경험상 가장 주의해야 할 과정은 순수 함수를 만드는 과정이다. 다음 내용을 기억하자. 함수가 클래스에 있으면 const 파라미터와 함께 static으로 만들어라. 클래스 밖에 있는 함수라면 모든 파라미터를 const로 하고 람다를 만들어라.

이 과정을 몇 번 더 반복하면 순수 함수가 더 생길 것이다. 우선 직급에 따른 인수를 계산하는 factoryForSeniority는 다음과 같다.

```cpp
auto factorForSeniority = [](const string& seniority_level){
  double factor;
  if (seniority_level == "Entry") factor = 1;
  if (seniority_level == "Junior") factor = 1.2;
  if (seniority_level == "Senior") factor = 1.5;
  return factor;
};
```

그리고 나서 근속연수를 기반으로 인수를 계산하는 factorForContinuity다.

```cpp
auto factorForContinuity = [](const string& years_worked_continuously){
  double continuityFactor;
  int continuity = stoi(years_worked_continuously);
  if (continuity < 3) continuityFactor = 1;
  if (continuity >= 3 && continuity < 5) continuityFactor = 1.2;
  if (continuity >= 5 && continuity < 10) continuityFactor = 1.5;
  if (continuity >= 10 && continuity <= 20) continuityFactor = 1.7;
  if (continuity > 20) continuityFactor = 2;
  return continuityFactor;
};
```

마지막으로 보너스 레벨을 읽는 bonusLevel 함수다.

```
auto bonusLevel = [](const string& special_bonus_level){
  return stoi(special_bonus_level);
};
```

이 함수들은 예제 기반, 데이터 주도, 특성 기반 테스트로 쉽게 테스트할 수 있다. 추출한 함수를 메인 함수에 적용하면 다음과 같을 것이다(간결성을 위해 몇 줄은 생략했다).

```
int main(){
...
  ifstream employeesFile("./Employees.csv");
  while (getline(employeesFile, id, ',')) {
    getline(employeesFile, employee_id, ',') ;
...
    getline(employeesFile, special_bonus_level);
    if(id == "id") continue;

    int baseSalary = baseSalaryForPosition(position);
    double factor = factorForSeniority(seniority_level);

    double continuityFactor =
      factorForContinuity(years_worked_continuously);

    int specialBonusLevel =  bonusLevel(special_bonus_level);
    double specialBonusFactor = specialBonusLevel * 0.03;

    double currentSalary = baseSalary * factor * continuityFactor;
    double salary = currentSalary + specialBonusFactor * currentSalary;

    int roundedSalary = ceil(salary);

    cout  << seniority_level << position << " " << first_name << "
      " << last_name << " (" << years_worked_continuously << "yrs)"
      << ", " << employee_id << ", has salary (bonus level " <<
      special_bonus_level << ") " << roundedSalary << endl;
}
```

코드는 더 깔끔해졌고 테스트로 더 많은 영역을 커버한다. 람다의 용도는 이보다 훨씬 다양하다. 어떻게 활용하는지 살펴보자.

레거시 코드를 람다로 변환하기

순수성을 제쳐두더라도 람다는 우리가 사용할 수 있는 함수형 조합, 파셜 애플리케이션, 커링, 고차함수와 같은 많은 연산자를 제공한다. 레거시 코드를 리팩터링할 때도 이 연산자의 이점을 누릴 수 있다.

이것을 증명하는 가장 손쉬운 방법은 메인 함수에서 전체 급여 계산을 추출하는 것이다. 다음은 급여를 계산하는 코드다.

```
...
  int baseSalary = baseSalaryForPosition(position);
  double factor = factorForSeniority(seniority_level);

  double continuityFactor =
    factorForContinuity(years_worked_continuously);

  int specialBonusLevel =  bonusLevel(special_bonus_level);
  double specialBonusFactor = specialBonusLevel * 0.03;

  double currentSalary = baseSalary * factor * continuityFactor;
  double salary = currentSalary + specialBonusFactor *
    currentSalary;

  int roundedSalary = ceil(salary);
...
```

이것을 두 가지 방식으로 순수 함수로 추출할 수 있다. 그중 하나는 필요한 모든 값을 파라미터로 전달하는 것이며 결과는 다음과 같다.

```
auto computeSalary = [](const string& position, const string
seniority_level, const string& years_worked_continuously, const string&
special_bonus_level){
  int baseSalary = baseSalaryForPosition(position);
  double factor = factorForSeniority(seniority_level);

  double continuityFactor =
    factorForContinuity(years_worked_continuously);

  int specialBonusLevel =  bonusLevel(special_bonus_level);
```

```
    double specialBonusFactor = specialBonusLevel * 0.03;

    double currentSalary = baseSalary * factor * continuityFactor;
    double salary = currentSalary + specialBonusFactor * currentSalary;

    int roundedSalary = ceil(salary);
    return roundedSalary;
};
```

두 번째 방식은 더 흥미롭다. 변수 대신 함수를 전달하고 그 전에 필요한 값에 바인딩한다면 어떠할까?

이것은 매력적인 아이디어다. 이 결과는 각각의 파라미터가 전혀 없는 다수의 함수를 파라미터로 받는 함수다.

```
auto computeSalary = [](auto baseSalaryForPosition, auto
factorForSeniority, auto factorForContinuity, auto bonusLevel){
    int baseSalary = baseSalaryForPosition();
    double factor = factorForSeniority();
    double continuityFactor = factorForContinuity();
    int specialBonusLevel = bonusLevel();

    double specialBonusFactor = specialBonusLevel * 0.03;

    double currentSalary = baseSalary * factor * continuityFactor;
    double salary = currentSalary + specialBonusFactor * currentSalary;

    int roundedSalary = ceil(salary);
    return roundedSalary;
};
```

main 함수는 다음과 같이 먼저 함수들을 묶고 나서 우리가 만든 메서드 안으로 함수를 주입해야 한다.

```
auto roundedSalary = computeSalary(
    bind(baseSalaryForPosition, position),
    bind(factorForSeniority, seniority_level),
  bind(factorForContinuity, years_worked_continuously),
    bind(bonusLevel, special_bonus_level));
```

```
cout << seniority_level << position << " " << first_name << "
  " << last_name << " (" << years_worked_continuously << "yrs)"
    << ", " << employee_id << ", has salary (bonus level " <<
  special_bonus_level << ") " << roundedSalary << endl;
```

이 접근법은 왜 흥미로울까? 소프트웨어 설계 관점에서 살펴보자. 각각의 책임이 분명한 작은 순수 함수를 생성한 후 이 함수에 특정 값을 바운딩했다. 그 다음 이것을 인자로 다른 람다에 전달해 필요한 결과를 계산하는 데 사용했다.

이것이 객체지향 프로그래밍OOP 스타일에서 의미하는 바는 무엇일까? 함수는 클래스의 일부다. 함수를 어떤 값에 바인딩하는 것은 클래스의 생성자를 호출하는 것과 같다. 객체를 다른 함수로 전달하는 것을 DI라고 부른다.

잠깐만! 우리가 실제로 수행한 것은 책임을 분산하고 종속성을 주입하는 것이었다. 다만 객체 대신 순수 함수를 활용했을 뿐이다. 우리는 순수 함수를 사용했고 종속성은 컴파일러에 의해 분명해졌으므로 에러 발생 확률이 매우 낮은 코드를 리팩터링하는 방식을 발견한 것이다. 컴파일러를 활용했기 때문이다. 이것은 리팩터링에서 매우 유용한 절차다.

이 결과는 필자가 만족할 만한 수준이 아니라는 것을 인정할 수밖에 없다. 람다를 리팩터링해보자.

람다 리팩터링하기

추출한 computeSalary 람다의 모습에 만족할 수 없다. 이 람다는 많은 파라미터를 받고 다양한 책임이 있으므로 매우 복잡하다. 더 가까이서 살펴보면 어떻게 개선할 수 있는지 알 수 있다.

```
auto computeSalary = [](auto baseSalaryForPosition, auto
factorForSeniority, auto factorForContinuity, auto bonusLevel){
  int baseSalary = baseSalaryForPosition();
  double factor = factorForSeniority();
  double continuityFactor = factorForContinuity();
```

```
    int specialBonusLevel = bonusLevel();

    double specialBonusFactor = specialBonusLevel * 0.03;

    double currentSalary = baseSalary * factor * continuityFactor;
    double salary = currentSalary + specialBonusFactor *currentSalary;

    int roundedSalary = ceil(salary);
    return roundedSalary;
};
```

이 함수에 다중 책임이 있다는 사실을 모든 신호가 가리키고 있다. 여기서 더 많은 함수를 추출하면 어떠할까? specialBonusFactor 계산으로 시작해보자.

```
auto specialBonusFactor = [](auto bonusLevel){
    return bonusLevel() * 0.03;
};
auto computeSalary = [](auto baseSalaryForPosition, auto
factorForSeniority, auto factorForContinuity, auto bonusLevel){
    int baseSalary = baseSalaryForPosition();
    double factor = factorForSeniority();
    double continuityFactor = factorForContinuity();

    double currentSalary = baseSalary * factor * continuityFactor;
    double salary = currentSalary + specialBonusFactor() *currentSalary;

    int roundedSalary = ceil(salary);
    return roundedSalary;
};
```

이제 specialBonusFactor를 주입할 수 있지만 specialBonusFactor는 bonusLevel이 필요한 유일한 람다라는 점에 주목하자. 즉, 다음 예시와 같이 bonusLevel 람다를 bonusLevel을 파셜 애플리케이션으로 적용한 specialBonusFactor 람다로 치환할 수 있다는 의미다.

```
int main(){
...
    auto bonusFactor = bind(specialBonusFactor, [&]() { return
        bonusLevel(special_bonus_level);});
    auto roundedSalary = computeSalary(
```

```
    bind(baseSalaryForPosition, position),
    bind(factorForSeniority, seniority_level),
    bind(factorForContinuity, years_worked_continuously),
    bonusFactor
  );
  ...
}

auto computeSalary = [](auto baseSalaryForPosition, auto
factorForSeniority, auto factorForContinuity, auto bonusFactor) {
  int baseSalary = baseSalaryForPosition();
  double factor = factorForSeniority();
  double continuityFactor = factorForContinuity();

  double currentSalary = baseSalary * factor * continuityFactor;
  double salary = currentSalary + bonusFactor() * currentSalary;

  int roundedSalary = ceil(salary);
  return roundedSalary;
};
```

이제 computeSalary 람다는 더 작아졌다. 지금도 임시 변수를 인라이닝^{inlining}해 더 작게 만들 수 있다.

```
auto computeSalary = [](auto baseSalaryForPosition, auto
  factorForSeniority, auto factorForContinuity, auto bonusFactor) {
    double currentSalary = baseSalaryForPosition() *
      factorForSeniority() * factorForContinuity();
    double salary = currentSalary + bonusFactor() * currentSalary;
    return ceil(salary);
};
```

매우 멋지다! 하지만 필자는 코드를 수학 공식에 더 가깝게 만들고 싶다. 먼저 salary를 계산하는 줄을 재작성해보자(볼드체로 표시해뒀다).

```
auto computeSalary = [](auto baseSalaryForPosition, auto
  factorForSeniority, auto factorForContinuity, auto bonusFactor) {
    double currentSalary = baseSalaryForPosition() *
      factorForSeniority() * factorForContinuity();
    double salary = (1 + bonusFactor()) * currentSalary;
```

```
        return ceil(salary);
    };
```

그리고 변수를 함수로 치환하자. 그러면 코드는 다음과 같다.

```
auto computeSalary = [](auto baseSalaryForPosition, auto factorForSeniority,
    auto factorForContinuity, auto bonusFactor) {
        return ceil(
            (1 + bonusFactor()) * baseSalaryForPosition() *
                factorForSeniority() * factorForContinuity()
        );
    };
```

여러 개의 람다를 받아 값을 계산하는 데 사용하는 람다가 됐다. 다른 함수를 더 향상시킬 수 있지만 이미 흥미로운 지점에 도달했다.

그렇다면 이 상태에서는 어떡해야 할까? 의존성을 주입했다. 코드는 더 모듈화됐고 변경하기 쉬워지고 테스트하기도 쉬워졌다. 테스트에 람다를 주입해 원하는 값을 반환할 수 있다. 실제로 이것은 유닛 테스트의 스텁[a] stub이다. 전체 코드를 향상시키지는 않았지만 순수 함수를 추출하고 함수형 연산자를 활용해 종속성과 책임을 분리했다.

람다에서 클래스로 변환하기

이 책에서 이미 몇 가지 특징을 살펴봤다. 클래스는 응집성이 부분적으로 적용된 순수 함수의 집합일 뿐이다. 지금까지 배운 기술로 파셜 애플리케이션이 적용된 순수 함수 다발을 생성했다. 이제 이 함수를 클래스로 변환 작업할 시간이다.

baseSalaryForPosition 함수의 간단한 예를 살펴보자.

```
auto baseSalaryForPosition = [](const string &position) {
    int baseSalary;
    if (position == "Tester") baseSalary = 1500;
    if (position == "Analyst") baseSalary = 1600;
    if (position == "Developer") baseSalary = 2000;
    if (position == "Team Leader") baseSalary = 3000;
```

```cpp
    if (position == "Manager") baseSalary = 4000;
    return baseSalary;
};
```

이 함수를 메인 함수에서 다음과 같이 사용한다.

```cpp
auto roundedSalary = computeSalary(
    bind(baseSalaryForPosition, position),
    bind(factorForSeniority, seniority_level),
    bind(factorForContinuity, years_worked_continuously),
    bonusFactor
);
```

이것을 클래스로 변환하기 위해서는 position 파라미터를 받는 생성자를 만들고 함수를 클래스 메서드로 변경해야 한다. 다음 예제를 살펴보자.

```cpp
class BaseSalaryForPosition{
  private:
    const string &position;

  public:
    BaseSalaryForPosition(const string &position) :
      position(position){};

    int baseSalaryForPosition() const{
      int baseSalary;
      if (position == "Tester") baseSalary = 1500;
      if (position == "Analyst") baseSalary = 1600;
      if (position == "Developer") baseSalary = 2000;
      if (position == "Team Leader") baseSalary = 3000;
      if (position == "Manager") baseSalary = 4000;
      return baseSalary;
    }
};
```

다음 코드에서 보듯이 computeSalary 람다로 파셜 애플리케이션이 적용된 함수를 전달하는 대신 간단히 초기화해 객체를 전달할 수 있다.

```
auto bonusFactor = bind(specialBonusFactor, [&]() { return
  bonusLevel(special_bonus_level); });
auto roundedSalary = computeSalary(
    theBaseSalaryForPosition,
    bind(factorForSeniority, seniority_level),
    bind(factorForContinuity, years_worked_continuously),
    bonusFactor
);
```

이 코드가 동작하기 위해서는 computeSalary 람다 함수도 다음과 같이 변경해야 한다.

```
auto computeSalary = [](const BaseSalaryForPosition&
  baseSalaryForPosition, auto factorForSeniority, auto
    factorForContinuity, auto bonusFactor) {
      return ceil(
        (1 + bonusFactor()) *
          baseSalaryForPosition.baseSalaryForPosition() *
            factorForSeniority() * factorForContinuity()
      );
};
```

이제 다른 구현의 주입을 허용하기 위해 BaseSalaryForPosition 클래스로부터 실제 인터페이스를 추출하고 클래스 대신 인터페이스로 주입해야 한다. 이것은 특히 스텁이나 목과 같은 테스트에서 더블 doubles을 주입하는 데 유용하다.

이제부터 여러분은 함수를 클래스로 자유자재로 재결합시킬 수 있을 것이다. 이것을 연습문제로 남겨두겠다. 최종 결과물이 객체지향 코드인 상황에서도 코드로 리팩터링하는 데 순수 함수를 사용하는 방법을 충분히 보여줬다고 생각한다.

리팩터링 메서드 요점

지금까지 배운 것은 무엇인가? 에러 발생 확률을 낮추고 변경 허용성과 테스트를 가능케 하는 코드의 어떤 수준에서도 사용할 수 있는 구조화된 리팩터링 과정을 경험했다. 이 과정은 근본적인 아이디어에 기반해 만들어졌다. 불변형 함수와 I/O 함수를 조합하면 모든 프로그램을 작성할 수 있고 명령형 쉘 내의 함수형 코어로 모든 프로그램을 작성할 수 있다. 부가적으로 여기에 프랙탈적 성질이 있음을 보여줬다. 코드 몇 줄부터 모듈 전체까지 어떤 수준의 코드에도 이것을 적용할 수 있다.

불변형 함수는 프로그램의 핵심이 될 수 있으므로 불변형 함수를 조금씩 추출할 수 있다. 신규 함수를 작성하고 명명하고 본체를 복사해 붙여 넣고 컴파일러를 활용해 종속성을 인자로 전달했다. 코드가 컴파일되고 주의 깊게 천천히 변형시키면 코드가 제대로 여전히 동작한다고 강하게 확신할 수 있다. 이 추출은 함수의 종속성을 드러내고 설계 관련 결정을 가능케 한다.

더 나아가면 파라미터로 파셜 애플리케이션을 적용한 다른 순수 함수를 받는 더 많은 함수를 추출할 수 있다. 그것으로 종속성을 명확히 구분하고 실제로 종속성을 깰 수 있다.

마지막으로 파셜 애플리케이션이 적용된 함수는 클래스와 동치이므로 응집성을 바탕으로 한 개 또는 다수의 순수 함수를 쉽게 캡슐화할 수 있다. 이 과정은 클래스는 물론 함수로 시작하더라도 동작한다. 또한 최종 결과가 함수든 클래스든 상관없다. 이 과정은 책임을 분리하고 종속성을 깨기 위해 함수형 구조를 사용할 수 있게 한다.

우리는 설계를 개선하고 있다. 이제 함수형 프로그래밍에서의 디자인 패턴 적용과 리팩터링에서 그것을 어떻게 활용하는지 살펴볼 시간이다. 이미 살펴본 DI를 포함한 몇 가지 4인방 디자인 패턴 the Gang of Four Patterns을 살펴본다.

디자인 패턴

소프트웨어 개발에서 프로그래머가 어떻게 일하는지 유심히 관찰해 거기서 교훈을 얻는 사람이 훌륭한 발견을 한다. 즉, 장황한 솔루션보다 실용적으로 접근해 공통 분모와 유용한 가르침을 발견하는 것이다.

소위 4인방인 에릭 감마, 리처드 헬름, 랄프 존슨, 존 블리사이드는 간결한 언어로 디자인 패턴 리스트를 문서화할 때 여기서 말하는 접근법을 취했다. 많은 프로그래머가 똑같은 문제를 비슷한 방식으로 푼다는 것을 알게 된 후 그 패턴을 기록하고 전 세계 프로그래머에게 명확한 컨텍스트 내의 특정 문제를 재사용할 수 있는 해결 아이디어를 보여주기로 결심했다.

OOP 패러다임 이후 이 디자인 패턴 책은 객체지향 접근법을 활용한 이 해결책을 보여줬다. 한편 그들이 최소 두 가지 해결책을 적었다는 점은 매우 흥미롭다. 하나는 상속 기반이고 다른 하나는 객체 합성 기반이다. 필자는 많은 시간을 들여 이 디자인 패턴 책을 연구했고 소프트웨어 설계에서 매우 흥미로운 책이라고 자신 있게 말할 수 있다.

몇 가지 디자인 패턴을 살펴본 후 다음 절에서 함수형으로 구현하는 방법을 살펴본다.

함수형 스타일 전략 패턴

전략 패턴을 간략하게 묘사하면 코드를 구성하는 방식이다. 전략 패턴으로 알고리듬을 런타임에 고를 수 있다. OOP식 구현은 DI를 활용한다. 그리고 STL의 객체지향과 함수형 설계에 익숙할 것이다.

STL sort 함수를 살펴보자. 다음 예제에서 보듯이 sort 함수의 가장 복잡한 형태는 펑터[a] functor 객체를 필요로 한다.

```
class Comparator{
  public:
    bool operator() (int first, int second) { return (first < second);}
};

TEST_CASE("Strategy"){
  Comparator comparator;
  vector<int> values {23, 1, 42, 83, 52, 5, 72, 11};
  vector<int> expected {1, 5, 11, 23, 42, 52, 72, 83};

  sort(values.begin(), values.end(), comparator);

  CHECK_EQ(values, expected);
}
```

이 sort 함수는 comparator 객체를 사용해 벡터 원소를 비교하고 정렬한다. 이것은 전략 패턴이다. 동일한 인터페이스를 가진 뭔가와 comparator를 교환할 수 있기 때문이다. 사실 이것을 구현하기 위해서는 operator() 함수가 필요하다. 예를 들면 사용자가 비교 함수를 골라 활용해 리스트 값을 정렬하는 UI를 상상해볼 수 있다. 프로그래머는 런타임에 UI에 대응하는 comparator 인스턴스를 생성해 sort 함수에 전달하면 된다.

여러분은 이미 함수형 해결책의 단서를 봤다. 사실 sort 함수는 다음과 같이 더 간단한 버전을 가져가도 된다.

```
auto compare = [](auto first, auto second) { return first < second;};

TEST_CASE("Strategy"){
  vector<int> values {23, 1, 42, 83, 52, 5, 72, 11};
  vector<int> expected {1, 5, 11, 23, 42, 52, 72, 83};

  sort(values.begin(), values.end(), compare);

  CHECK_EQ(values, expected);
}
```

이제 불필요한 것은 모두 털어내고 필요한 것(sort 함수에 넣을 비교 함수)만 곧바로 구현해볼 시간이다. 여기에 클래스나 연산자는 없다. 전략은 단지 함수일 뿐이다.

더 복잡한 컨텍스트에서 어떻게 동작하는지 살펴보자. 전략 패턴(https://en.wikipedia.org/wiki/Strategy_pattern) 위키피디아 페이지에 나와 있는 문제를 활용할 것이다. 함수형 접근법을 활용해 작성해보자.

문제는 다음과 같다. 해피 아워 할인을 적용할 수 있는 술집용 빌링 시스템을 작성해야 한다. 최종 청구가격을 계산하는 데 두 가지 전략이 있어 이 문제 자체가 전략 패턴을 사용한다. 하나는 원래 가격을 반환하는 것이고 다른 하나는 원래 가격에서 해피 아워 할인가격을 반환하는 것이다(여기서는 50%를 사용할 것이다). 해결책은 이 두 전략에 맞는 두 가지 함수를 간단히 사용하는 것이다. normalBilling 함수는 전달받은 원래 가격을 반환하고 happyHourBilling 함수는 절반 가격을 반환한다. 다음의 실제 코드를 살펴보자(테스트 주도 개발^{TDD} 접근법을 활용한 결과다).

```
map<string, double> drinkPrices = {
  {"Westmalle Tripel", 15.50},
```

```cpp
    {"Lagavulin 18y", 25.20},
};

auto happyHourBilling = [](auto price){
  return price / 2;
};

auto normalBilling = [](auto price){
  return price;
};

auto computeBill = [](auto drinks, auto billingStrategy){
  auto prices = transformAll<vector<double>>(drinks, [](auto drink){
  return drinkPrices[drink]; });
  auto sum = accumulateAll(prices, 0.0, std::plus<double>());
  return billingStrategy(sum);
};

TEST_CASE("Compute total bill from list of drinks, normal billing"){
  vector<string> drinks;
  double expectedBill;

  SUBCASE("no drinks"){
    drinks = {};
    expectedBill = 0;
  };

  SUBCASE("one drink no discount"){
    drinks = {"Westmalle Tripel"};
    expectedBill = 15.50;
  };

  SUBCASE("one another drink no discount"){
    drinks = {"Lagavulin 18y"};
    expectedBill = 25.20;
  };

  double actualBill = computeBill(drinks, normalBilling);

  CHECK_EQ(expectedBill, actualBill);
}

TEST_CASE("Compute total bill from list of drinks, happy hour"){
  vector<string> drinks;
```

```
    double expectedBill;

    SUBCASE("no drinks"){
      drinks = {};
      expectedBill = 0;
    };

    SUBCASE("one drink happy hour"){
      drinks = {"Lagavulin 18y"};
      expectedBill = 12.60;
    };

    double actualBill = computeBill(drinks, happyHourBilling);

    CHECK_EQ(expectedBill, actualBill);
  }
```

필자는 이 코드가 전략을 함수로 구현하는 가장 간단한 방법을 보여준다고 생각한다. 개인적으로 이 모델이 전략 패턴에 주는 단순함을 좋아한다. 이 모델은 동작하는 최소한의 유용한 코드를 자유롭게 작성하게 해준다.

함수형 스타일 명령 패턴

명령 패턴은 필자가 주로 사용하는 패턴 중 하나다. 패턴은 MVC 웹 프레임워크에 완벽히 맞다. 컨트롤러를 다수의 기능 조각으로 분리할 수 있게 하는 동시에 스토리지 포맷으로부터 분리할 수 있게 한다. 이 패턴의 목적은 요청과 행동을 분리하는 것이다. 이것이 이 패턴이 유연한 이유다. 모든 호출은 요청으로 볼 수 있기 때문이다.

명령 패턴의 간단한 사용 예로는 게임에서의 다수의 컨트롤러를 지원하거나 키보드 단축키를 변경하는 것이다. 게임에서 W 키가 눌러진 이벤트를 캐릭터를 위로 움직이는 코드에 직접 연결하지 않는 대신 W 키를 MoveUpCommand에 바인딩해 이 둘을 멋지게 분리 decoupling시킨다. 둘 사이의 간섭 없이 명령이나 위로 움직이는 코드와 관련 있는 컨트롤러 이벤트를 쉽게 변경할 수 있다.

객체지향 코드에서 명령형 패턴이 어떻게 구현되는지 살펴본다면 함수형 솔루션도 자연스럽게 분명해질 것이다. MoveUpCommand 클래스는 다음과 같을 것이다.

```
class MoveUpCommand{
  public:
    MoveUpCommand(/*파라미터*/){}
    void execute(){ /* 커맨드 구현 */}
}
```

필자는 분명하다고 말했다! 다음과 같이 우리가 수행하려는 것은 함수 하나로 쉽게 가능하다.

```
auto moveUpCommand = [](/*파라미터*/{
/* 구현 */
};
```

가장 간단한 명령 패턴은 함수다. 그렇지 않은가?

함수로 의존성 주입

자주 사용하는 디자인 패턴을 말할 때 DI가 빠질 수 없다. 4인방 책에 정의돼 있지 않으며 많은 프로그래머가 이것을 디자인 패턴보다 프레임워크나 라이브러리의 일부로 생각하지만 이 패턴은 현대 코드의 표준이 돼가고 있다.

DI 패턴의 의도는 함수나 클래스의 행위에서 의존성 생성을 분리하는 것이다. 이 패턴이 해결하는 문제를 이해하기 위해 다음 코드를 살펴보자.

```
auto readFromFileAndAddTwoNumbers = [](){
  int first;
  int second;
  ifstream numbersFile("numbers.txt");
  numbersFile >> first;
  numbersFile >> second;
  numbersFile.close();
  return first + second;
};

TEST_CASE("Reads from file"){
  CHECK_EQ(30, readFromFileAndAddTwoNumbers());
}
```

파일에서 숫자 두 개를 읽어 더하는 매우 일반적인 코드다. 안타깝게도 실무에서 클라이언트는 다음과 같이 파일뿐만 아니라 콘솔과 같은 더 많은 곳에서 숫자를 읽어오고 싶을 것이다.

```
auto readFromConsoleAndAddTwoNumbers = [](){
  int first;
  int second;
  cout << "Input first number: ";
  cin >> first;
  cout << "Input second number: ";
  cin >> second;
  return first + second;
};

TEST_CASE("Reads from console"){
  CHECK_EQ(30, readFromConsoleAndAddTwoNumbers());
}
```

다음으로 넘어가기 전에 콘솔에서 입력한 두 수의 합이 30이 돼야 이 함수의 테스트를 통과한다는 사실에 주목하길 바란다. 이 함수는 실행할 때마다 입력이 필요해 필자가 제공한 샘플 코드에서 이 테스트 케이스는 주석 처리돼 있을 것이다. 주석 처리를 해제한 후 마음껏 돌려보길 바란다.

이 두 함수는 매우 비슷하다. 이 유사성을 없애는 데 DI를 다음과 같이 활용할 수 있다.

```
auto readAndAddTwoNumbers = [](auto firstNumberReader, auto
  secondNumberReader){
    int first = firstNumberReader();
    int second = secondNumberReader();
    return first + second;
};
```

그리고 파일을 사용하는 리더를 구현할 수 있다.

```
auto readFirstFromFile = [](){
  int number;
  ifstream numbersFile("numbers.txt");
```

```
  numbersFile >> number;
  numbersFile.close();
  return number;
};

auto readSecondFromFile = [](){
  int number;
  ifstream numbersFile("numbers.txt");
  numbersFile >> number;
  numbersFile >> number;
  numbersFile.close();
  return number;
};
```

또한 콘솔을 사용하는 리더를 구현할 수 있다.

```
auto readFirstFromConsole = [](){
  int number;
  cout << "Input first number: ";
  cin >> number;
  return number;
};

auto readSecondFromConsole = [](){
  int number;
  cout << "Input second number: ";
  cin >> number;
  return number;
};
```

평소처럼 다음과 같이 다양한 소합에서 제대로 동작하는지 테스트해볼 수 있다.

```
TEST_CASE("Reads using dependency injection and adds two numbers"){
  CHECK_EQ(30, readAndAddTwoNumbers(readFirstFromFile,
    readSecondFromFile));
  CHECK_EQ(30, readAndAddTwoNumbers(readFirstFromConsole,
    readSecondFromConsole));
  CHECK_EQ(30, readAndAddTwoNumbers(readFirstFromFile,
    readSecondFromConsole));
}
```

람다를 통해 숫자를 읽는 코드를 주입했다. 이 테스트 코드에서 이 메서드로 종속성을 원하는 대로 섞거나 일치시킬 수 있음에 주목하라. 마지막 테스트에서는 첫 번째 수를 파일에서 읽은 반면 두 번째 수는 콘솔에서 가져왔다.

물론 일반적으로 객체지향 언어에서 DI를 구현하는 방식은 클래스와 인터페이스를 활용하는 것이다. 하지만 앞에서 살펴봤듯이 DI를 구현하는 가장 간단한 방법은 함수를 활용하는 것이다.

순수 함수형 디자인 패턴

지금까지 함수형으로 변형할 수 있는 클래식 객체지향 디자인 패턴의 일부를 살펴봤다. 그렇다면 함수형 프로그래밍 자체에서 파생된 디자인 패턴은 없을까?

몇 가지 예를 이미 살펴봤다. `map/reduce`(STL의 `transform/accumulate`)가 대표적이다. 고차원 함수의 대부분(`filter`, `all_of`, `any_of` 등)도 이 같은 패턴의 예이지만 더 나아가 함수형 프로그래밍에서 파생된 일반적이지만 불투명한 디자인 패턴을 살펴볼 수 있다.

이것을 이해하는 가장 좋은 방법은 특정 문제에서 출발해보는 것이다. 우선 불변형 컨텍스트 내에서 상태를 유지하는 방법을 살펴본 후 디자인 패턴을 배운다. 마지막으로 또 다른 컨텍스트의 실제 사례를 살펴본다.

상태 유지하기

함수형 프로그래밍에서 상태를 어떻게 유지하는가? 상태 변형을 못하게 하는 것처럼 보이는 함수형 프로그래밍의 불변성 관련 아이디어 중 하나를 두고 본다면 이 질문은 이상하게 들릴 수 있다.

하지만 이 제약은 환상이다. 이것을 이해하려면 시간이 어떻게 흐르는지 잠시 생각해봐야 한다. 필자가 모자를 썼다고 가정해보자. 필자는 자신의 상태를 '모자를 벗음'에서 '모자를 씀'으로 변경했다. 필자가 모자에 도달하는 순간부터 모자를 쓸 때까지 매 초를 되돌아볼 수 있다면 이 목표를 향한 필자의 매 초마다의 움직임을 볼 수 있겠지만 필자는 지난 시간의 어떤 것도 변경할 수 없다. 좋든 싫든 과거는 불변이다(결국 모자 쓴 모습이 웃겨 보여도 되돌릴 수 없다). 자연은 과거라는 시간을 변경할 수 없도록 설계했지만 상태는 변경할 수 있다.

이 개념을 어떻게 설계할 수 있을까? 다음 방식을 생각해보자. 우선 모자를 벗은 알렉스라는 초기 상태와 모자를 집어 쓸 의도로 움직이는 동작의 정의가 있다. 프로그래밍 관점에서 이 동작을 함수로 모델링한다. 이 함수는 손의 위치와 함수 자체를 인자로 받아 손의 새로운 위치와 그 함수를 반환한다. 복사하는 성질에 의해 다음 예 상태의 순열이 나온다.

```
알렉스는 모자를 쓰고 싶다.
초기 상태: [InitialHandPosition, MovementFunction (HandPosition -> next HandPosition)]
상태₁ = [MovementFunction(InitialHandPosition), MovementFunction]
상태₂ = [MovementFunction(HandPosition at 상태₁), MovementFunction] ...
상태ₙ = [MovementFunction(HandPosition at 상태ₙ₋₁), MovementFunction]
알렉스가 모자를 쓸 때까지
```

`MovementFunction`을 반복적으로 적용함으로써 상태 순열이 나온다. 각 상태는 불변형이지만 우리는 상태를 저장할 수 있다.

이제 C++에서의 간단한 예를 살펴보자. 가장 간단한 예제는 자동 인덱스 증가다. 이 인덱스는 사용한 마지막 값을 기억하고 `increment` 함수를 사용하면 인덱스의 다음 값을 반환한다. 일반적으로 불변형 코드를 활용해 이것을 구현하려고 하면 문제가 된다. 이 문제를 이전에 기술한 방식을 활용해 해결할 수 있을까?

이를 알아보기 위해서는 먼저 첫 번째 값(여기서는 1)으로 자동 증가 인덱스를 초기화해야 한다. 평소처럼 필자는 초기화된 값이 제대로 됐는지 다음과 같이 확인하고 싶다.

```
TEST_CASE("Id"){
  const auto autoIncrementIndex = initAutoIncrement(1);
  CHECK_EQ(1, value(autoIncrementIndex));
}
```

autoIncrementIndex는 변하지 않으므로 const로 만들 수 있다는 점에 주목하자.

initAutoIncrement를 어떻게 구현할까? 앞에서 말했듯이 현재 값(여기서는 1)과 증가 함수를 가진 구조체를 초기화해야 한다. 다음과 같이 페어로 구현할 것이다.

```
auto initAutoIncrement = [](const int initialId) {
  function<int(const int)> nextId = [](const int lastId) {
    return lastId + 1;
  };

  return make_pair(initialId, nextId);
};
```

앞의 value 함수는 단순히 페어로부터 값을 반환한다. 다음 코드와 같이 이것은 페어의 첫 번째 원소다.

```
auto value = [](const auto previous) {
  return previous.first;
};
```

이제 자동 증가 인덱스로부터 다음 원소를 계산해보자. 초기화 이후 다음 값을 계산하고 다음 값이 2인지 확인한다.

```
TEST_CASE("Compute next auto increment index"){
  const auto autoIncrementIndex = initAutoIncrement(1);

  const auto nextAutoIncrementIndex =
    computeNextAutoIncrement(autoIncrementIndex);

  CHECK_EQ(2, value(nextAutoIncrementIndex));
}
```

절대로 변하지 않기 때문에 autoIncrementIndex 변수가 const라는 데 다시 한 번 주목하길 바란다. 이미 value 함수를 갖고 있지만 computeNextAutoIncrement 함수는 어떻게 보일까? 페어에서 현재 값과 함수를 가진 현재 값을 함수에 적용하고 새로운 값과 그 함수의 페어를 반환한다.

```cpp
auto computeNextAutoIncrement = [](pair<const int, function<int(const int)>>
  current) {
    const auto currentValue = value(current);
    const auto functionToApply = lambda(current);
    const int newValue = functionToApply(currentValue);
    return make_pair(newValue, functionToApply);
};
```

유틸리티 함수 lambda를 활용해 페어에서 그 람다를 반환한다.

```cpp
auto lambda = [](const auto previous) {
  return previous.second;
};
```

실제로 동작할까? 다음 값을 테스트해보자.

```cpp
TEST_CASE("Compute next auto increment index"){
  const auto autoIncrementIndex = initAutoIncrement(1);
  const auto nextAutoIncrementIndex =
    computeNextAutoIncrement(autoIncrementIndex);
  CHECK_EQ(2, value(nextAutoIncrementIndex));

  const auto newAutoIncrementIndex =
    computeNextAutoIncrement(nextAutoIncrementIndex);
  CHECK_EQ(3, value(newAutoIncrementIndex));
}
```

모든 테스트를 통과한다. 이것은 불변형 방식으로 상태를 저장했다는 것을 보여준다!

이 해결책이 매우 간단해 보이므로 다음 문제는 '일반화할 수 있는가?'다. 한 번 해보자.

먼저 pair를 struct로 치환해보자. 이 구조체는 하나의 값과 다음 값을 계산하는 함수를 데이터 멤버로 가져야 한다. 이제 value()와 lambda() 함수는 필요없을 것이다.

```cpp
struct State{
  const int value;
  const function<int(const int)> computeNext;
};
```

int 타입이 반복되는데 그럴 필요는 없다. 상태는 int보다 더 복잡할 수도 있으므로 struct를 템플릿으로 전환하자.

```
template <typename ValueType>
struct State{
  const ValueType value;
  const function<ValueType(const ValueType)> computeNext;
};
```

이것으로 자동 증가 인덱스를 초기화하고 초기 값을 확인할 수 있다.

```
auto increment = [](const int current) {
  return current + 1;
};

TEST_CASE("Initialize auto increment"){
const auto autoIncrementIndex = State<int>{1, increment};

CHECK_EQ(1, autoIncrementIndex.value);
}
```

마지막으로 다음 State를 계산하는 함수가 필요하다. 이 함수는 State<ValueType>을 반환해야 한다. State 구조체로 캡슐화하는 것이 최선이다. 또한 현재 값을 사용할 수 있으므로 값을 더 전달할 필요가 없다.

```
template <typename ValueType>
struct State{
  const ValueType value;
  const function<ValueType(const ValueType)> computeNext;

  State<ValueType> nextState() const{
    return State<ValueType>{computeNext(value), computeNext};
  };
};
```

이제 이 구현으로 자동 증가 인덱스의 두 가지 결과를 확인할 수 있다.

```
TEST_CASE("Compute next auto increment index"){
const auto autoIncrementIndex = State<int>{1, increment};

const auto nextAutoIncrementIndex = autoIncrementIndex.nextState();

CHECK_EQ(2, nextAutoIncrementIndex.value);

const auto newAutoIncrementIndex = 
nextAutoIncrementIndex.nextState();
  CHECK_EQ(3, newAutoIncrementIndex.value);
}
```

이 테스트는 통과하므로 코드는 제대로 잘 동작한다! 조금 더 살펴보자.

간단한 틱택토 게임 구현을 상상해보자. 한 바퀴 지난 후 보드의 다음 상태를 계산하는 데 동일한 패턴을 사용할 것이다.

먼저 틱택토 보드가 있는 구조체가 필요하다. 간단히 진행하기 위해 필자는 vector<vector<Token>>을 사용할 것이다. 여기서 Token은 Blank, X, O 값을 가질 수 있는 enum이다.

```
enum Token { Blank, X, O };
typedef vector<vector<Token>> TicTacToeBoard;
```

다음으로 Move 구조체가 필요하다. Move 구조체는 움직임과 관련 있는 보드 좌표와 이 움직임에 사용할 토큰이 있어야 한다.

```
struct Move{
  const Token token;
  const int xCoord;
  const int yCoord;
};
```

TicTacToeBoard로 움직임을 적용하고 신규 보드를 반환하는 함수도 필요하다. 간단한 진행을 위해 필자는 다음과 같이 로컬 뮤테이션^{local mutation}으로 구현할 것이다.

```
auto makeMove = [](const TicTacToeBoard board, const Move move) ->
  TicTacToeBoard {
    TicTacToeBoard nextBoard(board);
    nextBoard[move.xCoord][move.yCoord] = move.token;
    return nextBoard;
};
```

또한 상태를 초기화하는 데 빈 보드가 필요하다. Token::Blank로 간단히 채우자.

```
const TicTacToeBoard EmptyBoard{
  {Token::Blank, Token::Blank, Token::Blank},
  {Token::Blank, Token::Blank, Token::Blank},
  {Token::Blank, Token::Blank, Token::Blank}
};
```

첫 번째 움직임을 만들고 싶다. makeMove 함수의 시그니처(함수 형태)는 State 구조체에서 허용하는 형식이 아니다. 여기에는 추가적인 파라미터 Move가 필요하다. 첫 번째 테스트에서는 Move 파라미터에 하드코딩한 값을 바인딩하자. X를 좌측 상단 코너, 좌표로는 (0, 0)에 둔다고 가정하자.

```
TEST_CASE("TicTacToe compute next board after a move"){
  Move firstMove{Token::X, 0, 0};
  const function<TicTacToeBoard(const TicTacToeBoard)> makeFirstMove
    = bind(makeMove, _1, firstMove);
  const auto emptyBoardState = State<TicTacToeBoard>{EmptyBoard,
    makeFirstMove };
  CHECK_EQ(Token::Blank, emptyBoardState.value[0][0]);

  const auto boardStateAfterFirstMove = emptyBoardState.nextState();
  CHECK_EQ(Token::X, boardStateAfterFirstMove.value[0][0]);
}
```

여기서 State 구조체는 제대로 동작하지만 제약사항이 있다. 하나의 움직임만 허용할 것이다. 다음 스테이지를 계산하는 함수를 바꿀 수 없는 것이 문제다. 움직임을 nextState() 함수의 파라미터로 전달하면 어떠할까? 신규 구조체를 고안했는데 이것을 StateEvolved 라고 부를 것이다. 이 구조체는 하나의 값과 nextState() 함수를 갖고 있다. nextState()

함수는 다음 상태를 계산하고 움직임을 적용하고 다음 StateEvolved를 반환하는 함수를 취한다.

```
template <typename ValueType>
struct StateEvolved{
  const ValueType value;
  StateEvolved<ValueType> nextState(function<ValueType(ValueType)>
    computeNext) const{
      return StateEvolved<ValueType>{computeNext(value)};
  };
};
```

이제 nextState의 실제 움직임에 맞는 Move 함수와 함께 makeMove 함수를 전달해 움직임을 만들 수 있다.

```
TEST_CASE("TicTacToe compute next board after a move with StateEvolved"){
  const auto emptyBoardState = StateEvolved<TicTacToeBoard>
    {EmptyBoard};
  CHECK_EQ(Token::Blank, emptyBoardState.value[0][0]);
  auto xMove = bind(makeMove, _1, Move{Token::X, 0, 0});
  const auto boardStateAfterFirstMove = emptyBoardState.nextState(xMove);
  CHECK_EQ(Token::X, boardStateAfterFirstMove.value[0][0]);
}
```

이제 두 번째 움직임을 만들어보자. O를 가운데 좌표 (1, 1)로 움직인다고 가정하자. 이 움직임의 이전, 이후 상태를 확인해보자.

```
auto oMove = bind(makeMove, _1, Move{Token::O, 1, 1});
const auto boardStateAfterSecondMove =
  boardStateAfterFirstMove.nextState(oMove);
CHECK_EQ(Token::Blank, boardStateAfterFirstMove.value[1][1]);
CHECK_EQ(Token::O, boardStateAfterSecondMove.value[1][1]);
```

보다시피 이 패턴을 활용해 어떤 상태도 불변형 방식으로 저장할 수 있다.

밝혀지는 진실

앞에서 논의한 디자인 패턴은 함수형 프로그래밍에서 매우 유용해 보인다. 필자가 이 패턴의 이름 언급을 피한 것을 눈치챈 사람도 있을 것이다.

사실 지금까지 논의한 이 패턴은 모나드의 한 예다. 구체적으로 상태 모나드$^{State\ monad}$다. 지금까지 이 이름을 언급하는 것을 피했다. 모나드는 특히 소프트웨어 개발에서 불투명한 주제이기 때문이다. 이 책의 집필을 위해 필자는 모나드 관련 비디오를 여러 시간 시청했다. 블로그 포스트와 기사도 읽었지만 웬지 모두 이해할 수 없었다. 모나드는 범주 이론의 수학적 객체이므로 필자가 언급한 리소스 중 일부는 수학적 접근법을 취해 정의와 연산자를 활용해 모나드를 설명했다. 다른 리소스는 예제로 설명하려고 했지만 모나드 패턴을 네이티브로 지원하는 프로그래밍 언어로 작성돼 있었다. 어떤 것도 이 책의 목적인 '복잡한 개념으로의 실용적 접근'과 부합하지 않았다.

모나드를 제대로 알기 위해서는 더 많은 예제를 살펴봐야 한다. 가장 쉬운 것은 Maybe 모나드일 것이다.

Maybe

C++에서 다음과 같은 표현식을 계산해야 한다고 가정해보자.

```
2 + ( 3 / 0 ) * 5
```

무슨 일이 벌어질 것 같은가? 0으로 나누려고 해 예외가 발생할 것이다. None이나 NaN과 같은 값이나 다른 종류의 메시지를 보고 싶은 상황이 있을 수도 있다. 정수나 값이 될 수 있는 데이터를 저장하는 데 optional<int>를 사용할 수 있다는 것을 봤다. 따라서 optional<int>를 반환하는 나누기 함수를 다음과 같이 구현할 수 있을 것이다.

```
function<optional<int>(const int, const int)> divideEvenWith0 = []
  (const int first, const int second) -> optional<int> {
    return (second == 0) ? nullopt : make_optional(first / second);
};
```

하지만 표현식에 divideEvenWith0을 사용하려고 할 때 다른 연산자도 모두 변경해야 한다는 사실을 깨달았을 것이다. 예를 들면 다음과 같이 파라미터가 하나라도 nullopt 인 경우 nullopt를 반환하고 그렇지 않으면 값을 반환하는 plusOptional 함수를 구현할 수 있다.

```cpp
auto plusOptional = [](optional<int> first, optional<int> second) ->
  optional<int>{
    return (first == nullopt || second == nullopt) ?
      nullopt :
    make_optional(first.value() + second.value());
};
```

코드를 동작하게 만드는 데는 더 많은 함수 작성과 코드 복제가 필요하다. 그런데 그냥 function<int(int, int)>를 받고 function<optional<int>(optional<int>, optional<int>)>를 반환하는 함수를 작성하면 되지 않을까? 물론이다. 함수를 다음과 같이 작성해보자.

```cpp
auto makeOptional = [](const function<int(int, int)> operation) {
  return [operation](const optional<int> first, const
    optional<int> second) -> optional<int> {
    if (first == nullopt || second == nullopt) return nullopt;
    return make_optional(operation(first.value(),
      second.value()));
  };
};
```

다음 테스트와 같이 이 코드는 잘 동작한다.

```cpp
auto plusOptional = makeOptional(plus<int>());
auto divideOptional = makeOptional(divides<int>());

CHECK_EQ(optional{3}, plusOptional(optional{1}, optional{2}));
CHECK_EQ(nullopt, plusOptional(nullopt, optional{2}));

CHECK_EQ(optional{2}, divideOptional(optional{2}, optional{1}));
CHECK_EQ(nullopt, divideOptional(nullopt, optional{1}));
```

하지만 이 함수는 한 가지 문제를 해결하지 못한다. 0으로 나눴을 때 여전히 nullopt를 반환해야 하므로 다음 테스트는 실패할 것이다.

```
// CHECK_EQ(nullopt, divideOptional(optional{2}, optional{0}));
// cout << "Result of 2 / 0 = " << to_string(divideOptional
   (optional{2}, optional{0})) << endl;
```

표준 나누기 연산을 사용하는 대신 divideEvenBy0 메서드를 사용해 이 문제를 해결할 수 있다.

```
function<optional<int>(const int, const int)> divideEvenWith0 = []
  (const int first, const int second) -> optional<int> {
    return (second == 0) ? nullopt : make_optional(first / second);
};
```

이번에는 테스트를 통과한다.

```
auto divideOptional = makeOptional(divideEvenWith0);

CHECK_EQ(nullopt, divideOptional(optional{2}, optional{0}));
cout << "Result of 2 / 0 = " << to_string(divideOptional
  (optional{2}, optional{0})) << endl;
```

게다가 테스트를 실행한 이후의 화면은 다음과 같다.

```
Result of 2 / 0 = None
```

0으로 나누기 폭정^{the tyranny of dividing by 0}에서 탈출하고 결과를 얻은 만족스럽지만 묘한 기분이다. 이게 바로 나일 것이다.

어쨌든 Maybe 모나드의 정의로 나아갈 수 있게 됐다. 여기에 하나의 값과 apply라는 함수를 저장한다. 이 apply 함수는 (plus<int>(), minus<int>(), divideEvenWith0, multiplies<int>()) 연산을 가지며 second 값에는 위 연산을 적용하고 결과를 반환한다.

```
template <typename ValueType>
struct Maybe{
  typedef function<optional<ValueType>(const ValueType, const
    ValueType)> OperationType;
  const optional<ValueType> value;
  optional<ValueType> apply(const OperationType operation, const
    optional<ValueType> second){
      if (value == nullopt || second == nullopt) return nullopt;
      return operation(value.value(), second.value());
  }
};
```

다음과 같이 Maybe 모나드를 활용해 계산할 수 있다.

```
TEST_CASE("Compute with Maybe monad"){
  function<optional<int>(const int, const int)> divideEvenWith0 = []
    (const int first, const int second) -> optional<int> {
      return (second == 0) ? nullopt : make_optional(first / second);
  };

  CHECK_EQ(3, Maybe<int>{1}.apply(plus<int>(), 2));
  CHECK_EQ(nullopt, Maybe<int>{nullopt}.apply(plus<int>(), 2));
  CHECK_EQ(nullopt, Maybe<int>{1}.apply(plus<int>(), nullopt));

  CHECK_EQ(2, Maybe<int>{2}.apply(divideEvenWith0, 1));
  CHECK_EQ(nullopt, Maybe<int>{nullopt}.apply(divideEvenWith0, 1));
  CHECK_EQ(nullopt, Maybe<int>{2}.apply(divideEvenWith0, nullopt));
  CHECK_EQ(nullopt, Maybe<int>{2}.apply(divideEvenWith0, 0));
  cout << "Result of 2 / 0 = " << to_string(Maybe<int>
    {2}.apply(divideEvenWith0, 0)) << endl;
}
```

이제 심지어 nullopt로도 표현식을 계산할 수 있다.

그렇다면 모나드는 무엇인가?

모나드는 계산을 모델링하는 함수형 디자인 패턴이다. 정확히 말해 모나드는 **범주 이론**이라는 수학 도메인에서 온 것이다.

계산은 무엇인가? 계산의 기본은 함수이지만 우리의 관심사는 함수에 더 많은 기능을 추가하는 것이다. 상태를 유지하고 옵셔널 타입으로 연산하는 두 가지 예제를 살펴 봤다. 모나드는 매우 유명한 소프트웨어 디자인이다. 모나드는 기본적으로 하나의 값과 하나의 고차원 함수를 가진다. 이것이 어떤 역할을 하는지 알기 위해 다음 코드의 State 모나드와 Maybe 모나드를 비교해보자.

```
template <typename ValueType>
struct StateEvolved{
  const ValueType value;

  StateEvolved<ValueType> nextState(function<ValueType(ValueType)>
    computeNext) const{
      return StateEvolved<ValueType>{computeNext(value)};
  };
};
```

다음은 Maybe 모나드다.

```
template <typename ValueType>
struct Maybe{
  typedef function<optional<ValueType>(const ValueType, const
    ValueType)> OperationType;
  const optional<ValueType> value;
  optional<ValueType> apply(const OperationType operation, const
    optional<ValueType> second) const {
      if (value == nullopt || second == nullopt) return nullopt;
      return operation(value.value(), second.value());
  }
};
```

두 모나드 모두 값을 갖고 있다. 모나드 구조에서 값은 캡슐화돼 있다. 두 모나드 모두 이 값으로 계산을 수행하는 함수를 갖고 있다. apply/nextState 함수는(주로 bind를 호출 해) 계산을 자체적으로 캡슐화하는 함수를 받지만 모나드는 계산 외에도 중요한 작업을 할 수 있다.

이 같은 예제가 아니더라도 더 많은 모나드가 있다. 이 모나드도 특정 계산을 캡슐화하 고 특정 중복을 없애는 것을 보여준다.

C++의 optional<> 타입이 실제로는 promise뿐만 아니라 Maybe 모나드에서 영감을 얻었다는 점에 주목해야 한다. 여러분은 코드에서 발견되길 기다리는 모나드를 이미 사용하고 있는 것이다.

요약

12장에서는 설계 개선과 관련된 많은 것을 배웠다. 리팩터링은 프로그램의 외부 행위를 변화시키지 않는 코드의 재구조화를 의미한다는 것을 배웠다. 행위 보존을 보장하기 위해 매우 작은 단계를 밟고 테스트해야 한다는 사실을 확인했다. 레거시 코드는 변경하기 두려운 코드이며 레거시 코드의 테스트 코드를 작성하기 위해서는 먼저 코드를 변경해야 한다는 것과 그 딜레마를 배웠다. 다행히 코드에서의 작은 변화만으로도 행위 보존을 보장할 수 있으며 의존성을 깨뜨려 테스트를 수행하게 할 수 있다는 사실도 배웠다. 종속성을 식별해 깨는 데 순수 함수를 활용할 수 있으며 이것은 응집성에 기반해 클래스로 다시 묶을 수 있는 람다가 된다는 것을 확인했다.

마지막으로 함수형 프로그래밍에서도 디자인 패턴을 활용할 수 있다는 것을 배웠고 몇 가지 예제도 살펴봤다. 여러분이 함수형 프로그래밍의 다른 것은 사용하지 않더라도 전략 패턴, 명령 패턴, 의존성 주입 같은 함수형 프로그래밍을 활용해 큰 혼란 없이 코드를 쉽게 변경할 수 있다. 추상 디자인 패턴 모나드를 인상깊게 훑어봤다. Maybe 모나드와 State 모나드를 사용하는 방법도 살펴봤다. 두 모나드 모두 더 적은 코드로 기능을 풍부하게 하는 데 유용할 수 있다.

소프트웨어 설계 논의를 많이 했다. 함수형 프로그래밍이 아키텍처architecture에 적용될까? 이것이 13장에서 다룰 이벤트 소싱event sourcing이다.

13
불변성과 아키텍처
- 이벤트 소싱

이벤트 소싱은 불변성의 장점을 활용하는 저장^{storage}에서 사용하는 아키텍처 패턴이다. 이벤트 소싱의 기본적인 아이디어는 다음과 같다. 데이터의 현재 상태를 저장하는 대신 데이터를 변경한 이벤트를 저장하면 어떠할까? 이 아이디어는 급진적으로 보일 수도 있지만 새로운 것은 아니다. 사실 이 원칙에 기반한 도구를 이미 사용하고 있다. 깃^{Git} 같은 소스 컨트롤 시스템은 이 아키텍처를 따른다. 장·단점을 논의하면서 이 아이디어를 더 깊이 살펴볼 것이다.

13장에서 다룰 주제는 다음과 같다.

- 데이터 저장에 불변성 개념을 적용하는 방법
- 이벤트 소싱 아키텍처의 모습
- 이벤트 소싱 활용을 고민할 때 고려할 점

기술적 요구사항

C++ 17을 지원하는 컴파일러가 필요하다. 필자는 GCC 7.4.0을 사용했다.

코드는 GitHub(https://github.com/PacktPublishing/Hands-On-Functional-Programming-with-Cpp)의 13장 폴더에서 찾을 수 있다. 그리고 여기에는 단일 헤더 오픈 소스 유닛 테스팅 라이브러리인 doctest를 포함하고 있고 이것을 활용한다. 다음의 GitHub 저장소에서 doctest를 찾을 수 있다(https://github.com/onqtam/doctest).

불변성과 아키텍처 - 이벤트 소싱

2010년까지 데이터 저장 선택은 매우 제한적이었다. 여러분의 취향이 Oracle, MySQL, PostgreSQL이었는지는 모르겠지만 데이터의 관계형 모델에만 묶여 있었다.

그러다가 갑자기 엄청난 수의 신규 데이터베이스 엔진이 등장했는데 관계형 데이터를 부분적으로 지원하거나 아예 지원하지 않았다. 이 엔진은 전혀 달라 분류친화적 성질을 거부했다. 세상은 이 엔진이 하지 않으려는 것을 바탕으로 이 엔진에 이름을 붙여줬다. 바로 NoSQL 데이터베이스다. 실제로 이 엔진의 유일한 공통점은 SQL 지원이 매우 희박하거나 아예 하지 않는다는 점이었다. 이 엔진 목록은 매우 길고 계속 변화하는 중이지만 이 글을 쓰는 현재 Redis, MongoDB, DynamoDb, Cassandra, Couchbase 등이 유명하다. 엔진마다 장·단점이 있고 다양한 시나리오에서 주로 클라우드 컴퓨팅 컨텍스트에서의 최적화가 이 엔진이 존재하는 이유다. 예를 들면 Cassandra는 고도로 분산된 빈면 MongoDB는 다양한 데이터 타입을 쉽게 저장할 수 있다는 것이 특징이다.

NoSQL을 들었을 무렵 주변에서 이벤트 소싱이라는 신규 아키텍처 스토리지가 들리기 시작했다. 이벤트 소싱은 데이터 저장에 일반적인 UI-서버-RDBMS 패턴과 비교하면 근본적으로 다른 접근 자세를 취한다. 이벤트 소싱 패턴은 다음과 같이 말한다. 도메인 이벤트domain events로 인코딩한 시스템의 점진적 변화를 저장하자.

눈치 빠른 독자는 이 아이디어의 두 가지를 알아챘을 것이다.

- 도메인 주도 설계^{DDD} 움직임에서 나온 것처럼 들리고 실제로도 그렇다. 도메인 이벤트는 우리가 DDD의 아키텍처로의 접근 및 도메인 모델의 진화 과정의 일부로 사용한 다른 패턴이 될 수 있다.
- 비즈니스 애플리케이션에서는 급진적인 것일 수도 있지만 소프트웨어 아키텍처의 데이터 저장소에서의 점진적 변화를 저장하는 아이디어는 새로운 것이 아니다. 사실 필자는 이 책을 집필하면서도 이 패턴에 기반한 도구를 사용해왔다. 독자는 샘플 코드를 얻는 데 이 도구를 사용했을 것이다. Git은 이력을 저장하는 데 앞으로 논의할 이벤트 소싱 모델보다 더 복잡한 모델을 사용한다. Git은 코드의 현재 상태와 함께 점진적인 변화를 저장한다.

Git만 이 패턴을 사용하는 것은 아니다. 우리는 데이터 백업 운용에도 이 툴을 사용해왔다. 전체 백업은 매우 오래 걸리므로 점진적 백업을 자주 하고 전체 백업을 덜 하는 방식은 훌륭한 전략이다. 하지만 리커버리가 필요한 경우 점진적 백업을 하나하나 적용해 전체 백업과 동일한 상태로 만들 수 있다. 백업에서 시간과 저장용량 간 적절한 거래^{trade off}다.

이 같은 관점에서 저장 관련 외에 이벤트 소싱의 NoSQL과의 관계가 궁금할 것이다. 증명할 수는 없지만 2010년대의 프로그래밍 관련 시대정신에서 따온 두 가지 아이디어를 믿는다. 즉, '기술장벽을 없애 개발 속도를 최적화하라'와 '다양한 웹과 클라우드 기반 아키텍처 시스템을 최적화하라'다.

잠시 트위터를 생각해보는 시간을 갖자. 데이터 흐름 관점에서 트위터는 두 가지 주요 기능이 있다. 메시지를 포스팅하고 다른 사람이 포스팅된 메시지를 보여주는 것이다. 다른 사용자가 포스팅한 메시지를 바로 볼 수 없다면 그것을 알지도 못할 것이므로 지연시간이 길더라도 큰 문제가 없다. 하지만 데이터를 잃고 싶지 않으므로 사용자 메시지를 최대한 빨리 저장해야 한다.

이것을 구현하는 일반적인 방법은 데이터베이스에 즉시 저장하고 응답에 갱신된 글 리스트를 반환하는 것이다. 그러면 메시지를 곧바로 볼 수 있지만 몇 가지 단점이 있다. 먼저 데이터베이스의 병목현상을 일으킨다. 첫째, 모든 메시지 포스트마다 INSERT와

SELECT 구문이 실행되기 때문이다. 둘째, 더 많은 리소스가 서버에 필요해져 클라우드 기반 서버 비용이 늘어난다.

다르게 생각해보면 어떠할까? 메시지를 포스트할 때 빠른 이벤트 저장소에 이벤트를 저장하고 즉시 반환한다. 갱신된 글 리스트를 업데이트하라는 미래 요청에 따라 이 이벤트를 처리하고 업데이트된 글 리스트를 반환한다. 데이터 저장소는 더 이상 병목 지점이 아니고 서버 부하는 줄어든다. 하지만 신규 요소인 이벤트 저장소를 시스템에 추가해 비용이 약간 증가할 수 있지만 결론적으로 대용량을 처리할 때는 덜 비싸고 더 반응적이 된다. 이것은 이벤트 소싱의 예다.

다른 옵션은 데이터 엔진 레벨에서 이 문제를 해결하고 앞에서 기술된 쓰기와 읽기를 분리하는 것이다. 쓰기에 최적화된 데이터 저장소를 활용했다. 이전보다 긴 지연시간 이후에 읽을 수 있다는 것이 단점이지만 이것도 괜찮다. 미래 어느 시점에 사용할 수 있고 메시지 피드는 갱신될 것이다. 이것은 RDBMS 대신 NoSQL 데이터베이스를 활용하는 예다.

2010년대는 정말 흥미진진한 시기였다. 함수형 프로그래밍이 프로그래밍 언어의 주류로 편입되는 동시에 소프트웨어 아키텍처 설계에서 새로운 아이디어가 증가했다. 우연의 일치로 마블 시네마틱 유니버스^{MCU}의 슈퍼 히어로 영화 시리즈가 맞물려 출시되는 행복한 시기였다.

이 둘은 무관하지만 필자는 MCU를 좋아한다. 그건 그렇고(소프트웨어 설계와 MCU의 역사에 대한) 팬보이 놀이는 그만하겠다. 이제 다른 이상한 아이디어인 데이터 저장소에 불변성 적용하기로 넘어가자.

아키텍처에 불변성 적용하기

불변성이 코드 구조와 소프트웨어 설계에 미치는 중대한 영향을 살펴봤고 다수의 경우 I/O는 본질적으로 변형이라는 것도 논의했다. 데이터 저장소가 반드시 변형일 필요는 없으며 불변형 데이터 저장소도 아키텍처에 중대한 영향을 미친다는 사실을 보여주려고 한다.

데이터 저장소가 어떻게 불변형이 될 수 있을까? 결국 많은 소프트웨어 애플리케이션이 존재하는 것은 CRUD^{Create, Retrieve, Update, Delete}를 수행하기 위해서다. 데이터에 변형을 일으키지 않은 유일한 연산은 읽기^{retrieve}이지만 그럼에도 불구하고 데이터 읽기에도 분석이나 로깅과 같은 부가적인 부작용이 있는 경우도 있다.

하지만 데이터 구조체에서도 똑같은 문제에 직면했다는 사실을 기억하자. 변형 데이터 구조는 구조체의 원소가 추가되거나 삭제될 때 자신의 구조를 변경하지만 순수 함수형 언어는 불변형 데이터 구조체를 지원한다.

불변형 데이터 구조체는 다음과 같은 속성이 있다. 아이템의 추가나 삭제는 데이터 구조체를 변화시키지 않는다. 그 대신 초기 데이터 구조체의 복사본과 함께 변화를 반환한다. 프로그래머에게는 데이터 구조체가 완벽히 복제된 것처럼 느껴지지만 순수한 함수형 프로그래밍 언어에서는 메모리 최적화를 위해 실제로 데이터를 복제하지 않고 기존 메모리를 재활용하는 포인터를 영리하게 활용한다.

똑같은 아이디어를 저장소에도 적용하는 것을 고려해보자. 기존 데이터를 변화시키는 대신 매번 쓰기나 삭제는 이전 버전의 데이터를 손상시키지 않으면서 변화가 적용된 데이터의 신규 버전을 생성한다. 가능성을 상상해보자. 데이터 변경 전체 이력이 있고 항상 복원할 수 있다. 최신 데이터 버전이 있기 때문이다.

하지만 마냥 쉬운 것만은 아니다. 저장된 데이터가 큰 경향이 있으며 매번 변경할 때마다 복제한다면 엄청난 저장소 공간을 차지하고 그 처리 과정은 엄청나게 느릴 것이다. 저장된 데이터는 더 복잡한 경향이 있고 파일 시스템에서 포인터를 다루는 것이 쉽지 않아 메모리 내부의 데이터에 적용한 최적화 기술을 여기에 제대로 적용하기 쉽지 않을 것이다.

다행히 다른 방법이 있다. 데이터의 시작 버전과 변화 횟수를 저장한다. 관계형 데이터베이스에 이것을 구현할 수 있을 것이다(이 변화는 결국 엔티티다). 하지만 다행히 그럴 필요가 없다. 이 저장소 모델을 지원하기 위해 저장소 엔진에는 전체적으로 이벤트 스토어^{event stores}가 구현돼 있다. 이벤트 스토어를 통해 이벤트를 저장할 수 있으며 필요할 때 최신 버전의 데이터를 가져올 수 있다.

이 시스템은 어떻게 동작할까? 도메인과 도메인 이벤트를 모델링해야 한다. 트위터를 예로 들어보자.

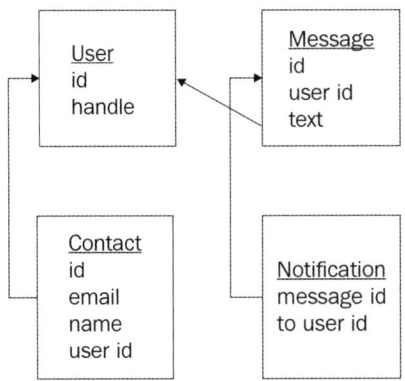

Create User (contact, handle)
Post Message (user, text)
Create Notification (message, to user)

전통적인 데이터 저장소를 사용 중이라면 어쨌든 이 엔티티를 저장하면 되지만 이벤트를 저장할 거라면 점진적으로 변하는 긴 리스트가 있어야 한다. 개념적으로 다음과 같을 것이다.

```
CreateUser name:alexboly -> userid 1
CreateUser name: johndoe -> userid 2
PostMessage userid: 1, message: 'Hello, world!' -> messageid 1
PostMessage userid: 2, message: 'Hi @alexboly' -> messageid 2
CreateNotification userid: 1, notification: "Message from johndoe"
PostMessage userid: 1, message: 'Hi @johndoe' -> messageid 3
CreateNotification userid: 2, notification: "Message from alexboly"
LikeMessage userid: 2, messageid: 3
...
```

이 예제를 구현한 것으로 넘어가기 전에 소프트웨어 아키텍처를 논의한 것과 완벽한 솔루션은 없다는 사실을 기억해야 한다. 잠시 멈추고 이벤트 소싱을 사용할 때의 거래를 생각해보는 시간을 가져보자.

이벤트 소싱의 장점

장점이 없었다면 이벤트 소싱 이야기를 하지 않았을 것이다.

개념적 수준에서 전문가는 짧은 시간에 가벼운 회의만으로도 도메인 모델과 도메인 이벤트를 쉽게 추출할 수 있다. 이벤트 스토밍은 기술 전문가와 도메인 전문가의 협업을 통해 수 시간 안에 복잡한 시스템을 설계하기 위해 고안한 회의a facilitated session다. 이 회의에서 만든 지식은 과소평가되면 안 될 것이다. 이 공통적인 이해는 복잡한 지식노동 작업을 하는 데 분야를 초월한 협업에서 강력한 토대가 된다.

소프트웨어 디자인 수준에서 이벤트 소싱은 다른 코드 구조보다 의도가 더 드러나게 한다. 도메인 연산은 엔티티 내부에 숨는 경향이 있다. 이벤트 소싱을 통한 도메인 모델 변경은 아키텍처의 앞부분이자 중심이다. 실제로 데이터가 나아갈 수 있는 모든 변경을 검색하고 리스트를 작성할 수 있는데 다른 코드 구조에서는 하기 어려운 것이다.

코딩 수준에서 이벤트 소싱은 프로그래밍을 단순화한다. 이벤트를 생각하는 것은 처음에는 어려울 수 있지만 금방 익숙해질 수 있다. 이 모델로 가장 중요한 비즈니스 기능을 반영한 코드를 작성할 수 있어 제품 소유자나 고객과 프로그래머 간의 이해를 도와준다. 각 변경의 종류를 깔끔히 캡슐화할 수 있게 되므로 해당 테스트와 코드를 더 단순화할 수 있다.

데이터 저장소 수준에서 이벤트 소싱으로 데이터 변경 리스트를 볼 수 있다. 이것은 다른 데이터 저장소 모델에 비하면 엄청난 성과다. 이 모델에는 점진적 백업이 잘 어울린다. 근본적으로 점진적이기 때문이다. 데이터 저장소에서 복원이 생성돼 물리적 저장소의 모든 과거 시점부터 모든 이벤트를 적용할 수 있게 된다.

게다가 이벤트 소싱을 통해 과거로 돌아갈 수도 있다. 모든 이벤트에 대응하는 반대 이벤트가 있다면(일반적으로 구현하기 매우 쉽다) 끝에서부터 특정 시점까지의 반대 이벤트를 재생해 그 시점의 데이터를 추출할 수 있게 된다.

퍼포먼스 수준에서 이벤트 소싱은 데이터 쓰기를 최적화해 빠른 쓰기가 필요하지만 읽기 지연 속도를 어느 정도 용인하는 대부분의 애플리케이션(대부분의 웹 기반 시스템)에서 유용하게 활용할 수 있다.

하지만 세상에 공짜는 없다. 그렇다면 단점은 무엇일까?

이벤트 소싱의 단점과 함정

이벤트 소싱의 단점에도 불구하고 이벤트 소싱은 복잡한 애플리케이션을 구현하는 데 널리 쓰이게 됐다. 이벤트 소싱에 뛰어들기 전에 생각해봐야 할 몇 가지 중요한 골칫거리가 있다.

이벤트 스키마 변경

첫 번째 문제는 이벤트 소싱의 핵심 모델에서 나온다. 이미 데이터가 있는 상황에서 이벤트 구조를 변경하고 싶다면 어떠할까? 예를 들면 각 이벤트마다 타임 스탬프를 추가해야 한다면 어떠할까? 아니면 PostMessage 이벤트에 수신자나 팔로워만 볼 수 있거나 모두가 볼 수 있게 하는 가시성 필드를 추가해야 한다면 어떠할까?

이 문제에는 해결책이 있지만 각 해결책마다 고유의 문제도 있다. 해결책의 하나는 이벤트 스키마에 버전을 부여하고 다수의 스키마를 나란히 갖는 것이다. 이 방법은 제대로 동작하지만 구현을 복잡하게 만들 것이다. 다른 해결책은 데이터 마이그레이션 스크립트를 활용해 과거 이벤트를 변경하는 것이다. 하지만 이것은 불변성 개념을 깨뜨리며 제대로 실행해야 한다. 또 다른 방법은 이벤트 스키마를 절대로 변경하지 않고 신규 이벤트 타입을 추가하는 것이다. 하지만 사용하지 않는 다수의 이벤트 타입 때문에 혼란을 야기할 수 있다.

과거 데이터 삭제

두 번째 문제는 개인정보와 관련 있다. 최근 유럽연합[EU]은 시스템상 개인 데이터의 완전 삭제를 요구할 권한을 사용자에게 부여하는 일반 데이터 보호 규제[GDPR]를 채택해 전 세계 많은 소프트웨어 시스템에 영향을 미쳤다. 일반적인 데이터베이스를 사용할 때는 상대적으로 쉬운 일이다. 사용자 ID 관련 기록을 삭제하면 되지만 이벤트 스토어에서는 어떻게 처리해야 할까?

사용자 관련 모든 이벤트를 삭제할 수 있다. 하지만 그럴 수 있을까? 이벤트에 임시 관계가 있다면 문제에 봉착한다. 예를 들어 문서를 전체적으로 편집하는 다음 시나리오를 상상해보자.

```
CreateAuthor alexboly => authorid 1
CreateAuthor johndoe => authorid 2
...
AddText index: 2400, authorid:1, text: "something interesting here."
AddText index: 2427, authorid:2, text: "yes, that's interesting" =>
  "something interesting here. yes that's interesting"
DeleteText index: 2400, length: 10, authorid: 1 => "interesting here.
  yes that's interesting"
...
```

alexboly라는 유저가 요청해 삭제해야 할 이벤트에 표시해보자.

```
CreateAuthor alexboly => authorid 1
CreateAuthor johndoe => authorid 2
...
AddText index: 2400, authorid:1, text: "something interesting here."
AddText index: 2427, authorid:2, text: "yes, that's interesting" =>
  "something interesting here. yes that's interesting"
DeleteText index: 2400, length: 10, authorid: 1 => "interesting here.
  yes that's interesting"
...
```

문제점이 보이는가? 표시한 이벤트를 삭제한다면 문서의 데이터를 날릴 뿐만 아니라 인덱스가 더 이상 맞지 않다고 한다. 따라서 문서를 백지로 만들기 위한 이벤트를 적용하면 에러나 데이터 손상이 발생한다.

여기서 할 수 있는 몇 가지 조치가 있다.

- 첫 번째 해결책은 사용자 ID를 삭제하지만 데이터를 보존하는 것이다. 이것은 특정 컨텍스트에서는 해결책이 될 수 있지만 삭제 요청 범위에 따라 달라진다. 사용자가 개인정보(주소, 이메일 주소, ID 값)를 문서에 추가하는 특수한 경우가 있다. 사용자 ID를 삭제하고 개인정보를 삭제해야 한다면 모든 개인정보 관련 이벤트를 살펴보고 없애거나 같은 글자 수의 빈 글자로 대체해야 한다.

- 두 번째 해결책은 데이터베이스를 물리화하고 해당 데이터를 삭제하고 미래 이벤트의 신규 지점에서 시작하는 것이다. 이것은 이벤트 소싱의 핵심 아이디어 중 하나인 빈 저장소에서부터 데이터를 재구축하는 능력을 깨는 것이며 이벤트가 많거나 삭제가 많은 시스템에서는 거의 불가능한 것으로 판명됐다. 어쨌든 적당한 계획과 구조가 있으면 가능하다.

- 세 번째 해결책은 이 아키텍처의 장점을 활용해 `DeletePrivateData`라는 특수 이벤트를 사용하는 것이다. 하지만 이 이벤트는 다르다. 해당 데이터가 아닌 이벤트 저장소를 변경해야 하기 때문이다. 이것은 이 아키텍처에 적합하지만 모든 것이 깨질 수 있어 위험하고 엄청난 테스트가 필요할 것이다.

- 네 번째 해결책은 이벤트를 설계해 일시적으로 교차^{coupled} 상태가 되지 않게 하는 것이다. 이론상으로는 좋게 들리지만 실전에서 항상 가능한 것만은 아니라는 점을 인정해야 한다. 이전 예제에서는 텍스트의 위치 같은 것이 필요했다. 기존 텍스트에 종속되지 않는 지점을 특정하는 방법을 찾아보길 바란다. 또한 이 같은 설계 노력이 잠재적으로 모든 이벤트를 이해하기 어렵게 만드는 매우 드문 상황을 고려해야 한다. 최소한만 변경해 가능하다면 훌륭하지만 그렇지 않다면 여러분 스스로 결정해야 한다.

구현 예제

이벤트 소싱을 간단하게 구현한 예제를 살펴볼 것이다. 트위터의 예로 몇 가지 테스트를 작성해볼 것이다.

```
TEST_CASE("Create User"){
  EventStore eventStore;
  ...
  auto alexId = createUser("alexboly", eventStore);
  ...
  CHECK_EQ(lastEvent, expectedEvent);
}
```

이 테스트를 컴파일하려면 몇 가지 준비가 필요하다. 먼저 이벤트를 저장할 이벤트 스토어가 필요하다. 저장할 이벤트를 어떻게 표현할 수 있을까? 특성 이름과 값을 가진 데이터 구조체와 같은 것이 필요하다. 가장 간단한 방법은 특성의 이름에 값을 맵핑하는 map<string, string> 구조체를 활용하는 것이다. 실제 구현을 살펴보기 위해 CreateUser라는 이벤트 구조체를 생성해보자.

```cpp
auto makeCreateUserEvent = [](const string &handle, const int id) {
  return map<string, string>{
    {"type", "CreateUser"},
    {"handle", handle},
    {"id", to_string(id)}
  };
};
```

CreateUser 이벤트는 CreateUser라는 타입을 갖고 있고 핸들[a handle]과 사용자의 id가 필요하다. 예를 들면 alexboly는 사용자의 id다. Typedef로 더 멋지게 더 명시적으로 만들어보자.

```cpp
typedef map<string, string> Event;
auto makeCreateUserEvent = [](const string &handle, const int id) {
  return Event{
    {"type", "CreateUser"},
    {"handle", handle},
    {"id", to_string(id)}
  };
};
```

이제 EventStore를 생성할 수 있다. 이벤트 스토어는 기본적으로 이벤트 리스트이므로 리스트를 그냥 사용해보자.

```cpp
class EventStore : public list<Event>{
  public:
    EventStore() : list<Event>(){
    };
};
```

이 EventStore를 활용해 테스트할 수 있고 createUser를 호출한 후 makeCreateUserEvent 함수를 활용해 올바른 이벤트가 이벤트 스토어에 있는지 확인할 수 있다.

```
TEST_CASE("Create User"){
  auto handle = "alexboly";
  EventStore eventStore;

  auto alexId = createUser(handle, eventStore);

  auto expectedEvent = makeCreateUserEvent(handle, alexId);
  auto event = eventStore.back();
  CHECK_EQ(event, expectedEvent);
}
```

이 테스트를 동작하려면 createUser만 구현하면 된다. 매우 간단하다. makeCreateUserEvent를 호출하고 EventStore에 결과를 추가한다. id 값이 필요하지만 지금은 원소가 하나뿐이므로 하드코딩한 값 1을 사용하자.

```
int id = 1;
auto createUser = [](string handle, EventStore &eventStore) {
  eventStore.push_back(makeCreateUserEvent(handle, id));
  return id;
};
```

이 테스트는 통과한다. 이벤트를 실행할 수 있고 이벤트는 이벤트 스토어로 갈 것이다.

이 신규 사용자가 메시지를 포스팅하는 방식을 살펴보자. 두 번째 이벤트 타입인 PostMessage 및 비슷한 코드 구조가 필요할 것이다. 테스트를 작성해보자. 첫째, 사용자를 생성해야 하고 둘째, userId를 통해 이 사용자와 연결된 메시지를 생성해야 한다. 다음은 테스트다.

```
TEST_CASE("Post Message"){
  auto handle = "alexboly";
  auto message = "Hello, world!";
  EventStore eventStore;
```

```
    auto alexId = createUser(handle, eventStore);
    auto messageId = postMessage(alexId, message, eventStore);
    auto expectedEvent = makePostMessageEvent(alexId, message,
      messageId);
    auto event = eventStore.back();
    CHECK_EQ(event, expectedEvent);
}
```

makePostMessageEvent 함수는 필요한 정보를 갖고 Event 구조체를 만든다. 이 구조체에도 타입과 messageId가 필요하다.

```
auto makePostMessageEvent = [](const int userId, const string& message,
  int id){
    return Event{
      {"type", "PostMessage"},
      {"userId", to_string(userId)},
      {"message", message},
      {"id", to_string(id)}
    };
};
```

마지막으로 postMessage는 makePostMessageEvent의 결과를 이벤트 스토어에 추가한다. 여기서 다시 id가 필요하지만 메시지는 하나뿐이므로 동일하게 id로 1을 사용할 수 있다.

```
auto postMessage = [](const int userId, const string &message,
  EventStore &eventStore) {
    eventStore.push_back(makePostMessageEvent(userId, message, id));
    return id;
};
```

이제 사용자를 갖게 됐고 이벤트를 통해 메시지 포스팅을 할 수 있다. 매우 깔끔하면서도 처음에 생각했던 것과 달리 어렵지도 않다.

그럼에도 이 구현은 몇 가지 흥미로운 의문점을 던진다.

데이터를 어떻게 가져올 것인가?

먼저 핸들이나 id로 사용자를 검색하려고 한다면 어떻게 할 것인가? 이것은 실제 트위터의 사용 시나리오다. 메시지에 @alexboly 멘션을 넣었다면 통지가 alexboly 핸들을 가진 사용자에게 날아가야 한다. 또한 타임라인에서 @alexboly 사용자와 관련된 모든 메시지를 보여주고자 한다.

여기에는 두 가지 옵션이 있다. 첫 번째 옵션은 이벤트를 저장하고 데이터를 읽을 때마다 모두 수행하는 것이다. 두 번째 옵션은 다른 데이터베이스처럼 도메인 스토어와 함께 현재 값과 쿼리를 유지하는 것이다. 각각 또는 모든 스토어는 인메모리인 경우 매우 빨리 접근할 수 있다는 점에 주목하자. 이것은 중요하다.

현재 값이 캐싱돼 있든 계산돼 있든 이벤트를 실행하는 방법과 가져오는 방법이 필요하다. 어떻게 할 것인가?

필요한 것이 무엇인지 확인하는 차원에서 테스트를 작성해보자. 하나 이상의 이벤트를 돌린running 후 이벤트를 실행execute하고 필요할 때 현재 값을 가져올 수 있도록 현재 값을 구해야 한다.

```
TEST_CASE("Run events and get the user store"){
  auto handle = "alexboly";
  EventStore eventStore;

  auto alexId = createUser(handle, eventStore);
  auto dataStore = eventStore.play();

  CHECK_EQ(dataStore.users.back(), User(alexId, handle));
}
```

테스트를 통과하게 하려면 몇 가지가 필요하다. 첫째, User라는 도메인 객체이며 간단히 구현할 수 있을 것이다.

```
class User{
  public:
    int id;
```

```
    string handle;
    User(int id, string handle) : id(id), handle(handle){};
};
```

둘째, users의 리스트를 가진 데이터 스토어다.

```
class DataStore{
  public:
    list<User> users;
};
```

마지막으로 재생 메커니즘이다. 지금은 어설프게 구현한 것을 사용해보자.

```
class EventStore : public list<Event>{
  public:
    DataStore play(){
      DataStore dataStore;
      for (Event event : *this){
        if (event["type"] == "CreateUser"){
          dataStore.users.push_back(User(stoi(event["id"]),
            event["handle"]));
        }
      };
      return dataStore;
    };
}
```

고차원 함수를 알고 있다면 앞 코드의 for 구문을 함수형 접근으로 변환할 수 있다는 것을 추측할 수 있다. 사실 모든 이벤트를 CreateUser 타입으로 걸러낼 수 있다. 그리고 나서 transform을 호출해 각 이벤트를 엔티티로 변환한다. 우선 몇 가지 더 작은 함수를 추출해보자. CreateUser 이벤트를 사용자로 변환하는 함수가 필요하다.

```
auto createUserEventToUser = [](Event event) {
  return User(stoi(event["id"]), event["handle"]);
};
```

그리고 타입으로 이벤트 리스트를 걸러내는 또 다른 함수가 필요하다.

```cpp
auto createUserEventToUser = [](Event event) {
  return User(stoi(event["id"]), event["handle"]);
};
```

이제 이벤트의 리스트를 갖고 타입으로 걸러낸 후 변환을 수행해 엔티티 리스트를 구하는 playEvents 함수를 추출할 수 있다.

```cpp
template <typename Entity>
auto playEvents = [](const auto &events, const auto &eventType,
  auto playEvent) {
    list<Event> allEventsOfType;
    auto filterEventByThisEventType = bind(filterEventByEventType,
      _1, eventType);
    copy_if(events.begin(), events.end(), back_insert_iterator
      (allEventsOfType), filterEventByThisEventType);
    list<Entity> entities(allEventsOfType.size());
    transform(allEventsOfType.begin(), allEventsOfType.end(),
      entities.begin(), playEvent);
    return entities;
};
```

이제 EventStore에 CreateUser를 다룰 수 있으면서 다른 이벤트에도 일반화해 적용할 수 있는 이 함수를 사용할 수 있다.

```cpp
class EventStore : public list<Event>{
  public:
    EventStore() : list<Event>(){
    };
    DataStore play(){
      DataStore dataStore;
      dataStore.users = playEvents<User>(*this, "CreateUser",
        createUserEventToUser);
      return dataStore;
    };
};
```

이제 이벤트 기반의 데이터 스토어에서 데이터를 가져올 방법이 생겼다. 다음 질문을 살펴볼 시간이다.

참조 무결성은 어떻게 해결하는가?

지금까지 ID에 기반하는 이벤트를 사용할 때 엔티티 간 관계를 살펴봤다. 잘못된 id를 갖고 이벤트를 호출하면 어떻게 될까? 다음 코드에서 예제를 살펴보자.

```
CreateUser handle:alexboly -> id 1
DeleteUser id: 1
PostMessage userId: 1, text: "Hello, world!" -> user with id 1 doesn't
                                                 exist anymore
```

이 문제의 몇 가지 해결책이 보인다.

- 첫 번째 해결책은 어쨌든 이벤트를 돌리는 것이다. 화면에 문제가 추가로 생기지 않으면 동작할 것이다. 트위터에서 이 메시지가 보이면 이 메시지를 포스팅한 사용자 페이지로 넘어갈 수 있다. 이 경우 없는 페이지가 뜰 것이다. 너무 흔하지만 않다면 트위터 같은 애플리케이션에 큰 문제는 아니라고 주장할 수도 있지만 여러분의 제품에 이 컨텍스트는 어떨지 스스로 판단해야 할 것이다.

- 두 번째 해결책은 확인 없이 이벤트를 돌리되 동일한 작업을 돌리고 참조 관련 문제를 확인해 정리(물론 이벤트를 통해)하는 것이다. 이 방법으로 갱신 속도를 늦출 필요 없이 무결성 확인을 하면서 결국 데이터를 정리할 수 있다. 이 방법이 여러분의 컨텍스트에 유효한지 한 번 더 확인해야 한다.

- 세 번째 해결책은 각 이벤트를 돌릴 때마다 무결성을 확인하는 것이다. 이것은 참조 무결성을 보장하지만 동시에 모든 것이 느려질 것이다.

이 확인은 데이터 스토어를 확인하거나 이벤트 스토어를 확인하는 두 가지 방법으로 가능하다. 예를 들면 ID가 1인 `DeleteUser`가 전혀 발생하지 않은 이벤트인지 또는 `CreateUser` 이후 전혀 발생하지 않은 이벤트인지 확인해볼 수 있다(그러려면 사용자 핸들이 필요할 것이다).

여러분의 애플리케이션에 이벤트 소싱을 채택할 때 명심하길 바란다.

요약

이벤트 소싱은 '현재 상태를 저장하는 대신 현재 상태에 이르기까지의 모든 이벤트를 저장하면 어떻게 될까?'라는 간단한 아이디어에서 출발한, 불변형 데이터 저장소를 구현하는 방법이다. 이 접근법의 장점은 다양하고 흥미롭다는 것이다. 시간 전후로 이동할 수 있고 점진적 백업이 가능하며 상태보다 시간순차적 사고를 가능케 한다. 또한 이벤트 소싱에는 몇 가지 함정이 있다. 과거 데이터 삭제는 어려우며 이벤트 스키마 변경도 어렵고 참조 무결성이 느슨해지는 경향이 있다. 또한 에러 발생 가능성과 그에 따른 구조적이고 반복 가능한 정책 정의도 신경써야 한다.

또한 이벤트로서의 람다를 갖고 이벤트 소싱 아키텍처를 구현하는 간단한 방법을 살펴봤다. 람다를 저장하는 데 이벤트 소싱을 살펴볼 수 있다. 저장된 이벤트는 기본적으로 명령 패턴이기 때문이다. 호기심이 많다면 이벤트를 람다로 직렬화·역직렬화하는 데 도전해보고 설계를 어떻게 변경하는지 살펴보길 바란다.

다른 아키텍처 패턴과 마찬가지로 거래를 신중히 고려하고 구현을 통해 가장 중요한 도전 과제의 답을 찾아보길 권한다. 이벤트 소싱을 사용하기로 결정했다면 자신이 만든 것보다 이미 상용화된 이벤트 스토어를 활용하길 권한다. 13장에서 작성한 이벤트 스토어는 핵심 원칙과 이벤트 소싱 도전 과제를 보여주기에는 좋지만 상용에서 사용하는 것과는 거리가 멀다.

이제 C++ 함수형 프로그래밍의 미래로 넘어갈 시간이다. 14장에서는 C++ 17에 이미 있는 함수형 프로그래밍 기능을 훑어보고 C++ 20 소식도 살펴본다.

4부

C++의 함수형 프로그래밍의 현재와 미래

기본 빌딩 블록에서부터 시작해 함수 중심 스타일로 설계하는 방법을 거쳐 다양한 목적에 따라 함수형 프로그래밍의 장점을 활용하는 방법까지 함수형 프로그래밍에서 활용할 수 있는 다양한 기술들을 살펴봤다. 이제 표준 C++ 17과 20에 존재하는 함수형 프로그래밍의 현재와 미래를 살펴볼 시간이다.

C++ 17에서는 외부 구현 형태로, C++ 20에서는 표준의 일부로 사용할 수 있는 엄청난 범위의 라이브러리를 먼저 다룰 것이다. 합성 연산자를 조합하고 고차원 함수를 활용하는 가벼운 방식으로 기존 컨테이너를 감싸는 단순한 아이디어 하나로 코드를 C++ 17 표준을 활용하는 것보다 간단하게 빠르게 가볍게 작성하는 방법을 살펴볼 것이다.

STL 서포트를 방문해 다음에 어떤 것이 나올지 살펴볼 것이다. 마지막으로 함수형 프로그래밍의 주요 빌딩 블록을 살펴보고 C++에서 지원하는 현재의 모습과 앞으로 지원할 미래의 모습을 살펴볼 것이다.

4부는 다음과 같이 구성돼 있다.

- 14장, 범위 라이브러리를 활용한 느긋한 계산법
- 15장, STL의 현재와 미래
- 16장, 표준 언어의 현재와 미래

14

범위 라이브러리를 활용한 느긋한 계산법

이 책에서 함수형 사고법과 모듈화되고 조립 가능한composibility 디자인을 설계하는 데 도움이 되는 함수의 연결과 합성 방법을 상세히 논의했고 문제점이 발견됐다. 현재의 접근법으로는 한 컬렉션에서 다른 컬렉션으로 많은 양의 데이터를 복사해야 한다.

다행히 에릭 니블러Eric Niebler가 순수 함수형 프로그래밍 언어에서 사용할 수 있는 해결책(느긋한 계산법)을 C++에서 사용할 수 있게 해주는 라이브러리를 개발했다. 범위ranges라는 이 라이브러리는 공식적으로 C++ 표준에 포함됐다. 이 라이브러리의 장점을 활용하는 방법을 살펴볼 것이다.

14장에서 다룰 주제는 다음과 같다.

- 느긋한 계산법이 유용한 경우와 이유
- 범위 라이브러리 소개
- 범위 라이브러리를 활용해 게으름 평가를 사용하는 방법

기술적 요구사항

C++ 17을 지원하는 컴파일러가 필요하다. 필자는 GCC 7.4.0을 사용했다.

코드는 GitHub(https://github.com/PacktPublishing/Hands-On-Functional-Programming-with-Cpp)의 14장 폴더에서 찾을 수 있다. 그리고 여기에는 단일 헤더 오픈 소스 유닛 테스팅 라이브러리인 doctest를 포함하고 있고 이것을 활용한다. 다음의 GitHub 저장소에서 doctest를 찾을 수 있다(https://github.com/onqtam/doctest).

범위 라이브러리 개괄

범위 라이브러리는 C++ 프로그래머에게 다양하고 유용한 신규 도구를 제공한다. 이 도구는 모두 유용하지만 특히 함수형 프로그래밍에 필요한 것이 있다.

그 전에 먼저 설정하는 방법을 살펴보자. C++ 17에 범위 라이브러리를 사용하기 위해서는 https://ericniebler.github.io/range-v3/에 있는 설명서가 필요하다. 그리고 나서 all.hpp 헤더 파일을 포함시키면 된다.

```
#include <range/v3/all.hpp>
```

C++20에서는 이 표준에 이 라이브러리가 포함돼 있으므로 <ranges> 헤더를 추가만 하면 된다.

```
#include <ranges>
```

앞의 코드에서 컴파일 에러가 발생했다고 놀랄 필요는 없다. 이 책을 작성하는 시점에서 g++의 최신 버전은 9.1이지만 범위 라이브러리는 여기에 아직 포함되지 않았다. 이 라이브러리의 크기 덕분에 구현이 예상보다 늦어지고 있다. 그때까지 범위 라이브러리를 사용하고 싶다면 에릭 니블러의 버전을 사용할 수 있다.

그렇다면 범위 라이브러리는 무엇을 제공하는가? 모든 것은 범위 개념에서 출발해야 할 것 같다. 범위는 시작 반복자와 종료 반복자로 구성돼 있다. 이 범위를 통해 기존 컬렉션에 범위 개념을 추가할 수 있다. 그리고 나서 transform, sort, accumulate 같은 시작과 종료 반복자가 필요한 알고리듬에 범위를 전달할 수 있다. 따라서 begin()과 end() 같은 귀찮은 호출을 없앨 수 있게 된다.

범위를 갖고 뷰views를 생성할 수 있다. 뷰는 두 개의 반복자를 갖고 흥미 있는 부분이나 전체를 특정하며 범위는 느긋한 계산법과 조립 가능성을 제공한다. 뷰는 컬렉션의 가벼운 랩퍼wrapper이므로 결과가 필요할 때까지 실제로는 실행되지 않는 연쇄적 연산을 선언할 수 있게 된다. 다음 절에서 이것이 어떻게 동작하는지 자세하게 살펴볼 것이다. 여기서는 간단한 예로 두 가지 연산을 조립할 것이다. 컬렉션의 모든 숫자에서 모든 짝수를 걸러낸 후 3의 배수를 걸러내 결국 6의 배수를 걸러내게 된다.

```
numbers | ranges::view::filter(isEven) |
ranges::view::filter(isMultipleOf3)
```

액션의 힘을 빌리면 범위에서 변형도 가능하다. 복사 대신 컨테이너 내부에 직접 변형한다는 점만 제외하면 액션은 뷰와 비슷하다. 앞에서 장시간 논의했듯이 함수형 프로그래밍에서 데이터를 변형하는 것을 선호하지 않지만 이 같은 방식으로 퍼포먼스를 최적화할 수 있는 경우가 있어 언급할 가치가 있다. 다음은 실제로 액션을 사용하는 예제다.

```
numbers |= action::sort | action::take(5);
```

이 | 연산자는 함수형 프로그래밍에서 매우 흥미롭다. 함수형 합성 연산자의 일종이기 때문이다. 또한 합성 연산자를 사용하는 데 익숙한 Unix/Linux 사용자는 이 연산자를 사용하는 데 친숙하다. **4장, 함수형 합성 아이디어**에서 봤듯이 이 연산자는 매우 유용할 수 있다. 안타깝게도 모든 종류의 함수 두 개를 합성하는 것은 아직 지원하지 않는다. 뷰와 액션만 가능하다.

마지막으로 범위 라이브러리는 커스텀 뷰를 지원한다. 커스텀 뷰를 다양한 곳에 유용한 (특히 11장, 특성 기반 테스트) 데이터 생성 같은 것을 할 수 있다.

범위 라이브러리의 기능을 예제와 함께 더 자세하게 살펴보자.

느긋한 계산법

데이터 구조체를 조금씩 변형할 때 얻는 이점을 이용해 코드를 함수형 방식으로 구조화하는 방법을 13장에서 배웠다. 간단한 예를 들어보자. 리스트의 모든 짝수 합을 계산하자. 구조적 프로그래밍 접근은 전체 구조체를 돌아 모든 짝수 원소를 더하는 루프를 작성하는 것이다.

```
int sumOfEvenNumbersStructured(const list<int> &numbers){
  int sum = 0;
  for (auto number : numbers){
    if (number % 2 == 0) sum += number;
  }
  return sum;
};
```

간단한 예에서 이 함수를 테스트해보면 제대로 동작한다.

```
TEST_CASE("Run events and get the user store"){
  list<int> numbers{1, 2, 5, 6, 10, 12, 17, 25};

  CHECK_EQ(30, sumOfEvenNumbersStructured(numbers));
}
```

물론 데이터를 변경시키면서 이 메서드가 항상 좋은 생각인 것은 아니라는 것을 확인했다. 이 메서드는 한 번에 너무 많은 것을 한다. 이렇게 하기보다 더 많은 함수를 합성하려고 한다. 첫 번째 함수는 숫자가 짝수인지 결정하는 함수다.

```
auto isEven = [](const auto number) {
  return number % 2 == 0;
};
```

두 번째 함수는 컬렉션에서 술어 논리를 만족시키는 숫자를 고르는 함수다.

```
auto pickNumbers = [](const auto &numbers, auto predicate) {
  list<int> pickedNumbers;
```

```
  copy_if(numbers.begin(), numbers.end(),
    back_inserter(pickedNumbers), predicate);
  return pickedNumbers;
};
```

세 번째는 컬렉션에서 모든 원소의 합을 계산하는 함수다.

```
auto sum = [](const auto &numbers) {
  return accumulate(numbers.begin(), numbers.end(), 0);
};
```

이제 위의 모든 함수를 합성하는 최종 구현을 할 수 있다.

```
auto sumOfEvenNumbersFunctional = [](const auto &numbers) {
  return sum(pickNumbers(numbers, isEven));
};
```

그리고 구조적 솔루션과 마찬가지로 이 테스트를 통과시킨다.

```
TEST_CASE("Run events and get the user store"){
  list<int> numbers{1, 2, 5, 6, 10, 12, 17, 25};

  CHECK_EQ(30, sumOfEvenNumbersStructured(numbers));
  CHECK_EQ(30, sumOfEvenNumbersFunctional(numbers));
}
```

함수형 솔루션은 눈에 띄는 장점이 있다. 이것은 간단하고 재조립할 수 있는 작은 함수를 합성한 것이고 병렬로 실행할 수 있다는 의미이지만 단점이 하나 있다. 데이터를 복사한다는 것이다.

10장, 퍼포먼스 최적화에서 이 문제를 다루는 방법을 배웠지만 진정한 진실은 '여기서 가장 간단한 솔루션은 느긋한 계산법이다'라는 점이다. 함수 호출을 묶지만 코드는 결과가 필요한 시점까지 실제로는 실행되지 않는 것이 무엇을 의미하는지 상상해보자. 이 솔루션을 통해 필요한 코드를 컴파일러 최적화와 더불어 함수 연결을 최대화해 작성할 수 있다.

이것이 범위 라이브러리가 다른 것과 차별화해 수행하는 것이다.

범위 라이브러리를 활용한 느긋한 계산법

범위 라이브러리는 뷰라는 편리한 개념을 제공한다. 뷰를 통해 반복자를 갖고 불변형이면서 저렴한 데이터 범위를 생성할 수 있다. 뷰는 데이터를 복사하지 않고 참조한다. view를 사용해 컬렉션에서 모든 짝수를 걸러낼 수 있다.

```
ranges::view::filter(numbers, isEven)
```

합성 연산자 |를 활용하면 어떤 복사 없이도 뷰를 합성할 수 있다. 예를 들면 필터 두 개를 합성해 6으로 나눠지는 숫자 리스트를 얻을 수 있다. 첫 번째 필터는 짝수 필터이고 두 번째 필터는 3으로 나눠지는 숫자의 필터다. 3의 배수 여부를 확인하는 신규 술어 논리는 다음과 같이 활용할 수 있다.

```
auto isMultipleOf3 = [](const auto number){
  return number % 3 == 0;
};
```

다음과 같은 합성으로 6으로 나눠지는 숫자 리스트를 구할 수 있다.

```
numbers | ranges::view::filter(isEven) |
ranges:view::filter(isMultipleOf3)
```

이 코드를 작성하는 시점에서 실제로는 아무 계산도 하지 않는다는 데 주목하자. 이 뷰는 초기화됐고 명령을 기다리고 있다. 그렇다면 뷰로부터 원소의 합을 계산해보자.

```
auto sumOfEvenNumbersLazy = [](const auto& numbers){
  return ranges::accumulate(ranges::view::
    filter(numbers, isEven), 0);
};
```

```
TEST_CASE("Run events and get the user store"){
  list<int> numbers{1, 2, 5, 6, 10, 12, 17, 25};

  CHECK_EQ(30, sumOfEvenNumbersLazy(numbers));
}
```

ranges::accumulate 함수는 뷰와 어떤 방식으로 작업하는지 알고 있는 accumulate의 특수한 구현이다. 이 뷰는 accumulate를 호출할 때만 실제로 동작하며 복사한 데이터가 전혀 없다. 그 대신 범위는 결과를 계산하는 데 영리한 반복자를 활용한다.

뷰를 조립한 결과를 살펴보자. 기대한 바와 같이 벡터에 있는 숫자 중 6으로 나눠 떨어지는 모든 수의 합은 18이다.

```
auto sumOfMultiplesOf6 = [](const auto &numbers) {
  return ranges::accumulate
    (numbers | ranges::view::filter(isEven) |
      ranges::view::filter(isMultipleOf3), 0);
};
TEST_CASE("Run events and get the user store"){
  list<int> numbers{1, 2, 5, 6, 10, 12, 17, 25};

  CHECK_EQ(18, sumOfMultiplesOf6(numbers));
}
```

코드를 작성하는 정말 멋진 방법이다! 이전 옵션과 비교해 메모리도 적게 사용하고 훨씬 쉽다. 하지만 이것은 범위 라이브러리가 할 수 있는 전부가 아니다.

액션으로 변형 가능한 변경

범위 라이브러리는 뷰뿐만 아니라 액션actions도 제공한다. 액션으로 변형 연산을 할 수 있다. 예를 들어 같은 벡터 내에서 값을 정렬하기 위해 다음과 같은 문법을 활용할 수 있다.

```
TEST_CASE("Sort numbers"){
  vector<int> numbers{1, 12, 5, 20, 2, 10, 17, 25, 4};
  vector<int> expected{1, 2, 4, 5, 10, 12, 17, 20, 25};

  numbers |= ranges::action::sort;

  CHECK_EQ(expected, numbers);
}
```

|= 연산자는 벡터를 자체 내부에서 정렬하는 ranges::action::sort(number)를 호출하는 것과 비슷하다. 액션은 또한 직접적인 호출이나 | 연산자를 통한 합성이 쉽다. sort와 unique 액션을 | 연산자로 합성해 항목을 정렬하고 중복 항목을 없애는 코드를 작성할 수 있다.

```
TEST_CASE("Sort numbers and pick unique"){
  vector<int> numbers{1, 1, 12, 5, 20, 2, 10, 17, 25, 4};
  vector<int> expected{1, 2, 4, 5, 10, 12, 17, 20, 25};

  numbers |= ranges::action::sort | ranges::action::unique;

  CHECK_EQ(expected, numbers);
}
```

이것 말고도 범위 라이브러리가 할 수 있는 것이 더 있다.

무한 수열과 데이터 생성

뷰는 느긋한 계산법을 활용하므로 뷰로 무한 수열을 생성할 수 있다. 예를 들면 정수 수열을 생성하는 데 view::ints 함수를 활용할 수 있다. 그러고 나서 이 수열에서 앞의 다섯 개 원소를 갖기 위해 view::take를 활용해 이 수열의 범위를 제한해야 한다.

```
TEST_CASE("Infinite series"){
  vector<int> values = ranges::view::ints(1) | ranges::view::take(5);
  vector<int> expected{1, 2, 3, 4, 5};
```

```
    CHECK_EQ(expected, values);
}
```

어떤 타입에서도 증가를 허용하는 view::iota를 활용해 추가적인 데이터 생성도 할 수 있다. chars 타입을 예로 들면

```
TEST_CASE("Infinite series"){
  vector<char> values = ranges::view::iota('a') |
    ranges::view::take(5);
  vector<char> expected{'a', 'b', 'c', 'd', 'e'};

  CHECK_EQ(expected, values);
}
```

추가적으로 linear_distribute 뷰를 갖고 선형으로 분포된 값을 생성할 수도 있다. 범위 값과 선형분포에 포함시키려는 항목 개수로 범위 내의 충분한 수를 추가한다. 뷰는 범위 양쪽 경계를 포함한다. 예를 들면 [1, 10] 범위에 선형분포된 값은 {1, 3, 5, 7, 10} 이다.

```
TEST_CASE("Linear distributed"){
  vector<int> values = ranges::view::linear_distribute(1, 10, 5);
  vector<int> expected{1, 3, 5, 7, 10};

  CHECK_EQ(expected, values);
}
```

더 복잡한 데이터 생성이 필요하다면 어떻게 될까? 다행히 커스텀 범위를 생성할 수 있다. 2부터 시작해 2의 10제곱씩 커지는 리스트를 만들고 싶다고 가정해보자(즉, 2^1, 2^{11}, 2^{21} 이런 식으로). 변환 함수를 호출해 구현할 수 있지만 yield_if 함수와 for_each 뷰 조합을 활용해 구현할 수도 있다. 다음 코드에서 굵게 표시된 부분은 이 두 개를 함께 사용하는 정확한 방법을 보여준다.

```
TEST_CASE("Custom generation"){
  using namespace ranges;
  vector<long> expected{2, 2048, 2097152, 2147483648};
```

```
auto everyTenthPowerOfTwo = view::ints(1) | view::for_each([](int
  i) { return yield_if(i % 10 == 1, pow(2, i)); });
vector<long> values = everyTenthPowerOfTwo | view::take(4);

CHECK_EQ(expected, values);
}
```

우선 1부터 시작하는 무한 수열을 생성했고 각 원소마다 10으로 나눴을 때 나머지가 1인지 확인했다. 나머지가 1인 경우 2에 그 값만큼 제곱한 값을 반환했다. 유한 벡터를 얻기 위해 앞의 무한 수열을 take 뷰로 연결하면 벡터에는 첫 네 개 원소만 남는다.

물론 이 같은 종류의 생성은 최적화되지 않은 것이다. 유효한 숫자를 찾아내기 위해 열 개 수를 뒤져야 한다. 1, 11, 21… 같은 범위로 시작하는 것이 나을 것이다.

스트라이드^{stride} 뷰를 활용해 코드를 작성하는 방법도 있다. 스트라이드 뷰는 수열에서 매 n번째 이후 원소를 취하는데 이것은 정확히 원하는 것이다. transform 뷰 조합으로 정확히 똑같은 결과를 달성할 수 있다.

```
TEST_CASE("Custom generation"){
  using namespace ranges;
  vector<long> expected{2, 2048, 2097152, 2147483648};

  auto everyTenthPowerOfTwo = view::ints(1) | view::stride(10) |
    view::transform([](int i) { return pow(2, i); });
  vector<long> values = everyTenthPowerOfTwo | view::take(4);

  CHECK_EQ(expected, values);
}
```

지금까지 데이터 생성이 테스트에 특히 (11장, 특성 기반 테스트에서 논의한) 특성 기반 테스트에 매우 흥미롭다는 것을 알게 됐을 것이다. 하지만 테스트에는 문자열 생성이 자주 필요하다. 살펴보자.

문자열 생성하기

문자열을 생성하려면 우선 문자를 생성해야 한다. ASCII 문자에서는 32와 126 사이의 정수 범위에서 시작할 수 있다. ASCII 코드의 흥미로운 점은 출력이 가능한 문자라는 점이다. 임의의 샘플로 코드를 문자열로 변환한다. 임의의 샘플을 어떻게 구할 것인가? view::sample이라는 뷰가 있다. 이 뷰는 항목 개수로 범위 내에서 임의의 샘플을 추출한다. 마지막으로 이 문자를 문자열로 변환하면 된다. 이것이 ASCII 문자로 구성돼 있고 길이가 10인 임의의 문자열을 구하는 방법이다.

```
TEST_CASE("Generate chars"){
  using namespace ranges;

  vector<char> chars = view::ints(32, 126) | view::sample(10) |
    view::transform([](int asciiCode) { return char(asciiCode); });
  string aString(chars.begin(), chars.end());

  cout << aString << endl;

  CHECK_EQ(10, aString.size());
}
```

다음은 코드를 실행해 얻은 몇 가지 샘플이다.

```
%.0FL[cqrt
#0bfgiluwy
4PY]^_ahlr
;DJLQ^bipy
```

보다시피 테스트에 활용할 수 있는 흥미로운 문자열이다. 게다가 view::sample의 인자를 변경해 문자열 크기를 변경할 수도 있다.

이 예제는 ASCII 문자에 국한돼 있지만 C++ 표준의 일부로 UTF-8을 지원하므로 특수문자를 지원하도록 쉽게 확장할 수 있을 것이다.

요약

소프트웨어 엔지니어링에서 에릭 니블러의 범위 라이브러리는 매우 훌륭하다. 지연 평가와 데이터 생성 기능과 함께 기존 STL 고차원 함수를 쉽게 활용할 수 있게 해준다. 이 라이브러리는 C++ 20 표준에 포함됐을 뿐만 아니라 이전 버전의 C++에도 유용하게 사용할 수 있다.

코드 구조화를 위해 함수형 스타일을 사용하지 않더라도 변형이나 불변형 코드 선호와 상관없이 이 범위 라이브러리를 통해 코드를 우아하고 조립 가능한 형태로 만들 수 있다. 따라서 여러분이 이 라이브러리를 사용해보고 코드를 어떻게 변화시키는지 살펴보길 권한다. 해볼 만한 가치가 있다고 확신한다. 그리고 즐거운 연습문제다.

15장에서는 함수형 프로그래밍을 지원하는 STL 및 언어 표준과 C++ 20에서 기대할 수 있는 것을 살펴본다.

15
STL의 현재와 미래

표준 템플릿 라이브러리^{STL}는 1990년대부터 C++ 프로그래머에게 유용한 동반자였다. 제네릭 프로그래밍generic programming과 밸류 시맨틱value semantics 같은 개념에서 시작해 점점 더 다양하고 유용한 시나리오를 지원하고 있다. 15장에서는 C++ 17에서 STL이 함수형 프로그래밍을 어떻게 지원하는지 살펴보고 C++ 20에 새로 등장한 몇 가지 기능을 살펴볼 것이다.

15장에서 다룰 주제는 다음과 같다.

- `<functional>` 헤더의 함수형 기능 활용
- `<numeric>` 헤더의 함수형 기능 활용
- `<algorithm>` 헤더의 함수형 기능 활용
- std::optional과 std::variant
- C++ 20과 범위 라이브러리

기술적 요구사항

C++ 17을 지원하는 컴파일러가 필요하다. 필자는 GCC 7.4.0을 사용했다.

코드는 GitHub(https://github.com/PacktPublishing/Hands-On-Functional-Programming-with-Cpp)의 15장 폴더에서 찾을 수 있다. 그리고 여기에는 단일 헤더 오픈 소스 유닛 테스팅 라이브러리인 doctest를 포함하고 있고 이것을 활용한다. 다음의 GitHub 저장소에서 doctest를 찾을 수 있다(https://github.com/onqtam/doctest).

<functional> 헤더

STL의 함수형 프로그래밍 지원 중 하나에서 시작할 것이다. 이 헤더의 이름도 딱 <functional>인데 시작점으로 적절해 보인다. 이 헤더는 기본적인 functional<> 타입을 정의한다. 이 타입은 함수에 사용하는 타입으로 이 책에서는 람다에 몇 번 사용했다.

```
TEST_CASE("Identity function"){
    function<int(int)> identity = [](int value){ return value; };

    CHECK_EQ(1, identity(1));
}
```

function<> 타입을 사용해 모든 타입의 함수를 저장할 수 있다. 자유 함수가 되거나 멤버 함수나 람다가 될 수도 있다. 자유 함수의 예를 살펴보자.

```
TEST_CASE("Free function"){
    function<int()> f = freeFunctionReturns2;

    CHECK_EQ(2, f());
}
```

다음은 멤버 함수의 예다.

```cpp
class JustAClass{
  public:
    int functionReturns2() const { return 2; };
};

TEST_CASE("Class method"){
  function<int(const JustAClass &)> f = &JustAClass::functionReturns2;
  JustAClass justAClass;

  CHECK_EQ(2, f(justAClass));
}
```

위에서 보듯이 function<> 타입을 갖고 멤버 함수를 호출하려면 유효한 객체의 참조를 전달해야 한다. 이 참조를 *this 인스턴스로 생각하면 된다.

<functional> 헤더는 이 기본적인 타입뿐만 아니라 컬렉션에서의 함수형 변환을 활용할 때 요긴하게 사용할 수 있는 함수 객체를 미리 정의해 제공한다. 벡터를 내림차순으로 정리하기 위해 미리 정의된 greater 함수와 sort 알고리듬 조합을 활용한 간단한 예를 살펴보자.

```cpp
TEST_CASE("Sort with predefined function"){
  vector<int> values{3, 1, 2, 20, 7, 5, 14};
  vector<int> expectedDescendingOrder{20, 14, 7, 5, 3, 2, 1};

  sort(values.begin(), values.end(), greater<int>());

  CHECK_EQ(expectedDescendingOrder, values);
}
```

이 <functional> 헤더는 다음과 같이 유용한 함수 객체를 정의하고 있다.

- **산술 연산자**: plus, minus, multiplies, divides, modulus, negate

- **비교**: equal_to, not_equal_to, greater, less, greater_equal, less_equal

- **논리 연산자**: logical_and, logical_or, logical_not

- **비트 연산자**: bit_and, bit_or, bit_xor

이 함수 객체는 고차원 함수에 연산자를 적용해야 할 때 함수의 공통적인 연산자를 캡슐화하는 어려움을 덜어준다. 훌륭한 컬렉션이다. 이상하게 들릴지 모르지만 필자는 동치 함수^{an identity function}도 똑같이 유용할 수 있다고 생각하는데 컬렉션에는 빠져 있다. 다행히 동치 함수는 구현하기 쉽다.

하지만 <functional> 헤더가 제공하는 것은 이게 전부가 아니다. bind 함수는 파셜 함수형 애플리케이션을 구현한 것이다. 이 책에서 실제로 bind 함수를 여러 번 봤다. bind 함수의 자세한 사용법은 **5장, 파셜 애플리케이션과 커링**에서 볼 수 있다. bind의 기본 함수는 함수 하나를 받고 하나 이상의 파라미터에 값을 바인딩해 신규 함수를 생성한다.

```
TEST_CASE("Partial application using bind"){
  auto add = [](int first, int second) {
    return first + second;
  };

  auto increment = bind(add, _1, 1);

  CHECK_EQ(3, add(1, 2));
  CHECK_EQ(3, increment(2));
}
```

람다 작성에 적합한 function<> 타입, 중복을 제거하는 미리 정의된 함수 객체, 파셜 애플리케이션을 수행하는 bind는 코드를 함수형으로 구성하는 기본 도구이지만 고차원 함수 없이 코드를 함수형으로 효과적으로 구현할 수는 없다.

<algorithm> 헤더

<algorithm> 헤더 파일에는 알고리듬이 들어 있다. 알고리듬 중 일부는 고차원 함수로 구현돼 있다. 여기 있는 알고리듬을 사용한 예제를 이 책에서 많이 살펴봤다. 다음은 유용한 알고리듬 리스트다.

- all_of, any_of, none_of

- find_if, find_if_not
- count_if
- copy_if
- generate_n
- sort

고차원 함수를 조합해 입력 데이터를 원하는 출력으로 변환하는 방법과 데이터에 초점을 맞추는 방법을 살펴봤다. 이 방법 중 하나는 작고 조립 가능한 순수 함수를 고려하는 것이었고 이 접근법의 단점도 살펴봤다. 이 접근법은 데이터를 복사해야 하고 똑같은 데이터를 여러 번 통과시켜야 한다. 그리고 새로운 범위 라이브러리가 이 문제를 어떻게 우아하게 해결하는지도 살펴봤다.

이 함수는 모두 매우 유용하지만 <algorithm> 네임스페이스에 특별한 의미를 부여하는 함수가 있다. 바로 함수형 map 연산자를 구현한 transform이다. 이 transform 함수는 컬렉션과 람다를 입력으로 받아 컬렉션의 각 원소에 람다를 적용해 신규 컬렉션을 반환한다. 신규 컬렉션에는 같은 수의 원소가 있지만 변환된 값이 저장돼 있다. 이 성질은 데이터 구조를 필요에 따라 변경하는 무한한 가능성을 열어준다. 몇 가지 예제를 살펴보자.

컬렉션의 각 객체에서 특성 하나 꺼내오기

각 원소에서 하나의 특성 값을 구하는 방법이 컬렉션에서 종종 필요할 때가 있다. 다음 예제에서 transform을 사용해 벡터에서 모든 사람의 이름을 구했다.

```
TEST_CASE("Project names from a vector of people"){
  vector<Person> people = {
    Person("Alex", 42),
    Person("John", 21),
    Person("Jane", 14)
  };
```

```
    vector<string> expectedNames{"Alex", "John", "Jane"};
    vector<string> names = transformAll<vector<string>>(
      people,
      [](Person person) { return person.name; }
    );

    CHECK_EQ(expectedNames, names);
  }
```

보일러 플레이트 코드를 작성하지 않기 위해 transform을 랩핑한 transformAll을 한 번 더 사용했다.

```
template <typename DestinationType>
auto transformAll = [](auto source, auto lambda) {
  DestinationType result;
  transform(source.begin(), source.end(), back_inserter(result),
    lambda);
  return result;
};
```

조건 계산하기

원소 컬렉션에 담을지 여부의 조건으로 계산해야 할 때가 가끔 있다. 다음 예제는 나이가 18세 이하인지 비교해 미성년자 여부를 계산한다.

```
TEST_CASE("Minor or major"){
  vector<Person> people = {
    Person("Alex", 42),
    Person("John", 21),
    Person("Jane", 14)
  };

  vector<bool> expectedIsMinor{false, false, true};
  vector<bool> isMinor = transformAll<vector<bool>>(
    people,
    [](Person person) { return person.age < 18; }
```

```
  );

  CHECK_EQ(expectedIsMinor, isMinor);
}
```

표시나 연속이 가능한 포맷으로 변환하기

종종 리스트 하나를 화면에 표시하거나 저장해야 한다. 그러려면 리스트의 각 원소를 화면에 표시하거나 연속 가능한 포맷으로 변환해야 한다. 다음 예제에서는 리스트의 Person 객체를 JSON 표현 방식으로 계산하고 있다.

```
TEST_CASE("String representation"){
  vector<Person> people = {
    Person("Alex", 42),
    Person("John", 21),
    Person("Jane", 14)
  };

  vector<string> expectedJSON{
    "{'person': {'name': 'Alex', 'age': '42'}}",
    "{'person': {'name': 'John', 'age': '21'}}",
    "{'person': {'name': 'Jane', 'age': '14'}}"
  };
  vector<string> peopleAsJson = transformAll<vector<string>>(
    people,
    [](Person person) {
    return
    "{'person': {'name': '" + person.name + "', 'age': '" + to_string(person.age) + "' }}";
  });

  CHECK_EQ(expectedJSON, peopleAsJson);
}
```

transform 함수를 사용한 무한한 가능성도 있지만 고차원 함수 reduce(C++의 accumulate)와 조합하면 훨씬 더 강력해진다.

<numeric> 헤더 - accumulate

map/reduce 패턴을 형성하는 고차원 함수 두 개를 보는 것은 흥미롭다. 이 패턴은 함수형 프로그래밍에서 가장 흔한 패턴 중 하나다. C++에는 이 패턴이 두 가지 헤더 파일에 들어 있다. <algorithm>과 <numeric> 헤더 파일이 필요한 transform/accumulate 조합으로 아래에 명시된 패턴의 다양한 문제를 해결할 수 있다.

- 컬렉션을 제공한다.
- 이 컬렉션은 다른 뭔가로 변환해야 한다.
- 합계된 결과를 계산해야 한다.

몇 가지 예를 살펴보자.

쇼핑 카트에 세금이 포함된 총가격 계산하기

다음과 같이 Product 구조체가 있다고 가정해보자.

```cpp
struct Product {
  string name;
  string category;
  double price;
  Product (string name, string category, double price): name(name),
    category(category), price(price) {}
};
```

제품 품목에 근거해 각각 다른 세율을 적용한다고 가정해보자.

```cpp
map<string, int> taxLevelByCategory = {
  {"book", 5},
  {"cosmetics", 20},
  {"food", 10},
  {"alcohol", 40}
};
```

제품 리스트가 다음과 같이 주어진다고 가정해보자.

```
vector<Product> products = {
  Product("Lord of the Rings", "book", 22.50),
  Product("Nivea", "cosmetics", 15.40),
  Product("apple", "food", 0.30),
  Product("Lagavulin", "alcohol", 75.35)
};
```

세금이 포함된 총가격과 세금이 포함되지 않은 총가격을 계산해보자. 우리는 accumulateAll 이라는 헬퍼 랩퍼도 갖고 있다.

```
auto accumulateAll = [](auto collection, auto initialValue, auto lambda) {
  return accumulate(collection.begin(), collection.end(), initialValue, lambda);
};
```

세금이 포함되지 않은 가격을 계산하려면 모든 제품 가격을 구해 더하면 된다. 이것은 일반적인 map/reduce 시나리오다.

```
auto totalWithoutTax = accumulateAll(transformAll<vector<double>>
  (products, [](Product product) { return product.price; }), 0.0,
    plus<double>());
CHECK_EQ(113.55, doctest::Approx(totalWithoutTax));
```

우선 Products 리스트에 map(transform)을 적용하고 reduce(accumulate)를 적용해 하나의 값으로 만든다. 이 값이 총가격이다.

좀 더 복잡하지만 세금이 포함된 가격을 구할 때도 비슷한 처리 과정을 거친다.

```
auto pricesWithTax = transformAll<vector<double>>(products,
  [](Product product) {
    int taxPercentage =
      taxLevelByCategory[product.category];
    return product.price + product.price *
      taxPercentage / 100;
  });
```

```
auto totalWithTax = accumulateAll(pricesWithTax, 0.0,
  plus<double>());
CHECK_EQ(147.925, doctest::Approx(totalWithTax));
```

먼저 세금이 포함된 가격과 함께 Products 리스트에 map(transform)을 적용한 후 세금이 포함된 총가격으로 모든 값을 reduce(accumulate)한다.

혹시 궁금해하는 독자가 있을까 봐 남긴다. doctest::Approx 함수를 통해 반올림 오차가 작은 부동 소수 비교 연산을 수행할 수 있다.

리스트를 JSON으로 변환하기

앞 절에서 transform을 호출해 리스트의 각 항목을 JSON으로 변환하는 방법을 살펴봤다. 여기에 accumulate를 활용해 전체 JSON으로 쉽게 변환할 수 있다.

```
string expectedJSONList = "{people: {'person': {'name': 'Alex',
  'age': '42'}}, {'person': {'name': 'John', 'age': '21'}},
    {'person': {'name': 'Jane', 'age': '14'}}}";
string peopleAsJSONList = "{people: " + accumulateAll(peopleAsJson,
  string(),
    [](string first, string second){
      return (first.empty()) ? second : (first + ", " +
        second);
    }) + "}";
CHECK_EQ(expectedJSONList, peopleAsJSONList);
```

transform을 활용해 사람들의 리스트를 각 개체의 JSON 형식 리스트로 변환한 후 accumulate를 활용해 연결했고 몇 가지 추가적인 연산자를 활용해 JSON에서의 리스트를 표현하는 앞부분과 뒷부분을 추가했다.

보다시피 transform/accumulate(map/reduce) 조합은 전달한 함수에 따라 다양한 시나리오에 적용할 수 있다.

<algorithm>으로 돌아가기 - find_if와 copy_if

transform, accumulate, any_of/all_of/none_of로 많은 일을 할 수 있지만 종종 컬렉션에서 데이터를 걸러내야 한다.

데이터를 걸러내는 일반적인 방법은 `find_if`를 활용하는 것이지만 컬렉션에서 특정 조건에 맞는 항목을 찾아내는 데 `find_if`는 거추장스럽다. 따라서 C++ 표준을 활용한 함수적 방식으로 이 문제를 해결하는 가장 좋은 방법은 `copy_if`다. 다음 예제에서는 `copy_if`를 활용해 사람들 리스트에서 미성년자를 모두 찾아낸다.

```
TEST_CASE("Find all minors"){
  vector<Person> people = {
    Person("Alex", 42),
    Person("John", 21),
    Person("Jane", 14),
    Person("Diana", 9)
  };

  vector<Person> expectedMinors{Person("Jane", 14),
                                Person("Diana", 9)};
  vector<Person> minors;
  copy_if(people.begin(), people.end(), back_inserter(minors), []
    (Person &person) { return person.age < 18; });

  CHECK_EQ(minors, expectedMinors);
}
```

<optional>과 <variant>

데이터 변환에서 데이터가 유효한 이상적인 경우를 많이 논의했다. 엣지 케이스나 에러인 경우는 어떠할까? 예외인 경우 예외를 날리거나 오류 케이스를 반환할 수 있지만 에러 메시지를 반환해야 할 경우라면 어떠할까?

이 경우 함수적인 방법은 데이터 구조체를 반환하는 것이다. 결국 입력이 유효하지 않은 경우조차 출력 값을 반환해야 하지만 여기서 난관에 부딪힌다. 에러 상황에서 반환해야 하는 타입은 에러 타입이지만 데이터가 유효한 상황에서 반환해야 하는 타입은 유효한 데이터다.

다행히 이 상황을 해결할 두 가지 구조체가 있다. std::optional과 std::variant다. 일부는 유효하고 일부는 유효하지 않은 사람들의 리스트 예제를 살펴보자.

```
vector<Person> people = {
  Person("Alex", 42),
  Person("John", 21),
  Person("Jane", 14),
  Person("Diana", 0)
};
```

마지막 사람의 나이는 유효하지 않다. 함수형 방식으로 다음과 같은 문자열을 보여주는 코드를 작성해보자.

```
Alex, major
John, major
Jane, minor
Invalid person
```

다음과 같이 연쇄 변환에는 optional을 사용해야 한다.

```
struct MajorOrMinorPerson{
  Person person;
  optional<string> majorOrMinor;

  MajorOrMinorPerson(Person person, string majorOrMinor) :
    person(person), majorOrMinor(optional<string>(majorOrMinor)){};

  MajorOrMinorPerson(Person person) : person(person),
    majorOrMinor(nullopt){};
};
  auto majorMinorPersons = transformAll<vector<MajorOrMinorPerson>>
    (people, [](Person &person) {
```

```
        if (person.age <= 0) return MajorOrMinorPerson(person);
        if (person.age > 0 && person.age < 18) return
          MajorOrMinorPerson(person, "minor");
        return MajorOrMinorPerson(person, "major");
    });
```

이 함수 호출을 통해 nullopt, minor, major 중 하나가 되는 값과 person의 쌍^{pair} 리스트를 얻을 수 있다. 유효 조건에 따른 문자열 리스트를 구하기 위해 다음의 transform 호출에서 이 리스트를 활용할 수 있다.

```
auto majorMinorPersonsAsString = transformAll<vector<string>>
  (majorMinorPersons, [](MajorOrMinorPerson majorOrMinorPerson) {
    return majorOrMinorPerson.majorOrMinor ?
    majorOrMinorPerson.person.name + ", " +
      majorOrMinorPerson.majorOrMinor.value() :
        "Invalid person";
    });
```

마지막으로 accumulate 함수를 호출해 기대하는 출력 문자열을 생성한다.

```
auto completeString = accumulateAll(majorMinorPersonsAsString,
  string(), [](string first, string second) {
    return first.empty() ? second : (first + "\n" + second);
    });
```

테스트를 통해 다음을 확인할 수 있다.

```
string expectedString("Alex, major\nJohn, major\nJane, 
                      minor\nInvalid person");

CHECK_EQ(expectedString, completeString);
```

필요한 경우 variant를 사용해 다른 방식으로 구현할 수 있다. 예를 들면 사람과 결합된 에러 코드를 반환할 수 있다.

C++ 20과 범위 라이브러리

14장, 범위 라이브러리를 활용한 느긋한 계산법에서 범위 라이브러리를 어느 정도 논의했다. C++ 20이나 서드파티 라이브러리를 통해 범위 라이브러리를 사용할 수 있다면 이전 함수는 엄청나게 단순해지고 훨씬 빨라진다.

```cpp
TEST_CASE("Ranges"){
  vector<Person> people = {
    Person("Alex", 42),
    Person("John", 21),
    Person("Jane", 14),
    Person("Diana", 0)
  };
  using namespace ranges;

  string completeString = ranges::accumulate(
    people |
    view::transform(personToMajorMinor) |
    view::transform(majorMinor),
    string(),
    combineWithNewline
    );
  string expectedString("Alex, major\nJohn, major\nJane, minor\nInvalid person");

  CHECK_EQ(expectedString, completeString);
}
```

비슷하게 범위 라이브러리의 view::filter로 사람들 리스트에서 미성년자 리스트를 매우 쉽게 찾아낼 수 있다.

```cpp
TEST_CASE("Find all minors with ranges"){
  using namespace ranges;

  vector<Person> people = {
    Person("Alex", 42),
    Person("John", 21),
    Person("Jane", 14),
    Person("Diana", 9)
  };
```

```
    vector<Person> expectedMinors{Person("Jane", 14),
                                  Person("Diana", 9)};

    vector<Person> minors = people | view::filter(isMinor);

    CHECK_EQ(minors, expectedMinors);
}
```

일단 isMinor 술어 논리를 작성하면 사람들 리스트에서 미성년자를 찾아내는 데 이 술어 논리를 view::filter에 전달할 수 있다.

요약

15장에서는 C++ 17의 STL에서 사용할 수 있는 함수형 프로그래밍 기능과 C++ 20에 있는 신규 기능을 둘러봤다. 함수, 알고리듬, 에러나 엣지 케이스 상황에서 variant와 optional에서 제공하는 도움, 범위 라이브러리를 활용한 코드 단순화와 최적화는 함수형 프로그래밍 기능을 활용하는 데 큰 도움이 된다.

이제 16장으로 넘어가 C++ 17의 함수형 프로그래밍의 언어적 지원을 살펴보자. 그리고 다가오는 C++ 20의 함수형 프로그래밍에서 흥미로운 것을 살펴보자.

16
표준 언어의 현재와 미래

이 책에서는 다양한 주제를 다뤘다. 이 주제를 가볍게 하나의 장으로 묶어볼 시간이다. 그럼 지금까지 다뤄온 함수형 프로그래밍 관련 기술을 어떻게 사용하는지 기억하는 데 도움을 줄 것이다. 또한 이번 기회에 이 신기술을 코드에서 사용하는 방법을 언급하면서 C++ 20의 표준도 살펴볼 것이다.

16장에서 다룰 주제는 다음과 같다.

- C++에서 지원하는 순수 함수 작성 방법과 미래 제안
- C++에서 지원하는 람다 작성 방법과 미래 제안
- C++에서 지원하는 커링 방법과 미래 제안
- C++에서 지원하는 함수 합성 방법과 미래 제안

기술적 요구사항

C++ 17을 지원하는 컴파일러가 필요하다. 필자는 GCC 7.4.0을 사용했다.

코드는 GitHub(https://github.com/PacktPublishing/Hands-On-Functional-Programming-with-Cpp)의 16장 폴더에서 찾을 수 있다. 그리고 여기에는 단일 헤더 오픈 소스 유닛 테스팅 라이브러리인 doctest를 포함하고 있고 이것을 활용한다. 다음의 GitHub 저장소에서 doctest를 찾을 수 있다(https://github.com/onqtam/doctest).

표준 언어의 현재와 미래

지금까지 C++에서 함수형 스타일로 코드를 작성하는 다양한 방법을 살펴봤다. 이제 C++ 17 표준에서 지원하는 몇 가지 다른 옵션과 C++ 20에서 활성화되는 몇 가지 옵션을 살펴볼 것이다. 순수 함수 작성부터 시작해보자.

순수 함수

순수 함수는 동일한 입력이 들어오면 동일한 출력을 반환하는 함수다. 이 예측 가능성 덕분에 런타임 퍼포먼스에 부합하는 코드 작성법을 이해하는 유용한 수단이 된다.

C++에서 순수 함수를 작성하는 데 해당 함수가 클래스의 일부인지 자유 함수인지 그리고 파라미터를 함수에 전달하는 방식에 따라 const와 static을 조합해야 한다는 것을 2장에서 배웠다. 여러분의 편의를 위해 순수 함수 관련 문법을 다음과 같이 다시 요약했다.

- 클래스 함수, 값에 의한 전달
    - static int increment(const int value)
    - int increment(const int value) const

- 클래스 함수, 참조에 의한 전달
    - static int increment(const int& value)
    - int increment(const int&value) const
- 클래스 함수, 값에 의한 포인터 전달
    - static const int* increment(const int* value)
    - const int* increment(const int* value) const
- 클래스 함수, 참조에 의한 포인터 전달
    - static const int* increment(const int* const& value)
    - const int* increment(const int* const& value) const
- 독립 함수, 값에 의한 전달 int increment(const int value)
- 독립 함수, 참조에 의한 전달 int increment(const int& value)
- 독립 함수, 값에 의한 포인터 전달 const int* increment(const int* value)
- 독립 함수, 참조에 의한 포인터 전달 const int* increment(const int* const& value)

컴파일러는 부작용을 줄이는 데 유용하지만 함수가 순수 함수인지 여부를 알려주지 않는다는 것을 배웠다. 순수 함수를 작성할 때 다음 세 가지 기준을 활용하는 것을 항상 기억해두는 것이 좋다.

- 순수 함수는 동일한 입력 값에 동일한 출력을 반환한다.
- 순수 함수는 부작용이 없다.
- 순수 함수는 파라미터 값을 변경하지 않는다.

람다

람다는 연산자를 함수로 작성하게 해주는 함수형 프로그래밍의 근본적인 부분이다.

C++는 C++11 이후 람다를 지원했다. 최근 추가된 문법 몇 개가 있다. 부가적으로 이 책에서 지금까지 사용한 적은 없지만 독자가 코드를 작성하는 데 유용하게 사용할 수 있는 람다의 몇 가지 기능을 살펴볼 것이다.

간단한 람다 increment부터 시작해보자. 이 람다는 입력 하나가 있고 증가된 값을 반환한다.

```
TEST_CASE("Increment"){
  auto increment = [](auto value) { return value + 1; };

  CHECK_EQ(2, increment(1));
}
```

다음 코드에서 보듯이 정사각형 괄호([])는 캡처 값의 리스트를 특정짓는다. 모든 함수에서 하는 것과 똑같은 방식으로 파라미터 타입을 명시할 수 있다.

```
TEST_CASE("Increment"){
  auto increment = [](int value) { return value + 1; };

  CHECK_EQ(2, increment(1));
}
```

파라미터 리스트와 -> 표시 뒤에 반환 값을 즉시 명시할 수 있다.

```
TEST_CASE("Increment"){
  auto increment = [](int value) -> int { return value + 1; };

  CHECK_EQ(2, increment(1));
}
```

입력 값이 없다면 파라미터 리스트와 원형 괄호(())는 생략할 수 있다.

```
TEST_CASE("One"){
  auto one = [] { return 1; };

  CHECK_EQ(1, one());
}
```

복사로 캡처하는 경우라면 값을 캡처하면서 이름을 특정할 수 있다.

```cpp
TEST_CASE("Capture value"){
  int value = 5;
  auto addToValue = [value](int toAdd) { return value + toAdd; };

  CHECK_EQ(6, addToValue(1));
}
```

다른 방법으로 캡처를 명세하는 곳에 & 연산자를 활용해 참조에 의한 값을 캡처할 수 있다.

```cpp
TEST_CASE("Capture value by reference"){
  int value = 5;
  auto addToValue = [&value](int toAdd) { return value + toAdd; };

  CHECK_EQ(6, addToValue(1));
}
```

여러 값을 캡처한다면 여러 값을 직접 열거하거나 간단히 전체를 캡처할 수도 있다. 값에 의한 캡처에는 = 지정자를 활용한다.

```cpp
TEST_CASE("Capture all values by value"){
  int first = 5;
  int second = 10;
  auto addToValues = [=](int toAdd) { return first + second + toAdd;};
  CHECK_EQ(16, addToValues(1));
}
```

참조에 의한 값을 모두 캡처하려면 어떤 변수의 이름 없이 & 지정자를 활용한다.

```cpp
TEST_CASE("Capture all values by reference"){
  int first = 5;
  int second = 10;
  auto addToValues = [&](int toAdd) { return first + second + toAdd;};
  CHECK_EQ(16, addToValues(1));
}
```

권하지 않지만 인자 리스트 뒤에 mutable 지정자를 갖고 람다 호출을 변형으로 만들 수 있다.

```
TEST_CASE("Increment mutable - NOT RECOMMENDED"){
  auto increment = [](int &value) mutable { return ++value; };

  int value = 1;
  CHECK_EQ(2, increment(value));
  CHECK_EQ(2, value);
}
```

부가적으로 C++ 20부터는 함수 호출을 기본 constexpr 대신 consteval을 갖고 지정할 수 있다.

```
TEST_CASE("Increment"){
  auto one = []() consteval { return 1;};

  CHECK_EQ(1, one());
}
```

안타깝게도 이 경우 g++8에서는 아직 지원하지 않는다.

예외 지정자도 가능하다. 즉, 람다가 어떤 예외도 발생시키지 않는다면 noexcept가 유용할 것이다.

```
TEST_CASE("Increment"){
  auto increment = [](int value) noexcept { return value + 1;};

  CHECK_EQ(2, increment(1));
}
```

람다가 예외를 발생시킨다면 일반적으로 또는 특수하게 지정할 수 있다.

```
TEST_CASE("Increment"){
  auto increment = [](int value) throw() { return value + 1;};
```

```
    CHECK_EQ(2, increment(1));
}
```

제네릭 타입을 활용하고 싶다면 어떡할까? C++ 11에서는 function<> 타입을 사용하면 됐다. C++ 20부터는 깔끔한 문법으로 람다를 활용하는 데 다양한 타입 제약사항을 활용할 수 있다.

```
TEST_CASE("Increment"){
  auto increment = []<typename T>(T value) -> requires
    NumericType<T> { return value + 1;};

  CHECK_EQ(2, increment(1));
}
```

안타깝게도 이 기능도 아직 g++8에서 지원하지 않고 있다.

파셜 애플리케이션과 커링

파셜 애플리케이션은 N개 인자를 가진 함수에 N보다 작은 한 개 이상의 인자를 적용해 새로운 함수를 생성하는 것을 말한다.

인자를 전달하는 함수나 람다를 구현해 파셜 애플리케이션을 직접 구현할 수 있다. 함수의 파라미터 하나를 1로 고정해 increment 함수를 생성하는 데 std::plus 함수를 활용하는 파셜 애플리케이션의 예제다.

```
TEST_CASE("Increment"){
  auto increment = [](const int value) { return plus<int>()(value, 1); };

  CHECK_EQ(2, increment(1));
}
```

이 책에서는 주로 이 상황에서 람다를 사용하는 방법에 초점이 맞춰져 있었지만 같은 목표를 달성하는 데 순수 함수를 활용할 수도 있다는 점에 주목해야 한다. 예를 들면 다음은 일반적인 C++ 함수로 작성한 같은 증가 함수다.

```
namespace Increment{
  int increment(const int value){
    return plus<int>()(value, 1);
  };
}

TEST_CASE("Increment"){
  CHECK_EQ(2, Increment::increment(1));
}
```

C++에서 파셜 애플리케이션은 bind() 함수로도 가능하다. bind() 함수를 통해 함수의 파라미터에 값을 바인딩할 수 있다. 그러면 다음과 같이 plus 함수에서 increment 함수를 유도할 수 있다.

```
TEST_CASE("Increment"){
  auto increment = bind(plus<int>(), _1, 1);

  CHECK_EQ(2, increment(1));
}
```

bind는 다음 파라미터를 취한다.

- 바인딩하려는 함수

- 바인딩하려는 인자들. 값이 되거나 위치 자(_1, _2 등)가 될 수도 있다. 위치 자 placeholder를 통해 최종 함수로 인자를 앞으로 끄집어낼 수 있다.

순수 함수형 프로그래밍 언어에서 파셜 애플리케이션은 커링과 연결돼 있다. 커링은 N개 인자를 가진 함수를 한 개 인자를 가진 N개 함수로 분해하는 것이다. C++에서 커링하는 표준적인 방법은 없지만 람다를 활용해 커링할 수 있다. pow 함수를 커링하는 예를 살펴보자.

```
auto curriedPower = [](const int base) {
  return [base](const int exponent) {
    return pow(base, exponent);
  };
```

```
};

TEST_CASE("Power and curried power"){
  CHECK_EQ(16, pow(2, 4));
  CHECK_EQ(16, curriedPower(2)(4));
}
```

보다시피 커링의 도움으로 두 가지 파라미터 대신 한 가지 파라미터로 커링한 함수를 간단히 호출해 자연스럽게 파셜 애플리케이션을 할 수 있다.

```
auto powerOf2 = curriedPower(2);
CHECK_EQ(16, powerOf2(4));
```

이 메커니즘은 순수 함수형 프로그래밍 언어에서 기본적으로 활성화돼 있지만 C++에서는 더 어렵다. 커링하는 데 표준 지원은 없지만 기존 함수로 커링된 형태의 함수를 반환하는 우리만의 curry 함수를 만들 수 있다. 파라미터 두 개를 가진 함수에 일반적인 curry 함수의 예다.

```
template <typename F>
auto curry2(F f){
  return [=](auto first) {
    return [=](auto second) {
      return f(first, second);
    };
  };
}
```

추가적으로 다음은 위의 코드로 커링과 파셜 애플리케이션을 하는 것이다.

```
TEST_CASE("Power and curried power"){
  auto power = [](const int base, const int exponent) {
    return pow(base, exponent);
  };
  auto curriedPower = curry2(power);
  auto powerOf2 = curriedPower(2);
  CHECK_EQ(16, powerOf2(4));
}
```

이제 함수형 합성을 구현하는 방법을 살펴보자.

함수형 합성

함수형 합성은 두 개 함수 f와 g를 갖고 신규 함수를 생성하는 것이다. 모든 값에서 $h(x)$ = $f(g(x))$다. 람다나 일반 함수에서 함수형 합성을 직접 구현할 수도 있다. 예를 들어 2제곱을 계산하는 powerOf2와 값 하나를 증가시키는 increment가 주어졌을 때 다음과 같이 해볼 수 있다.

```
auto powerOf2 = [](const int exponent) {
  return pow(2, exponent);
};

auto increment = [](const int value) {
  return value + 1;
};
```

이 호출을 incrementPowerOf2라는 람다로 간단히 캡슐화해 합성할 수 있다.

```
TEST_CASE("Composition"){
  auto incrementPowerOf2 = [](const int exponent) {
    return increment(powerOf2(exponent));
  };

  CHECK_EQ(9, incrementPowerOf2(3));
}
```

다른 방법으로 다음과 같이 간단한 함수를 사용할 수 있을 것이다.

```
namespace Functions{
  int incrementPowerOf2(const int exponent){
    return increment(powerOf2(exponent));
  };
}

TEST_CASE("Composition"){
```

```
    CHECK_EQ(9, Functions::incrementPowerOf2(3));
}
```

하지만 두 개 함수를 취하고 합성된 함수를 반환하는 연산자는 간편하며 이것은 많은 프로그래밍 언어에서 구현돼 있다. C++에서 사용 가능한 함수형 합성 연산자의 가장 가까운 형태는 현재 C++ 20 표준으로 지정된 범위 라이브러리의 | 파이프 연산자다. 이 연산자는 합성을 구현했지만 일반적인 함수나 람다에 적용되지는 않는다. 다행히 C++는 강력한 언어로 **4장, 함수형 합성 아이디어**에서 배웠듯이 자신만의 합성 함수를 작성할 수 있다.

```
template <class F, class G>
auto compose(F f, G g){
  return [=](auto value) { return f(g(value)); };
}

TEST_CASE("Composition"){
  auto incrementPowerOf2 = compose(increment, powerOf2);

  CHECK_EQ(9, incrementPowerOf2(3));
}
```

범위 라이브러리와 파이프 연산자로 다시 돌아가 범위 라이브러리의 컨텍스트 내에서 이 함수형 합성 형태를 활용할 수 있다. **14장, 범위 라이브러리를 활용한 느긋한 계산법**에서 이 주제를 심도 있게 살펴봤으며 다음은 컬렉션에서 2의 배수, 3의 배수인 모든 수의 합을 계산하는 데 파이프 연산자를 활용한 예다.

```
auto isEven = [](const auto number) {
  return number % 2 == 0;
};

auto isMultipleOf3 = [](const auto number) {
  return number % 3 == 0;
};

auto sumOfMultiplesOf6 = [](const auto &numbers) {
  return ranges::accumulate(
```

```
        numbers | ranges::view::filter(isEven) |
           ranges::view::filter(isMultipleOf3), 0);
};

TEST_CASE("Sum of even numbers and of multiples of 6"){
  list<int> numbers{1, 2, 5, 6, 10, 12, 17, 25};

  CHECK_EQ(18, sumOfMultiplesOf6(numbers));
}
```

보다시피 C++ 표준의 함수형 프로그래밍을 위한 다양한 옵션이 있고 C++ 20에는 몇 가지 흥미로운 것이 있다.

요약

이제 끝이다! 함수형 프로그래밍에서 가장 중요한 연산자를 간략히 살펴봤고 C++ 17과 C++ 20을 활용해 그것을 구현하는 방법도 살펴봤다. 몇 가지 말해보면 순수 함수, 람다, 파셜 애플리케이션, 커링, 함수형 합성 같이 이제 여러분의 도구상자에 도구가 더 많아졌을 거라고 믿는다.

이제부터 그것을 어떻게 활용할지는 여러분에게 달렸다. 몇 가지를 선별하거나 조합하거나 여러분의 코드베이스에 옮겨 변형 상태를 불변형 상태로 만들어보길 바란다. 이 도구를 완벽하게 숙지하면 코드를 작성하는 데 다양한 선택지와 유연성을 제공할 것이다.

무엇을 선택하든 여러분의 프로젝트와 프로그래밍 경력에 행운이 함께 하길 빌겠다. 해피 코딩!

평가

1장

1. **불변 함수란 무엇인가?**

   불변 함수는 함수의 인자 값과 프로그램의 상태에 변화를 주지 않는 함수다.

2. **불변 함수는 어떻게 작성하는가?**

   컴파일러의 도움을 받고 싶다면 인자에 const를 붙인다.

3. **불변 함수가 코드 간결성에 좋은 이유를 설명하라.**

   불변 함수는 인자에 변화를 주지 않으므로 코드에서 잠재적 복잡도를 제거한다. 따라서 프로그래머로 하여금 코드를 이해하기 쉽게 한다.

4. **불변 함수가 간결한 설계에 좋은 이유를 설명하라.**

   불변 함수는 오직 계산만 수행하므로 지루하다. 따라서 장기간에 걸친 유지·보수에 유리하다.

5. **고차원 함수란 무엇인가?**

   다른 함수를 파라미터로 받는 함수다.

6. **STL에서 고차원 함수의 예를 들어보라.**

   STL에는 많은 고차원 함수의 예가 존재한다. 특히 알고리듬이 그렇다. sort는 1장에서 활용한 예이지만 <algorithm> 헤더를 살펴보면 find, find_if, count, search 등을 포함한 다양한 것을 찾을 수 있다.

7. **구조화된 루프에 비해 함수형 루프가 갖는 장점은 무엇인가? 함수형 루프의 잠재적 단점은 무엇인가?**

   함수형 루프는 배열 길이를 잘못 계산해 발생하는 오류를 피할 수 있으며 코드의 의도를 더 분명하게 표현할 수 있다. 함수형 루프는 조립이 가능해 복잡한 연산을 다수의 루프와 연계해 구성할 수 있다. 하지만 함수형 루프를 구성할 때 간단한 루프를 사용하면 불필요한 컬렉션을 관통하는 다수의 패스가 필요하다.

8. **앨런 케이^{Alan Kay}가 바라보는 OOP는 어떤가? 그리고 함수형 프로그래밍과 어떤 관련이 있는가?**

   앨런 케이는 OOP를 세포 유기체의 원칙에 따라 코드를 구성하는 방법으로 본다. 세포는 화학신호를 통해 소통하는 별개의 개체다. 따라서 작은 객체 간의 소통은 OOP에서 가장 중요한 부분이다.

   이 말은 객체로 표현되는 데이터 구조체에서는 함수형 알고리듬을 아무 충돌없이 활용할 수 있다는 뜻이다.

2장

1. **순수 함수란 무엇인가?**

   순수 함수는 다음 두 가지 조건을 갖춘 함수다.
   - 동일한 인자 값에 항상 동일한 결과 값을 반환한다.
   - 사이드 이펙트가 존재하지 않는다.

2. **순수함수와 불변성의 관계를 논하라.**

   순수함수는 불변성이다. 순수 함수는 프로그램의 상태에 아무 영향도 미치지 않기 때문이다.

3. **컴파일러에게 값에 의한 전달 변수를 변화시키지 못하도록 명령하는 방법은 무엇인가?**

   다음과 같이 간단하게 파라미터를 const로 정의한다.

```
int square(const int value)
```

4. 컴파일러에게 참조에 의한 전달 변수를 변화시키지 못하도록 명령하는 방법은 무엇인가?

다음과 같이 간단하게 파라미터를 const&로 정의한다.

```
int square(const int& value)
```

5. 컴파일러에게 값에 의한 전달 포인터 주소를 변화시키지 못하도록 명령하는 방법은 무엇인가?

이 포인터가 값에 의한 전달이라면 모든 변화는 함수 내부에서만 발생하므로 아무 것도 할 필요가 없다.

```
int square(int* value)
```

이 포인터가 참조에 의한 전달이라면 컴파일러에게 주소를 변화시키면 안된다고 명령해야 한다.

```
int square(int*& const value)
```

6. 컴파일러에게 포인터가 가리키는 값을 변화시키지 못하도록 명령하는 방법은 무엇인가?

이 포인터가 값에 의한 전달이라면 값에 의해 전달된 단순 값에 적용한 동일한 규칙을 적용한다.

```
int square(const int* value)
```

참조를 통해 포인터를 전달할 때 그 값과 주소를 모두 변화시키지 않으려면 const 키워드를 더 사용해야 한다.

```
int square(const int&* const value)
```

3장

1. 가장 간단한 람다를 작성하시오.

   가장 간단한 람다는 파라미터가 존재하지 않고 상수를 반환한다. 다음과 같이 작성할 수 있다.

   ```
   auto zero = [](){ return 0; };
   ```

2. 두 문자열 값을 파라미터로 받아 합치는 람다를 작성하라.

   이 질문의 답에는 문자열을 합치는 개발자의 취향에 따라 몇 가지 변형이 있을 수 있다. STL을 활용한 가장 단순한 방법은 다음과 같다.

   ```
   auto concatenate = [](string first, string second){ return first + second; };
   ```

3. 위의 두 변수 중 하나가 값에 의한 캡처인 경우 람다를 작성하라.

   이 질문의 답은 위의 답과 유사하다. 다만 컨텍스트의 값을 사용한다.

   ```
   auto concatenate = [first](string second){ return first + second; };
   ```

   물론 다음과 같이 값에 의한 캡처 기본 표기법을 활용해도 된다.

   ```
   auto concatenate = [=](string second){ return first + second; };
   ```

4. 위의 두 변수 중 하나가 참조에 의한 캡처인 경우 람다를 작성하라.

   값의 변화를 방지해야 하는 것이 아니라면 다음 코드와 같이 이전 답에서 매우 조금만 변형하면 된다.

   ```
   auto concatenate = [&first](string second){ return first + second; };
   ```

   값의 변화를 원치 않는다면 const로 캐스팅해야 한다.

```
auto concatenate = [&firstValue = as_const(first)](string second){ return
firstValue + second; };
```

5. 위의 두 변수 중 하나가 값에 의한 캡처 포인터인 경우 람다를 작성하라.

   다음과 같이 불변성을 무시할 수도 있다.

   ```
   auto concatenate = [=](string second){ return *pFirst + second; };
   ```

   대안으로 포인터에 const 타입을 사용할 수 있다.

   ```
   const string* pFirst = new string("Alex");
   auto concatenate = [=](string second){ return *pFirst + second; };
   ```

   또는 다음과 같이 그냥 값을 사용할 수도 있다.

   ```
   string* pFirst = new string("Alex");
   first = *pFirst;
   auto concatenate = [=](string second){ return *pFirst + second; };
   ```

6. 위의 두 변수 중 하나가 참조에 의한 캡처 포인터인 경우 람다를 작성하라.

   이것은 람다 내부에서 포인터가 가리키는 값의 변화와 포인터 주소 변화를 모두 허용한다.

   가장 간단한 방법은 다음과 같이 불변성을 무시하는 것이다.

   ```
   auto concatenate = [&](string second){return *pFirst + second;};
   ```

   불변성을 제약 조건으로 삼고 싶다면 const로 캐스팅할 수 있다.

   ```
   auto concatenate = [&first = as_const(pFirst)](string second){return
   *first + second;};
   ```

하지만 보통 다음과 같이 간단하게 값을 대신 사용하는 것이 최선이다.

```
string first = *pFirst; auto concatenate = [=](string second){return
first + second;};
```

7. **두 값 모두 기본 캡처 지정자를 활용한 값에 의한 캡처인 경우 람다를 작성하라.**

   여기서는 인자가 필요없다. 단지 컨텍스트에서 두 값을 캡처하면 된다.

   ```
   auto concatenate = [=](){return first + second;};
   ```

8. **두 값 모두 기본 캡처 지정자를 활용한 참조에 의한 캡처인 경우 람다를 작성하라.**

   값의 변조에 신경쓰지 않는다면 다음과 같다.

   ```
   auto concatenate = [&](){return first + second;};
   ```

   불변성을 보존하고 싶다면 const 캐스팅을 사용해야 한다.

   ```
   auto concatenate = [&firstValue = as_const(first), &secondValue =
   as_const(second)](){return firstValue + secondValue;}
   ```

   참조 지정자의 기본 캡처를 사용하면서 불변성을 보장하는 방법은 존재하지 않는다. 대신 값에 의한 캡처를 사용해야 한다.

9. **동일한 람다를 클래스의 멤버 변수로 작성하라. 이 클래스에는 두 개의 문자열 값을 멤버 변수로 갖는다.**

   클래스 안에서 람다 변수의 타입과 두 멤버 변수를 캡처할 것인지 클래스 인스턴스(this)를 캡처할 것인지 명시해야 한다.

   다음 코드는 [=] 문법을 사용해 복사에 의해 값을 캡처하는 방법을 보여준다.

   ```
   function<string()> concatenate = [=](){return first + second;};
   ```

다음 코드는 클래스 인스턴스를 캡처하는 방법을 보여준다.

```
function<string()> concatenate = [this](){return first + second;};
```

10. **동일한 람다를 동일한 클래스의 정적 변수로 작성하라.**

다음과 같이 데이터 멤버들을 파라미터로 받아야 한다.

```
static function<string()> concatenate;
...
function<string()> AClass::concatenate = [](string first, string second)
{return first + second;};
```

AClass의 인스턴스 전체를 파라미터로 전달하는 것보다 낫다는 것을 확인할 수 있다. 함수와 클래스 사이의 커플링 영역을 줄여주기 때문이다.

4장

1. **함수 합성이란 무엇인가?**

   함수 합성은 함수 연산자다. 이 연산자는 두 함수 f와 g를 취해 세 번째 함수인 어떤 인자 x에 대한 다음 특성을 따르는 C를 생성한다. $C(x) = f(g(x))$

2. **함수 합성은 수학적 연산과 관련된 특징이 있다. 그 특징은 무엇인가?**

   함수 합성은 비가환적(순서에 따라 결과가 달라짐)이다. 예를 들어 어떤 수에 값을 증가시킨 후 제곱하는 것과 어떤 수에 제곱한 후 값을 증가시키는 것은 결과가 다르다.

3. **파라미터 두 개를 받는 하나의 덧셈 함수를 파라미터 하나를 받는 두 개의 함수로 변환하는 방법을 설명하라.**

   다음과 같은 함수를 가정해보자.

```
auto add = [](const int first, const int second){ return first + second; };
```

위의 함수를 다음과 같이 변환할 수 있다.

```
auto add = [](const int first){ return [first](const int second){ return 
first + second; }; };
```

4. **두 개의 단일 파라미터 함수를 합성하는 C++ 함수를 작성하라.**

   4장에서 템플릿의 도움과 auto 타입의 마법으로 이를 쉽게 구현할 수 있음을 봤다.

```
template <class F, class G>
auto compose(F f, G g){
  return [=](auto value){return f(g(value));};
}
```

5. **함수 합성의 장점을 논하라.**

   함수 합성을 통해 매우 간단한 함수들을 합성해 복잡하게 동작하는 함수를 만들 수 있다. 더불어 특정 유형의 중복을 제거할 수도 있다. 작은 함수를 무한한 방식으로 재구성함으로써 재사용 확률이 증가한다.

6. **함수 연산을 구현하는 잠재적 단점을 논하라.**

   함수 연산은 구현이 매우 복잡하고 이해하기 매우 어려울 수 있다. 추상화는 비용을 수반한다. 그리고 프로그래머는 조립 용이성 및 작은 코드의 이점과 추상 연산자를 활용하는 비용 사이의 균형을 맞춰야 한다.

5장

1. **파셜 함수 애플리케이션이란 무엇인가?**

   파셜 함수 애플리케이션은 하나의 함수에서 $N-1$개의 파라미터를 취하고 그 다음 전체 파라미터 중 하나의 파라미터를 하나의 값으로 바인딩해 N개의 파라미터를 취하는 새로운 함수를 만드는 연산자다.

2. **커링이란 무엇인가?**

   N개의 파라미터를 취하는 함수를 하나의 파라미터를 취하는 N개의 함수로 쪼개는 연산자다.

3. **커링이 파셜 애플리케이션을 구현하는 데 어떤 식으로 유용한지 논하라.**

   주어진 커링한 함수 $f(x)(y)$의 $x = $ 값에 대한 f의 파셜 애플리케이션은 $g = f(값)$와 같이 간단히 f를 값과 같이 호출해 만들 수 있다.

4. **C++에서 파셜 애플리케이션을 구현하는 방법을 논하라.**

   파셜 애플리케이션은 C++에서 직접 구현할 수 있다. 하지만 functional 헤더의 bind 함수를 활용해 구현하는 것이 더 쉽다.

찾아보기

ㄱ

가비지 컬렉션　277
값에 의한 변수 캡처　075
값에 의한 인자 전달　079, 080
값에 의한 전달　056, 068, 069, 070, 398
값에 의한 포인터 전달　069, 399
값에 의해 캡처　091
값에 의해 캡처한 포인터　085
객체지향 설계　195
객체지향 코드　331
객체지향 프로그래밍　062, 129, 177, 185, 321
게으른 계산법　079
경계 조건　063
고차원 함수　036, 180, 183, 269, 409
교차 상태　358
교환법칙　098
구조적 유사성　183
구조적 중복　177
구조화된 루프　410
그루비　039
극한의 순수 함수　071
기본 캡처 타입　091
기본 캡처 한정자　091
기본 한정자　077
꼬리 재귀　261
꼬리 재귀 최적화　258, 259, 278
꼬리 최적화　260, 262
꼬리 호출　258

ㄴ

네임스페이스　063

느긋한 계산법　098
느슨한 결합　044

ㄷ

다수의 인자　100, 121
다형성　035, 043, 046
다형성 함수　045
단일형 함수　053
데이터 기반 테스트　205
데이터 기반 포맷　215
데이터 변환　138
데이터 생성기　286, 294
데이터 스토어　363
데이터 스트림　270
데이터 저장소　353
데이터 주도　318
데이터 주도 테스트　299
도메인 객체　362
도착 반복자　275
독립 함수　399
디자인 패턴　303, 327, 332, 348

ㄹ

람다　029, 070, 071, 072, 073, 074, 078, 079, 081, 082, 083, 084, 086, 088, 089, 090, 091, 094, 096, 097, 098, 100, 103, 104, 106, 107, 108, 111, 112, 113, 114, 119, 121, 146, 162, 176, 198, 220, 264, 265, 318, 321, 366, 382, 384, 399, 400, 402, 403, 406, 407, 412, 413

람다 리팩터링   321
람다 불변성   083
레거시 코드   307, 316, 319
루프   180
루프 알고리듬   256
리액티브 프로그래밍   269, 270, 271
리팩터링   213, 216, 228, 231, 303, 304, 305,
   306, 307, 308, 313, 316, 319, 321, 326, 348

ㅁ

메모리 사용성   182
메모이제이션   243, 245, 246, 248, 250, 252, 256
메인 스레드   270
명령 패턴   331
명령형 객체지향   134
명령형 객체지향 코드   229
명령형 객체지향 프로그래밍   131
명령형 언어   177
명령형 프로그래밍   174, 256
모나드   346, 348
모듈 확장성   031, 046
무브 반복자   276
무브 시멘틱   275, 276, 277, 279
무한 루프   271

ㅂ

반복자   153
범위 라이브러리   370, 371, 374, 375
베리어딕 템플릿   248
변수 캡처   074
변형 코드   049
변형 함수   154
병렬   231
병렬 실행   242
병렬화   269, 271
보일러 플레이트   096, 098
복합적 함수 합성   099
부분 적용 함수   065
부분 함수형   046

불변성   032, 035, 041, 042, 044, 053, 055, 056,
   057, 058, 060, 061, 064, 066, 070, 078,
   079, 080, 082, 084, 086, 231, 240, 278,
   349, 352, 410
불변 함수   046, 049, 409
불변형   353, 374
불변형 데이터 구조체   277, 353
불변형 데이터 저장소   366
불변형 방식   338
불변형 코드   049
불변형 함수   188, 326, 327
비동기 실행   231
비순수 함수   199

ㅅ

상속   044
상속성   043
상태 모나드   343
생성기   286
생성기 함수   295
생성 함수   296
순수 클래스 메서드   054
순수 함수   029, 049, 050, 051, 052, 053, 055,
   056, 062, 063, 066, 067, 068, 069, 070,
   071, 072, 079, 082, 094, 107, 111, 129,
   196, 198, 199, 201, 228, 231, 242, 281,
   303, 307, 313, 314, 398, 410
순수 함수와 람다   093
순수 함수형 디자인 패턴   335
순수 함수형 프로그래밍   405
순수 함수형 프로그래밍 언어   404
순수 함수 TDD   206
숨은 루프   177, 179
스레드   264, 265, 266, 267, 269
스레드 관리   263
스키마   356
스트라이드 뷰   378
스트레이트 플러시   216, 217, 218, 219, 221, 223,
   224, 226, 228
시블링 호출   258, 262

ㅇ

아키텍처 패턴 349
액션 371, 375
에러 관리 163, 165
엣지 케이스 391
예외 지정자 402
예제 기반 318
예제 기반 테스트 291, 297, 298, 299, 300, 301
옵셔널 타입 072
유닛 테스트 203, 204, 291
응집 클래스 195
응집 함수 193
의존성 311
이벤트 소싱 349, 350, 351, 355, 358, 365, 366
이벤트 스토어 359
이중 재귀 261
인스턴스 파라미터 117
입력 데이터 136
입력 파라미터 058

ㅈ

자동화 테스트 패러다임 231
자유 함수 053
재귀 279
재귀 알고리듬 256
재귀적 메모이제이션 250
재귀 함수 256
재귀 호출 257
재생 메커니즘 363
전역 상수 063
정적 변수 088, 090, 092
정적 함수 062, 063, 064, 089
종속성 308, 314, 321, 327, 335
주석 처리 213
중복 제거 105, 124, 167, 168
중복 코드 169

ㅊ

참조 무결성 365
참조에 의한 변수 캡처 075
참조에 의한 인자 전달 080
참조에 의한 전달 057, 069, 070, 399
참조에 의한 캡처 091
참조에 의한 포인터 전달 069, 082, 399
참조에 의해 캡처 091
참조에 의해 캡처한 값 083
참조에 의해 캡처한 포인터 085
최적화 239, 256, 258, 262, 272, 279
최적화 플래그 257
출력 데이터 135
출력 파라미터 061, 062

ㅋ

캐싱 243, 250, 254, 362
캡슐화 043
캡처 한정자 075, 076
커링 029, 046, 111, 112, 118, 120, 121, 123, 124, 126, 127, 167, 303, 404, 405, 417
커스텀 뷰 371
커플링 090, 091
컴파일 097, 216
컴파일러 056, 057, 059, 063, 069, 213, 242
컴파일러 최적화 373
코드 유사성 096, 168, 183, 205
코드 중복 168
콘솔 334
클래스 086, 089, 090, 091, 092
클래스 메서드 053, 116
클래스 함수 398
클래식 객체지향 디자인 패턴 335

ㅌ

테스트 우선 프로그래밍 203
테스트 주도 개발 201, 285, 291
튜플 061, 062

특성 기반 테스트   281, 282, 287, 291, 297, 299, 300, 301, 318
특수 이벤트   358
틱택토 결과   134

ㅍ

파라미터   051, 053, 054, 056, 057, 063, 065, 069, 097, 103, 112, 114, 170, 188, 327
파라미터 반복   183
파라미터 유사성   171
파셜 목   308
파셜 애플리케이   404
파셜 애플리케이션   029, 111, 113, 116, 117, 118, 119, 121, 124, 126, 146, 171, 176, 179, 322, 324, 327, 403, 405
파셜 함수 애플리케이션   127, 416
파이프 연산자   407
팩토리얼 함수   255, 257
퍼포먼스 최적화   231, 234, 235, 278
포인터   058, 059, 077, 081
포인터 타입   055
포인트 최적화   236, 239
표준 출력   311
표준 템플릿 라이브러리   061, 381
퓨처   263, 264, 267, 269
프랙탈   313
프로미스   263, 264
플레이스 홀더   116

ㅎ

한정자   078
함수 부작용   050
함수 분해   100
함수 연산자   029
함수의 분해   105
함수의 순수성   056
함수의 응집성   193
함수 합성   415
함수형 구조   307
함수형 구조체   167
함수형 루프   036, 040, 410
함수형 변형   162
함수형 변환   143, 240
함수형 사고   108, 133
함수형 솔루션   126, 373
함수형 언어   229
함수형 연산   129
함수형 연산자   170
함수형 조합   046
함수형 프로그래밍   043, 044, 051, 111, 120, 126, 131, 156, 157, 158, 174, 185, 187, 200, 231, 240, 256, 279, 281, 287, 348
함수형 합성   091, 093, 094, 096, 097, 102, 105, 109, 112, 173, 183, 406
함수형 합성 연산자   098, 407
함수 호출   050, 170
합성 함수   098, 108

A

actions   375
add   041, 126
add 람다   118
add 함수   042, 119, 120

B

bind   114, 115, 122

C

C++ 20   397, 408
composability   031
compose   098
const   058, 060
copy_if   391
coupled 상태   358
currying   029

D

data-driven format　215
DDT　205, 206, 228
DI　333, 335
DI 패턴　332
doctest　094

E

EventStore　360, 364

F

for 루프　274, 275
fractal　313
function 타입　087
futures　263

I

Immutability　032
increment　095
increment 함수　094
I/O 함수　326

L

LOGO　033

M

Maybe 모나드　343, 345, 346, 347
multiply　107
multiply 함수　104

O

off-by-one 에러　037
OOD　195
OOP　042, 043, 044, 046, 185, 186, 187, 188, 200, 321, 410
OOP 패러다임　328

P

partial application　029
passed by reference　057
promises　263

Q

Quora　043

S

sibling 호출　258
State 모나드　347
State monad　343
STL　381, 409
STL의 함수형 프로그래밍　382
stride 뷰　378

T

TDD　201, 203, 207, 209, 212, 213, 214, 227, 228, 229, 285, 291
TFP　203
transform 뷰　378

V

value　057
variadic 템플릿　248

C++ 함수형 프로그래밍
C++와 함수형 프로그래밍 패러다임의 만남

발 행 | 2022년 9월 30일

지은이 | 알렉산드루 볼보아카
옮긴이 | 최 동 훈

펴낸이 | 권 성 준
편집장 | 황 영 주
편 집 | 조 유 나
          김 진 아
디자인 | 윤 서 빈

에이콘출판주식회사
서울특별시 양천구 국회대로 287 (목동)
전화 02-2653-7600, 팩스 02-2653-0433
www.acornpub.co.kr / editor@acornpub.co.kr

한국어판 ⓒ 에이콘출판주식회사, 2022, Printed in Korea.
ISBN 979-11-6175-668-4
http://www.acornpub.co.kr/book/functional-c

책값은 뒤표지에 있습니다.